基于民用飞机
市场营销的飞行计划

FLIGHT PLAN BASED ON
CIVIL AIRCRAFT MARKETING

张小光 杨洋 张伟 等 编著

上海交通大学出版社
SHANGHAI JIAO TONG UNIVERSITY PRESS

内容提要

本书重点阐述民用飞机市场营销所需的飞行计划问题,即如何快速、批量、准确地获取各航线乃至爬升、巡航、下降和等待等各重要阶段的油耗、重量,进而获取业载、航程和时间等参数。飞行计划主要采用分阶段求解、线性内插值和逐次迭代方法完成求解,分自后向前和自前向后两种方法,各有优缺点。轮挡性能计算方法是一种简化的飞行计划,对于新研机型也可使用飞行计划的方法开展相关性能分析。本书主要介绍了飞行计划的基础数据、方法模型及相关理论知识,供民用飞机销售工程人员和飞行爱好者参考借鉴。

图书在版编目(CIP)数据

基于民用飞机市场营销的飞行计划/张小光等编著
. —上海:上海交通大学出版社,2023.6
ISBN 978 - 7 - 313 - 27610 - 0

Ⅰ.①基… Ⅱ.①张… Ⅲ.①民用飞机-市场营销学
Ⅳ.①F766

中国国家版本馆 CIP 数据核字(2023)第 044089 号

基于民用飞机市场营销的飞行计划
JIYU MINYONG FEIJI SHICHANG YINGXIAO DE FEIXING JIHUA

编 著:	张小光 杨 洋 张 伟 等		
出版发行:	上海交通大学出版社	地 址:	上海市番禺路 951 号
邮政编码:	200030	电 话:	021 - 64071208
印 制:	上海颛辉印刷厂有限公司	经 销:	全国新华书店
开 本:	710mm×1000mm 1/16	印 张:	15.75
字 数:	272 千字		
版 次:	2023 年 6 月第 1 版	印 次:	2023 年 6 月第 1 次印刷
书 号:	ISBN 978 - 7 - 313 - 27610 - 0		
定 价:	128.00 元		

本书编委会

主 编

张小光　杨　洋　张　伟

编 委

杨　李　舒姚涵　张　洁
罗宇骁　陶　蕾　丁淑君

前　　言

让中国的大飞机早日翱翔蓝天，不仅需要一腔热血，更需要扎实的功底。研制固然重要，市场营销也不可或缺。而且市场营销既是一门艺术，也是一门技术。本书旨在阐述市场营销的一个小环节，即飞行计划，更准确地说是民用飞机市场营销所需的飞行计划。

民用飞机市场营销的飞行计划核心是快速、批量、准确地获取各航线业载、航程、油耗和时间等重要参数。本书以此为主线开展叙述，全书共分4章：第1章引言，提出问题并给出初步解决方案；第2章入门，用轮挡性能计算方法简化求解飞行计划问题；第3章进阶，完整阐述飞行计划求解理论、方法、算法、工具开发和案例应用等；第4章拓展，从民用飞机研发等不同视角来应用飞行计划。同时在全书用一个统一的案例进行应用说明，便于各种方法的对比和研究。每章结束给出小结，以便加深读者的思考。读者若需求不同，可不必完整阅读，分章即可。若读者对于本书中所提及的各类工具有兴趣，欢迎与编著者联系，进一步深入探讨。市场人员并不想抢性能人员饭碗，而是为了更好地专业融合与互补。

本书根据民用飞机市场一线工作经验编著而成，是民用飞机市场系列丛书之一，期望为研究民用飞机市场的一线工作人员提供指导，并且为爱好者和专业人士提供一份有实用价值的参考资料。

在本书的编写过程中，参考了大量的国内外资料，谨向所有参考文献的作者致以诚挚的谢意。本书的编写得到了中国商用飞机有限责任公司营销委的大力支持，在此一并表示感谢。

　　由于我们水平有限,本书难免存在缺点及错误,我们真诚地希望读者批评指正。

编著者

2022 年 10 月

目　　录

1 基 本 概 念

1.1 客户价值

　　作为一名民用飞机市场营销工作人员,经常遇到的问题就是需要向客户阐述产品的价值。广义上说,我们的客户包括各级领导、民用飞机设计各专业人员、用户、政府机构等。本书只讨论狭义上的客户,特指用户或潜在用户,主要包括航空公司、租赁公司和乘客等。其中航空公司又是租赁公司的用户,是客户中最重要的一类。民用飞机的产品包括飞机和服务,其中服务不仅限于传统意义上的客户服务或售后服务,还应包括一切影响客户体验和使用的增值服务,即包括采购、运营和处置等各个环节,因而我们也称服务为客户完整解决方案/客户整体解决方案,或者循环经营解决方案,如图1-1所示。不同的客户会处于不同的阶段,如导入期、成长期和成熟期等,对各环节的价值需求也是不尽相同的,而飞机是其中最核心的产品。民用飞机也是一种资本品,其一般意义上的核心价值仍体现在商业价值上,即作为商品的盈利性。埃塞俄比亚航空公司首席执行官曾经说过,"飞机不赚钱,白给都不要。"所以我们在向航空公司阐述飞机的价值时,需要回答的核心问题就是飞机赚不赚钱。当我们在策划一个新的飞机产品时,也会以这个问题作为指导原则。当我们在实现一个新的飞机产品时,也会以盈利性为指导原则。当我们在向租赁公司阐述飞机的价值时,也会以如何帮助他们的客户——航空公司盈利为出发点,这一点对于经营性租赁公司显得尤为重要。值得一提的是,国际惯例一般只将经营性租赁公司看作租赁公司,而将融资性租赁公司看作资本运作者。其实其他利益攸关方,如政府监管、机场、乘客等,也比较关心产品的盈利性。盈利性好,会使得政府和机场的财税压力骤减,会使得乘客通达性和社会价值获得显著提升。[1]

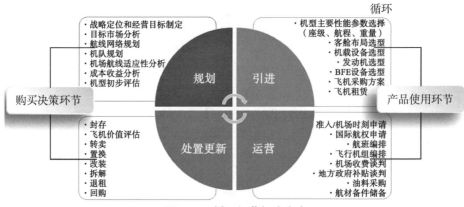

图 1-1　循环经营解决方案

1.2　性能参数

　　航空公司的运营几乎都是围绕以下三个规划来开展：一是机队规划，即未来需要多少架什么类型的飞机；二是航线网络规划，即未来用什么样的航线服务乘客，并与其他航空公司乃至地面交通方式竞争或合作；三是航班排班，即实现飞机与航线的匹配并最终实现运营，如图 1-2 所示。民用飞机制造商同样关注这三个方面，并以此来阐述飞机的盈利性。

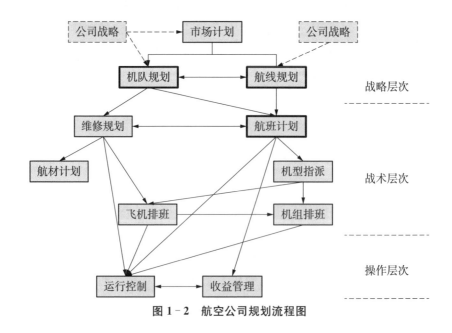

图 1-2　航空公司规划流程图

航空公司的核心竞争力体现在航线网络上,包括航线网络的广度和深度,即航点(机场或城市)的数量和每个航点上的航班数量。从航空公司的客户——乘客和货主的角度来看,乘客和货主希望能更便利地出行。那么当乘客在购买机票时,如果某航空公司的航线网络没有覆盖乘客的目的地,那么乘客自然不会选择该航空公司了。这就体现了航线网络广度的重要性。如果乘客期望上午能出行,但是只有下午或隔天的机票,那么乘客也会选择其他航空公司甚至其他出行方式了。这就体现了航线网络深度的重要性。对于货物而言,航线网络广度的重要性则要远远高于航线网络深度的重要性。从这几种规划层面看产品飞机的盈利性时,飞机就不再如飞机设计师所看的那样是一个复杂的系统了,仅简化为包含规划中所需要的若干参数的一个"质点"。飞机仅体现出它作为交通运输工具的基本属性,即实现人与物的位移。盈利性好就体现在,实现人与物的位移所带来的收益要大于成本,收益可以来源于票价或舱位售价,也可以来源于其他地方,例如补贴。所关心的若干性能参数就与一般交通运输工具没什么太大的本质性差异了。

1.2.1　业载

商载或业载,即能装多少人与物。民用飞机制造商习惯用商载,航空公司则习惯用业载。本书统一使用航空公司的用法。业载是与航空市场需求即乘客人数或货物量最直接相关的参数。但并不是业载越大越好,当然也不是业载越小越好。业内人士常说的一句话是,"让合适大小的飞机飞合适的市场",也就是说业载要尽可能与市场需求大小相匹配,使得航班频率(即班次)、单班客座率均保持在合理的区间内,如图1-3所示。从图1-3中能看出,当日单向起始到达(original & destination, O&D)平均乘客需求量小于125人次时,使用90座的ARJ21-700飞机将比164座的A320-200飞机更具有经济性优势。

航班频率应保持在每天1~2班以上,受限于时刻资源而无法无限制地提高航班频率的上限。从航空公司运营角度来看,可以根据航程将市场划分为短、中、长和远程市场,如表1-1所示。对于长、远程市场,确保每天有1班可保持对乘客的吸引力。空客公司的统计数据表明,对于8小时以上国际长航线,当航班频率从每天小于1班提升到每天1班时,平均票价上涨30%以上,从4.03美分/可用座公里(available seat kilometers, ASK)到5.30美分/可用座公里;而当航班频率从每天1班提升到每天2班或更高时,平均票价仅上涨约1%,从

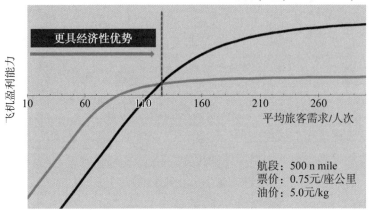

图 1-3 合适的机型运营合适的市场

5.30 美分/可用座公里到 5.35 美分/可用座公里,如图 1-4 所示。对于中、短程市场,确保每天 2 班,即上午和下午各 1 班会增强对乘客的吸引力,尤其是对于公务或商务出行乘客。对于中、短程的细分市场,一般快线市场(日单向 O&D 乘客人数 1 000 人次,见表 1-2)则大于每天 8 班,中国目前已出现超快线市场,即日单向乘客人数 5 000 人次以上,日单向航班 30 次以上;对于长、远程的细分市场,一般快线市场则大于每天 4 班,如表 1-3 所示。客座率需要保持在盈亏平衡客座率之上,各航空公司各航线各机型盈亏平衡客座率不尽相同,一般至少在 70% 左右,如表 1-4 和表 1-5 所示。同时,客座率需要保持在高乘客溢出客座率以下,各航线溢出客座率也不尽相同,头等舱、公务舱往往会因为溢出将客座率控制在 50% 以内,公务或商务乘客较多的航线溢出客座率较低,约为 80% 左右,休闲乘客较多的航线溢出客座率较高,为 85% 甚至更高。所谓乘客溢出是指,当客座率较高时所出现的乘客无法买到机票而无法出行的情况,如图 1-5 所示。[2,3]

表 1-1 航程分类

航程	航线时长/h
短程	<4
中程	4~8
长程	8~12
远程	>12

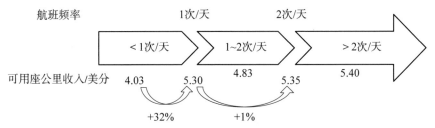

图 1−4 全球长航线航班频率与收益关系

表 1−2 短、中程航空市场分类

市场结构	日单向 O&D 乘客数	日单向航班数	适合机型
超快线市场	≥5 000	≥30	中、大型宽体客机
快线市场	≥1 000	≥8	中型宽体客机
大运量市场	≥400，<1 000	4～8	中型宽体客机、窄体客机
中等运量市场	≥200，<400	2～4	窄体客机、涡扇支线飞机
瘦薄市场	≥50，<200	0.5～2	涡扇支线飞机
缝隙市场	<50	<0.5	涡桨支线机

表 1−3 长、远程航空市场分类

市场结构	日单向 O&D 乘客数	日单向航班数	适合机型
快线市场	≥1 000	≥4	350 座以上宽体客机
大运量市场	≥200，<1 000	1～4	350 以下宽体客机
中等运量市场	≥100，<200	<1	300 座以下宽体客机

表 1−4 主要网络航空公司客座率

航空公司	年份	2000	2001	2002	2003	2004	2005	2006	2007	2008	2009	2010
法航	客座率/%	78	75	76	75	76	79	79	79	78	79	80
	盈亏平衡/%	75	72	75	74	74	71	74	74	74	79	87
英航	客座率/%	71	69	73	73	74	76	76	76	74	78	78
	盈亏平衡/%	70	67	74	70	70	70	70	70	66	80	80
汉莎	客座率/%	74	72	74	73	74	75	75	77	79	78	79
	盈亏平衡/%	68	73	67	74	70	72	71	72	74	77	76
新加坡	客座率/%	77	73	76	72	75	75	78	81	78	76	80
	盈亏平衡/%	69	65	73	70	75	70	73	73	69	71	80

（续表）

航空公司	年份	2000	2001	2002	2003	2004	2005	2006	2007	2008	2009	2010
澳航	客座率/%	76	75	80	78	77	78	79	82	81	82	82
	盈亏平衡/%	70	70	74	74	70	72	75	76	74	81	81
阿联酋	客座率/%	74	74	78	72	74	76	76	79	78	76	80
	盈亏平衡/%	69	65	72	64	64	66	67	70	69	72	74
达美	客座率/%	73	69	72	74	76	78	79	81	82	82	84
	盈亏平衡/%	67	77	79	79	93	87	79	77	112	83	78
美联	客座率/%	72	71	74	76	79	81	82	83	81	82	84
	盈亏平衡/%	69	87	89	84	84	83	80	79	99	83	80

资料来源：Ascend Online。

表 1－5　低成本航空公司客座率

航空公司	年份	2000	2001	2002	2003	2004	2005	2006	2007	2008	2009	2010
美西南	客座率/%	70	68	66	67	70	71	73	73	71	76	79
	盈亏平衡/%	58	61	61	61	63	64	66	66	69	74	72
瑞安	客座率/%	70	74	84	82	84	83	83	82	82	82	80
	盈亏平衡/%	53	56	62	57	62	62	65	64	65	80	78
易航	客座率/%	80	81	80	80	81	81	81	81	83	83	84
	盈亏平衡/%	71	72	70	76	77	77	75	73	79	81	80
亚航	客座率/%	65	65	65	70	76	74	81	77	72	70	76
	盈亏平衡/%	77	71	66	67	64	62	76	63	67	53	50
捷星	客座率/%	—	—	—	—	—	—	—	76	77	79	79
	盈亏平衡/%	—	—	—	—	—	—	—	71	71	74	74

资料来源：Ascend Online。

【知识点 1－1：溢出】

乘客需求包括实现的需求（即运量）和拒绝的需求（即溢出）。乘客需求基本满足正态分布。通过正态分布的均值和标准差来描述乘客需求。均值越大，表明需求越大，反之则需求越小；标准差越大，表明需求波动越大，越分散,反之则需求波动越小,越集中。可提供的飞机座位数少于预测的乘客需求,即发生乘客溢出。由于客座率需求是正态分布,因此无论飞机座位数有多大,理论上都会有乘客溢出。综合考虑乘客需求和所有机型的影响后,客座率与溢出率关系呈类指数上升关系,当客座率达到60%以上,已经开始损失乘客,当客座率达到70%,溢出率为5%,客座率达90%,溢出率达33%,如表1-6所示。乘客溢出的详细内容可参考《民用飞机销售支援定性与定量模型》。[4]

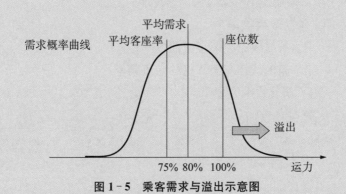

图 1-5　乘客需求与溢出示意图

表 1-6　平均客座率与溢出率对照表($K=0.3$, $C=0.85$)

平均客座率/%	62	65	70	80	90
溢出率/%	1	2	5	15	33

注:K是正态分布的标准差与均值的比值,用来反映乘客类型(公商务或休闲)。C介于0.5~1之间,用来反映座位虚耗。因为未按约定出现(no show)、超订、拒绝登机、给高收益乘客预留座位等因素,飞机存在座位虚耗。

1.2.2　航程

能运多远,即航程。航程往往会成为规划中的一项隐形参数。当航线网络因航程受限而确定后,对航班频率、航班时刻的调整时就已经无法再体现航程的影响了。航线网络规划中典型的目标是追求利润最大化,如式(1-1)所示;典型的约束条件是需求量、航班频率、飞机连接性等,其中乘客需求量约束条件如式(1-2)所示。以上两式中都不出现航程参数。出现的飞机相关参数包括座位数(业载)和成本,而成本又是与运输时间紧密相关的。即使在宏观机队规划中所出现的航程也是平均航程,准确说是加权平均航程,如式(1-3)所示。机队和航线网络规划详细内容可参考《民用飞机销售支援与客户价值》和《民用飞机销售

支援定性与定量模型》。[4,5]

$$\text{Max} = \sum_{i=1}^{n} \sum_{j=1}^{m} \left[(\text{Cap}_{ij} \times \text{LF}_{ij} \times P_i - \text{Cost}_{ij}) \times \text{Freq}_{ij} \right] \quad \text{式}(1-1)$$

$$\text{st.} \sum_{j=1}^{m} (\text{Cap}_{ij} \times \text{LF}_{ij} \times \text{Freq}_{ij}) \leqslant D_{\text{max}i} \quad \text{式}(1-2)$$

式中：

Cap_{ij}——第 i 条航线第 j 架飞机的座位数；

LF_{ij}——第 i 条航线第 j 架飞机的客座率；

P_i——第 i 条航线票价；

Cost_{ij}——第 i 条航线第 j 架飞机的成本；

Freq_{ij}——第 i 条航线第 j 架飞机的航班频率；

$D_{\text{max}i}$——第 i 条航线乘客上限。

$$N = \frac{\text{ASK}}{\text{ASK}_i} = \frac{\text{ASK}}{\overline{S} \times \overline{V_B} \times \overline{U_y}} \left(\text{或} \frac{\text{ASK}}{\overline{S} \times (\overline{U_y} \div \overline{\text{FL}}) \times \overline{R}}, \text{或} \frac{\text{ASK}}{\overline{S} \times \overline{\text{FC}} \times \overline{R}} \right)$$

$$\text{式}(1-3)$$

式中：

N——机队数量；

ASK——应提供运力；

ASK_i——平均年生产率；

$\overline{S}$——平均座位数；

$\overline{V_B}$——平均轮挡速度；

$\overline{U_y}$——平均年利用率；

$\overline{\text{FL}}$——平均飞行长度；

$\overline{R}$——平均航程；

$\overline{\text{FC}}$——平均飞行次数。

航程对网络或航线的影响在于，无法运达或无法按要求业载运达。此时，对航程差异不甚显著的市场可采取减少业载（即减载运营）的方法，如图 1-6 所示，即在一定航程范围内，通过减少业载来增加航程。对航程差异显著的市场，即超过业载航程图的限定航程时，则需要采取经停运营的方法，称为技术经停，即由于飞机技术原因所导致的经停。但无论是哪种方法，都会对该市场产生影响。减载降低了收益，对成本降低却几乎可以忽略不计。因为航空运输的边际成本极低。国际航空运输协会(International Air Transport Association,IATA)的研究表明,每减少1 kg运营重量,油耗仅降低0.02~0.07 kg。

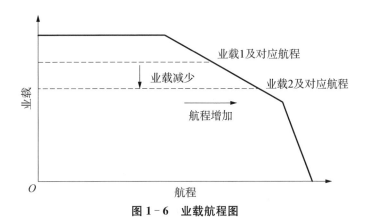

图1-6 业载航程图

【知识点1-2:重量与油耗关系】

当飞机以恒定的速度平飞时,阻力必须和发动机的推力平衡,如图1-7所示。一方面,当发动机的推力大于阻力时,飞机可以使用剩余推力进行加速和/或上升。另一方面,当推力不足以补偿阻力时,飞机则被迫减速和/或下降。用能量守恒定理来解释:发动机用内能克服阻力做功,并与动、势能相互转换,如图1-8所示。当阻力与发动机的推力平衡时,发动机的内能刚好克服阻力做功,无剩余能量,可保持当前机械能,即动能(速度)和势能(高度)。当发动机的推力大于阻力时,发动机的内能大于克服阻力所需的能量,有剩余能量,该剩余能量可转换为机械能,即增加动能(增加速度)和/或势能(增加高度)。当发动机的推力小于阻力时,发动机的内能小于克服阻力所需的能量,需由机械能转换为克服阻力所需的能量,即减少动能(减少速度)和/或势能(减少高度)。这与开车也是类似的,爬坡、加速时所需油门大;下坡、减速时所需油门小;等速行驶时油门基本保持相当位置。飞行过程中重量在减少,因而动能、势能都在减少,所需升力也在减少,所以可以飞得更高、飞得更慢、油耗更少。在空中,飞机承受4个力:推力、阻力、升力和重力。若飞机处于稳定平飞,可以获得以下关系:

(1) 稳定平飞的推力 (T) 等于阻力 $\left(D = \frac{1}{2}\rho S V^2 C_D\right)$。

(2) 重力（mg）等于升力 $\left(L=\dfrac{1}{2}\rho SV^2 C_L\right)$。

式中：

　　ρ —— 大气密度；

　　S —— 机翼面积；

　　V —— 真空速，相对于大气的速度；

　　C_L —— 升力系数；

　　C_D —— 阻力系数。

图 1-7 飞机平飞受力示意图

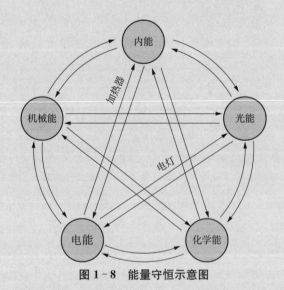

图 1-8 能量守恒示意图

上述重量对油耗的影响，其概要推导计算公式如式（1-4）和式（1-5）：

$$\mathrm{FF}=T\times\mathrm{SFC}=D\times\mathrm{SFC}=\frac{L}{K}\times\mathrm{SFC}=\frac{W}{K}\times\mathrm{SFC}\qquad 式（1-4）$$

$$\Delta \mathrm{FF} = \frac{\Delta W}{K} \times \overline{\mathrm{SFC}} \qquad \text{式}(1-5)$$

$$\text{如果 SFC} = 0.526, K = 20, \Delta W = 1$$

$$\Delta \mathrm{FF} = 2.6\% \qquad \text{式}(1-6)$$

式中：

　　FF——燃油消耗量；

　　SFC——单位油耗量；

　　$K = \dfrac{L}{D} = \dfrac{C_L}{C_D}$——升阻比；

　　$W = mg$——重量。

　　另，值得关注的是 g 也会随纬度、高度而变化。

$$g_{\varphi, \mathrm{SL}} = 9.806\,65 \times [1 - 2.637\,3 \times 10^{-3} \cos(2\varphi) + 5.9 \times 10^{-6} \cos^2(2\varphi)] \qquad \text{式}(1-7)$$

$$g_{\varphi, z} = (g_{\varphi, \mathrm{SL}} + \omega_e^2 r_e \cos^2 \varphi) \times \left(\frac{r_e}{r_e + z}\right)^2 - \omega_e^2(r_e + z)\cos^2 \varphi \qquad \text{式}(1-8)$$

$$r_e = \sqrt{\frac{a^4 + b^4 \tan^2 \varphi}{a^2 + b^2 \tan^2 \varphi}} \qquad \text{式}(1-9)$$

式中：

　　φ——纬度，单位弧度；

　　ω_e——地球自转速度，为 $7.292\,12 \times 10^{-5}$ rad/s，即 $2\pi/(23\,\mathrm{h}\,56\,\mathrm{min}\,4.09\,\mathrm{s})$；

　　$a = 20\,925\,780$ ft[①] 或 $6\,378.137$ km；

　　$b = 20\,855\,636$ ft 或 $6\,356.752$ km。

　　当纬度增加、高度增加时 g 减小，此时相对所需推力和油耗均略有下降，但影响较小。例如在北纬45°从海平面到35 000 ft，g 减少0.34%，每升高1 000 ft 约降低0.01%。这样的影响对于油耗等计算可基本忽略不计。

　　而航空运输又是微利行业，一张机票的盈利不足一杯咖啡。产业常年徘徊

---

① ft 为英制长度单位，1 ft = 0.304 8 m。

于盈利和亏损之间,业内有这样的笑谈:"航空公司最喜欢最后登机的那几名乘客,因为那才是利润。"因此,航空公司一般都不愿意接受减载运营。经停运营会降低服务质量指数,即对乘客的吸引力。如果无经停服务质量指数为1,同一承运人同一架飞机1次经停服务质量指数就降为0.5了,如表1-7所示,每天2班的经停航班才能与每天1班的直达航班服务质量相当,或者换而言之对乘客的吸引力相当。因为相比直达航班,经停航班不仅在航路上存在一定程度的绕飞而增加了运输时间,同时经停时的过站时间也增加了运输时间。这些增加的运输时间对于中、短程市场的时间效率影响显得尤为明显。因而经停服务会降低航空运输快捷的优势,会影响乘客的时间价值,尤其是公务、商务乘客。公务、商务乘客的时间价值往往是休闲乘客的时间价值的5~10倍甚至更高。[6]

表1-7　O&D 市场服务权重

服务类型	联运情况	权重	备注
无经停		1	
1 次经停	直达(同机)	0.5	
2 次经停		0.2	同一承运人
1 次经停(同一承运人)		0.15	
2 次经停(同一承运人)	联程(转机)	0.05	
1 次经停(不同承运人)		0.1	不同承运人
2 次经停(不同承运人)		0.03	

【知识点 1-3:资源时间价值】

　　个人的出行时间成本随其拥有的自由时间和货币量而变化。非工作时间的价值很难测算。一方面,非工作时间乘客不具有创造产值的条件;另一方面,缩短旅行时间的确会给乘客带来经济效益,这种效益是通过将节省的时间去工作或创造得到的。一般情况下,非工作时间价值可表示为工作时间价值的线性函数。如,工作时间价值为 2.5 元/小时,非工作时间价值可表示为 0.25 倍,约 0.6 元/小时。西方国家的研究显示,两种价值比一般介于 0.15~0.50,在经济分析中大部分情况则采用 0.33。由于我国允许利用业余时间从事第二职业,因此,非工作时间的价值含量高于发达国家。这一比例系数可采用 0.4～0.6。

对于工作和休闲时间价值,世界银行推荐系数为人均小时工资收入(W);工作、商务出行小时时间成本为 1.33W;其他非工作出行小时时间成本为 0.3W;上学出行小时时间成本为 0.15W。即相同乘客商务出行时间价值是非商务出行的 4.3～8.7 倍。

1.2.3 时间

多久运到,即时间。航空运输与其他交通运输最大的差异就在时间上。选择航空出行的乘客,多半也是更关注时间价值的乘客,或通过其他交通无法到达的乘客,尤其是中、短程市场的乘客。在 800 km 以内的市场,高速铁路对航空运输的打击几乎是毁灭性的,因为航空运输在 800 km 以内对高速铁路已经不具备绝对时间优势,相当于图 1-9 中的广义成本所标示的阈值。

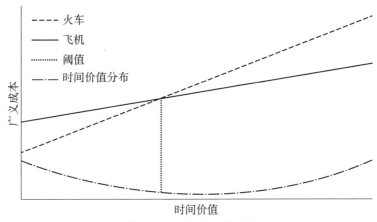

图 1-9 广义成本示意图

【知识点 1-4:行为时间价值】

经典的时间价值模型假定出行者选择广义成本最低的交通方式。广义成本由各种交通方式所需的出行时间、出行者单位时间所具有的价值和各种交通方式的直接费用构成。同时乘客的资源时间价值分布也不是满足严格的正态分布,这可通过收入法中乘客收入不满足严格正态分布得以验证。在相同运输距离或相同 O&D 乘客情况下,广义成本(s)为:

$$s = p + \text{VOT} \times t \qquad\qquad 式(1-10)$$

式中：

VOT——时间价值；

p——票价；

t——时间。

VOT $=(p_2-p_1)/(t_1-t_2)$，当乘客资源时间价值大于阈值时选择飞机出行。当在相同航线距离的情况下，时间价值（value of time，VOT）可表示为

$$\text{VOT} = \frac{(p_2-p_1)}{(t_1-t_2)} = \frac{(\text{baseprice}_2 - \text{baseprice}_1)S}{\left(\dfrac{S}{v_1} - \dfrac{S}{v_2}\right)} = \frac{\Delta\,\text{baseprice}}{\Delta v} v_1 v_2$$

$$式(1-11)$$

式中：

baseprice——基准票价；

S——距离；

v——为速度。

　　成渝线、沪宁线、武广线都因为高铁的开通而几乎停了所有航班。另外，从人的生理角度来看，4 h 是舒适度的一个临界点，其对应的就是目前高速铁路具有竞争力的最长里程即 800～1 000 km。当运输时间小于 4 h，航空运输即使有一定的时间优势也不会像中、长程市场那样对乘客具有吸引力。高速铁路在超过 1 000 km 的京广线上对航空运输就产生不了太大的冲击。当然，更快的速度、更短的时间，需要付出更大的运输成本，尤其是燃油或燃料。速度增加到一定值后，阻力将陡然增加，甚至呈几何级数增加，需要更大的推力或动力来克服阻力。这对于任何交通运输工具都是一样的，区别仅在于速度的极限值。地面运输的极限值一般为压缩空气的速度即 0.3～0.4 Ma 左右，空中运输的极限值一般为亚声速即 0.8～0.9 Ma。在海平面、标准大气条件下，0.3 Ma 的速度是 102.1 m/s（367.6 km/h 或 198.4 kn）。此时就需要比较缩短时间给乘客带来的时间价值与所产生的运输成本之间，谁大谁小了。一般中产阶级难以承受现有交通运输价格数倍的提升。

【知识点 1 - 5：声速】

其实声速计算公式也很简单，这个公式在本书中可能会反复用到，尤其是当飞行计划的飞行速度是使用等马赫数飞行时，一般使用该公式计算真空速。

$$V = Ma \times a = Ma \times \sqrt{kRT} \qquad \text{式}(1-12)$$

式中：

Ma ——马赫数；

a ——声速；

k ——空气绝热指数，值为 1.4；

R ——气体常数，值为 287.06 N·m/(kg·K)；

T ——热力学温度。

在标准大气中，T 只与气压高度 H 相关。飞机一般只能在平流层以内运营。目前民用飞机的使用升限最大值尚未超过 43 100 ft，即 13 136.9 m。

在海平面(0 km)：$T_0 = 15℃ = 288.15K$

在对流层($H \leqslant 11$ km)：$T = T_0 - 0.0065 \times H$

在平流层($H = 11 \sim 20$ km)：$T = -56.5℃ = 216.65K$

即在对流层顶以下，温度以恒定的速率 $-6.5℃/1\,000$ m 或 $-1.98℃/1\,000$ ft 随着高度变化。标准的对流层顶的高度为 11 km 或 36 089 ft。从对流层顶向上，温度保持恒定的 $-56.5℃$。如图 1 - 10 所示。

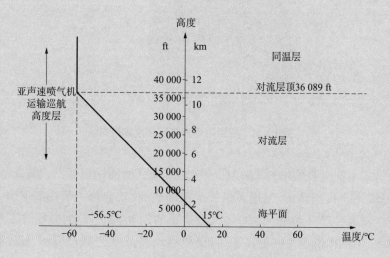

图 1 - 10　国际标准大气温度变化图

对于上面提到的海平面、标准大气温度下的$0.3Ma$,其对应的真空速计算如下:

$$V=0.3\times\sqrt{1.4\times287.06\times288.15}=102.1\,\mathrm{m/s}=367.5\,\mathrm{km/h}=198.4\,\mathrm{kn}$$
式(1-13)

如果机场条件变化后,其对应速度也会不同。以上海虹桥机场为例,月平均最高温度为$30.8℃$。

$$V=0.3\times\sqrt{1.4\times287.06\times(273.15+30.8)}=104.9\,\mathrm{m/s}=377.5\,\mathrm{km/h}$$
$$=203.8\,\mathrm{kn}$$
式(1-14)

1.2.4　油耗

成本,即得花多少钱。关于成本,其组成较为复杂,不同分类下包括直接运营成本、间接运营成本、所有权成本、现金运营成本、燃油成本、维修成本等。其中燃油成本一般占直接运营成本的$20\%\sim30\%$左右,如图1-11所示,是所有成本中影响较大的,当油价高时所占比重将进一步提升。

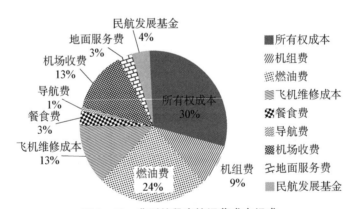

图1-11　典型航段直接运营成本组成

而且成本绝对数值也很大,单向一次跨洋飞行的油耗相当于一辆豪华汽车。所以,各民用飞机制造商、民用飞机发动机制造商、航空公司都在不遗余力地降低油耗。波音737飞机和A320飞机更换新的发动机后,都大幅提升了燃油效率。然而,飞机售价也大幅提高了,目录价格均超过1亿美元/架。新研制的波音787飞机和A350飞机也是价格不菲。发动机供应商们也从中大获收益。各航空公司也推出各种节油措施，如降低飞机着陆重量、设立节油奖、优化航路等，如图 1-12 和图 1-13 所示，往往只为带来不足 5％的油耗降低。这些都说明了油耗对成本的重要性。

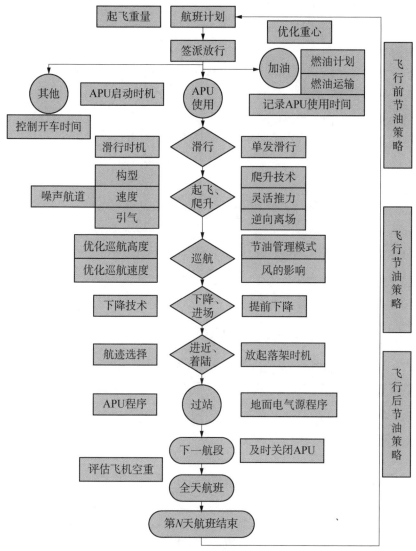

图 1-12　飞行中的具体环节和可控点

笔者总是期望能找到一个类似的例子，用于比拟航空运输业，但最终也没有找到最贴切的样例。唯一比较接近的是汽车业。家庭或个人购买轿车时，一般

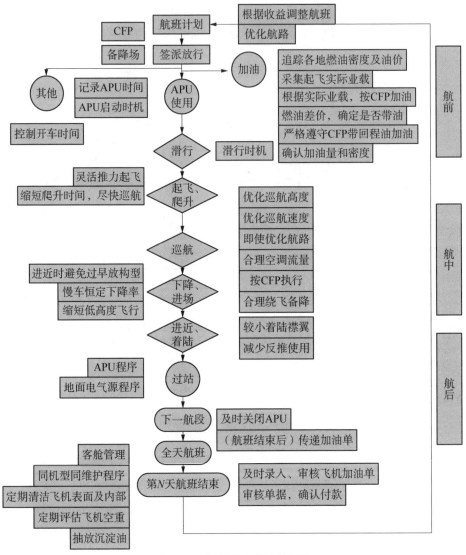

图 1‑13　四川航空节油控制点

最主要考虑的是售价、油耗、可靠性、舒适性、维修维护便利性和价格、续航里程等,这个过程有点类似于航空运输业的公务机采购。出租车公司统一采购出租车时,则会主要考虑售价、油耗、可靠性、维修维护便利性和价格等,这就接近于航空运输业的乘客运输了。这样对于理解航空运输业所关注飞机的若干参数可能有所帮助。

1.3　问题及解决思路

这几个参数的获取,在日常工作中往往需要寻求性能工程师的协助。对民用飞机制造商是这样,对航空公司也是这样。作为市场人员,我们需要将更多的精力用于面对和处理大量的市场分析问题,包括目标市场、目标航线、乘客需求量、乘客特征、票价、竞争对手、收益管理等。航空运输市场是以起始到达乘客为研究对象的市场,即 O&D 市场。每个机场可对应一个起始到达地,若一个城市有多个机场则只看作一个起始到达地。以中国国内市场为例,210 个机场对应 O&D 市场的数量理论上是 $P_{210}{}^2 = 210 \times 209 = 43\,890$ 个,2030 年国内机场则更多。

全球约 2 000 余个机场,那么 O&D 市场的基数就将是百万级。这些是市场人员需要研究的航线基数,同时需要考虑季节、时段等周期性因素,以及同行业竞争和地面竞争等其他因素,以上这些需要一起进行预测和研判,分析的工作量可想而知。因而,对于飞机的基本参数,势必不可能更多地关注。由于面临巨大的经营压力,对航空公司市场人员尤为明显,市场人员要花费更多精力去关注如何规划和开拓市场,去追求每 1% 乃至 1‰ 的收益增加。同时多数市场人员的专业也与性能工程相去甚远,也使得他们无法深入理解飞机性能。特别是对于一些临界状态或特殊的航线市场,则更需要性能工程师们的支持。例如,对于设计航程 3 000 n mile 的飞机,在考虑实际运营情况下,一条 2 500 n mile 左右大圆航距的航线是否能不减载运营是值得商榷的。根据统计,飞机实际运营航线距离往往仅是设计航程的 81%。其中的影响因素很多,主要包括风、航路绕飞、业载、飞行高度、飞行速度、温度、备降场选择、选装设备重量、滑行时间、备份油规则、公司额外备份油等,如图 1 - 14 所示。[7]

【知识点 1-6:实际运营航程】

　　以 35 000 ft、ISA+10℃、0.78 Ma 为巡航飞行条件,估算实际运营航程与设计航程的差异。

　　此时真空速为

$$V_{true} = 0.78 \times \sqrt{1.4 \times 287.06 \times (273.15 + 15 - 1.98 \times 35\,000 \div 1\,000 + 10)}$$

$$= 459.8\,\text{kn} \qquad\qquad 式(1 - 15)$$

　　此时地速为

$$V_{\text{ground}} = 459.8 - 69 = 390.8\,\text{kn} \qquad 式(1-16)$$

若不考虑爬升、下降等因素，假设在相同真空速下运营时燃油流量是相同的，再加上可用燃油是确定的，因此燃油使用的时间也近似认为是相同。此时实际运营航程与设计航程之间受航路风的影响关系如下：

$$\frac{R_{\text{operating}}}{R_{\text{design}}} \approx \frac{V_{\text{ground}} \cdot t}{V_{\text{true}} \cdot t} = \frac{390.8}{459.8} = 85\% \qquad 式(1-17)$$

式中：

$R_{\text{operating}}$ ——实际运营航程；

R_{design} ——设计航程；

t ——运输时间。

实际运营中还需要考虑航路绕飞 3%～5%、备降场的影响等诸多因素，综合考虑一般认为实际运营航程是设计航程的 81% 左右。但该值将随着实际运营条件而差异显著，尤其是航路风。

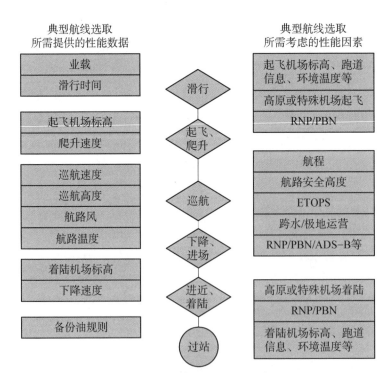

图 1-14　典型航线影响因素

再例如,对于成都至拉萨航线,航程可能原本不是约束条件,但考虑到航路安全性,青藏高原的高山(航路最低安全高度高达 7 470 m,超过几乎所有民用飞机的设计单发升限)却又可能会使得飞机减载乃至无法运营。实际上,能飞行该航线的机型也是非常有限的,目前仅有 A319 飞机、波音 737 - 700 飞机、波音757 - 200 飞机和 A330 - 200 飞机等。

对于民用飞机制造商的市场人员,不仅要完成与航空公司市场人员类似的运营类工作(如规划、开航等),还需要进行新飞机产品策划。此时,飞机往往处于概念设计阶段,各类参数尚未细化、明确。即使进入详细设计阶段乃至试飞验证阶段,在没有客户化性能软件前,这项工作对市场人员来说仍显得困难重重。性能软件也往往是针对性能工程需求而开发的,市场人员使用起来也是比较困难的。另外,由于概念设计阶段已经决定了飞机 85% 以上的性能和成本,如图 1 - 15 所示,更需要在各类参数还不完善的情况下开展相关性能分析工作。与此同时,还存在不同飞机之间相互比较的需求,此时数据的获取往往成为瓶颈。这对于市场人员和性能工程师都是挑战,毕竟各民用飞机制造商都认为飞机性能是核心机密数据之一。

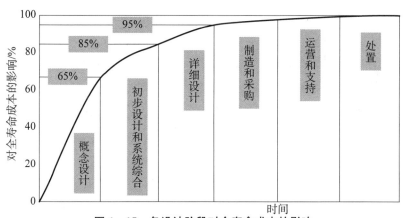

图 1 - 15　各设计阶段对全寿命成本的影响

由于职责的差异导致市场人员在寻求性能工程师协助时,会出现一些问题。航空公司市场人员的职责是确保飞机盈利、占领市场,这需要从大量不断变化的航线市场中找到最佳的运营方案。运筹学和经济性是市场人员的指导思想。[8]民用飞机制造商市场人员所需考虑的与之类似。航空公司性能工程师的职责是确保飞机在性能上安全运营,节约成本。因此需要考虑指定航线所有可能的运营环境,性能工程和安全性是他们的指导思想。民用飞机制造商性能工程师则更关注各类性能指标的达标情况,尽到评估飞机设计的职责。在这样职责的差异下,市场人员需要对大量航线进行快速的性能概要分析,对他们而言,业载、油耗和时间上 3%～5% 以内的误差不会显著地影响规划结果,完成大量数据概要分析才是首要需求。(油耗仅占直接运营成本的 1/3,若再考虑到间接成本是直接运营成本的 20%,则油耗上百分比个位数级的误差对成本的影响是很小的。再加上成本与收益共同决定利润,而收益的预测往往存在不确定性。所以市场对性能工程的分析不要求绝对精准。)性能工程师则需要尽量精准地分析每一条航线,气动设计、减重设计、燃油效率提升、节油策略等带来的业载、油耗和时间的效益即使只有百分之几,也需要精准地评估和分析。[9]市场人员常说:“能不能把这几十条航线的性能分析一下,最好 1～2 天内完成,我们只要业载、油耗和时间的结果,或者直接提供一个航程与油耗、时间的拟合公式就行。”业载、油耗和时间仅是规划运营方案中的众多输入参数之一,后面还有太多的工作。性能工程师则回答:“巡航速度、每客重量、货邮、巡航高度、风、温度、备降这些参数设定多少? 1～2 天根本无法完成。”运行环境、飞行状态的不同都会影响业载、油耗和时间,尤其是风的影响会异常显著,冬春和夏秋差异显著。因而没有谁是错的,但却导致沟通效率的降低。

最好的解决办法就是市场营销人员自己掌握飞机性能工程知识,让性能为营销所用。但是现有的性能工程都是从航空公司运行控制或飞机设计的角度去阐述,并没有考虑市场营销的需求。而且几乎所有的性能软件或系统也都是用于航空公司运行控制或飞机设计的,鲜有用于市场营销的性能软件或系统。因此有必要开发适用于市场营销的性能工具、软件和系统,进一步提高工作效率。

1.4　性能概述

狭义的飞机性能是指飞机在各个飞行阶段的运动性,如速度、加速度、操纵性、稳定性,也包括在整个航行段的航程、燃油效率、续航时间等性能。广义的飞机性能,对民用飞机来说则包括飞机的可靠性、安全性、维修性、舒适性等,对民用飞机评价的各方面都应该包括在广义性能之内。本书主要讨论狭义的飞机性能。

熟悉性能的工程师们都知道,性能分析可分为低速和高速两类。当然这是民用飞机制造商的叫法,在航空公司则称为机场和航线两类。一般而言,低速性能分析是指速度在 0.3～0.4 Ma 以下的情况,高速性能分析则指在 0.3～0.4 Ma 以上的情况。在海平面、标准大气条件下，$0.4\,Ma$ 的速度是 $136.1\,\mathrm{m/s}$($490.1\,\mathrm{km/h}$ 或 $264.5\,\mathrm{kn}$)。

　　飞机的轮胎限制速度 V_{Tire}（轮胎的制造厂家规定的可以达到的最大地速，以便限制可能损坏轮胎结构的离心力和热量上升）一般在 $195\,\mathrm{kn}$，且最大不超过 $205\,\mathrm{kn}$。这就意味着飞机在跑道上的速度需低于 $195\,\mathrm{kn}$ 或 $205\,\mathrm{kn}$，即低于 $0.3\sim$ $0.4\,Ma$。同时，飞机起飞安全速度 V_2（在发动机发生故障时在高出跑道表面 $35\,\mathrm{ft}$ 处必须达到的最小爬升速度）大多也会小于 $0.3\sim0.4\,Ma$。飞机着陆时的最后进近速度 V_{APP}（着陆期间飞机高于跑道地面 $50\,\mathrm{ft}$ 的速度）很多都控制在 $140\,\mathrm{kn}$ 以内，这种飞机就是民用飞机所规定的进场 C 类飞机。控制 V_{APP} 也是为了提高运营安全性。低速性能分析基本对应了起飞、着陆分析，即机场适应性分析。高速性能分析基本对应了爬升、巡航、等待、下降分析，即航线适应性分析。之所以分为低速和高速，是因为不同的速度下空气压缩性不同。低速时可以认为空气是不可压缩的，但高速时则必须考虑空气的可压缩性。

　　性能分析的核心目的是在确保飞机安全运营为前提下尽量提高业载、降低油耗。机场和航线适应性分析中，几乎所有分析内容都会影响业载和油耗，也就是说都会影响到市场各类运营规划所需的基本输入参数。这也是为什么当市场人员期望性能工程师在短时间内完成大量航线性能分析，并提供业载、油耗和时间时，性能工程师难以实现的根本原因。市场人员只认为这是一条航线，而性能工程师则认为每一条航线都是完整的飞行过程，或者更准确地说是考虑了几乎所有可能性航线的完整的飞行过程，包括机场适应性分析中的跑道限制、障碍物限制、梯度限制、刹车能量限制、轮胎速度限制、气压高度、温度、雨雪和风等，航线适应性分析中的飞行计划、航路最低安全高度（航路越障、乘客氧气）、跨水运营、延程运行（extended-range operations，ETOPS）、老龄飞机监控等。其中性能工程师几乎得用 80% 甚至更多的时间完成机场适应性分析，绝大多数是起飞性能分析。性能工程师业内流传一句话："如果飞机失事发生在起飞阶段，那么很有可能与性能工程师有关。如果飞机失事发生在着陆阶段，那么几乎与性能工程师无关。"因为性能分析已经完整考虑了整个飞行过程，而起飞所需分析性能又是最为复杂的。但整个飞行的油耗和时间分析，一般使用飞行计划的方法来完成。这个分析对机场和航线适应性分析中的一些过程进行了约束和简化，使得市场人员不必要再使用六自由度方程的方法来烦琐地分析整个飞行过程，而且实践也证明适度简化后的模型的精准度已经能够满足工程应用的需求，当然更能够满足飞机运营的需求。

机场适应性分析以跑道长度、净空道、停止道、标高、坡度、障碍物、温度、气压、风、跑道状况、防冰、飞机状态[最低设备清单(minimum equipment list, MEL)/构型缺损清单(configuration default list, CDL)]等作为输入参数,速度(主要包括决断速度V_1、抬前轮速度V_R和起飞安全速度V_2等)、重量(主要包括起飞重量、着陆重量等)、起飞构型(主要包括发动机推力、襟缝翼位置、各类引气如防冰和空调引气等)等作为输出参数,其中速度和起飞构型用于控制飞行,是飞行员最关注的参数,重量则与飞行计划紧密相连。

飞行计划通过对飞行速度、高度等参数的控制将重量合理分解到业载和油量上,实现用最少油量运输所需业载的目的。至此,相信自学者们已经被性能的诸多名词搞得头昏眼花了,本书尽量用更简单的方式让市场营销人员了解所需的性能知识。

油耗是成本分析的最重要输入参数之一,综合成本与收益才能分析盈利性;时间是航线网络和航班排班的重要输入参数,明确运营时间才能确定航班频率、起降时刻和所需飞机数量,进而分析与其他运输方式相比的竞争力。这么一来在市场营销工作中,飞行计划的作用就可想而知了。没有飞行计划计算的业载、油耗和时间,市场营销人员几乎无法开展任何航班排班,即使是航线网络规划和机队规划也会受到可实现性的影响。当然业载还受限于机场适应性分析和航线适应性分析等除飞行计划以外的其他性能分析。

1.5　小结

本书旨在总结笔者多年市场营销性能工作经验并与志同道合的同仁分享与共勉。首先,从市场营销角度理解性能工程。尽量让市场营销人员对性能工程不感觉那么枯燥、生涩。市场营销人员也并不需要掌握所有的性能工程知识,同时并不是所有市场营销人员所需掌握的性能工程知识都一样。很多时候,我们仅需要准确率为95%以上的业载、油耗和时间即可。因而每一篇的内容都围绕这三个主要参数的获取展开。确保不同需求的市场营销人员不用像阅读其他性能专业书籍那样,通读和掌握整本书后才能解决问题,甚至有时候即使掌握了整本书仍无法解决问题,只要阅读一篇即可不同层次地解决问题和满足需求。其次,分享从市场营销角度建立的性能工具、软件和系统以及相应的计算方法。最后,将如何从市场营销角度开发性能工具、软件和系统的心得与大家分享。另外,还将一些性能参数的统计经验值进行总结。本书仅从飞行计划角度讨论市场营销所需的性能工程,暂先不涉及详细的机场适应性分析。

【本章思考】

（1）市场营销人员将飞机看作"质点"，最关注业载、航程、时间、油耗等将飞机作为交通工具通用的属性参数。

（2）市场营销人员需要快速批量分析航线性能，并获得上述参数。

（3）性能分低速和高速，或机场适应性和航线适应性两类。完整的油耗和时间分析一般采用航线适应性分析中的飞行计划方法。

2 入门:轮挡性能

2.1 备选航线

航空公司在采购飞机之前首先需要规划网络、航线和航班等,然后测算和对比在既定网络、航线和航班下不同机型的经济性,以此定量地帮助判断采购何种机型,即机队规划等核心决策性问题。规划使用的是第 1 章中所提到的各类方法,具体可参考《民用飞机销售支援与客户价值》[5]一书,这里不做赘述。

民用飞机一般分为支线机,单通道飞机或窄体飞机(即客舱只有一个通道的飞机),双通道飞机或宽体飞机(即客舱有两个通道的飞机)。而支线机指最高客舱布局数 100 座以下的飞机,包括涡桨支线机和喷气支线机两类。某种意义上,支线机是一种单通道飞机,因为它们的客舱只有一个通道。

假设某航空公司计划新增采购 5 架左右的单通道飞机或窄体飞机,用于国内客运运输。初步估算一下需要多少条航线来满足 5 架单通道飞机的运力即运输能力,并需要考虑运力备份和筛选。

假设条件如下:

(1) 以国内的点对点直达运输方式为主,每架飞机每天运输 4~6 个航班。

根据统计,国内每架单通道飞机的日利用率约 8~10 h,平均航程约 1 300~1 500 km,平均飞行长度(即航班时间)约 1.5~2 h。如果以点对点直达运输方式为主,则每天运输的航班次数为偶数,因而假设每架飞机每天运输 4~6 个航班。全球客机平均日利用率为 8.5 h,平均日飞行次数为 4.3 次(班),如图 2-1 所示,与国内情况基本相当。

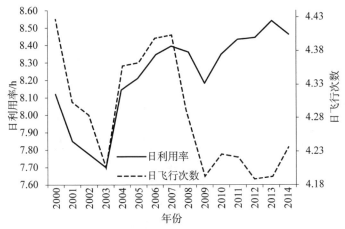

图 2-1 2000—2014 年全球客机日利用率与飞行次数

【知识点 2-1:飞行长度、飞行次数、日利用率】

自起飞离地到着陆接地所经历的时间(小时),称为飞行长度。

飞行长度与日利用率不同,不包括滑行时间。通常,新设计的飞机虽然性能较先进,拥有低燃油消耗率、高业载能力和良好的舒适性,但是飞行速度、轮挡时间并无明显变化。根据对市场上大中型飞机营运数据的分析,可以近似地认为轮挡时间与航线距离呈线性关系。因此,飞行长度可通过各典型航线距离计算获得。

图 2-2 展示了"日利用率-飞行长度"的关系曲线,该曲线利用的是早期波音公司飞机的统计数据,导出的解析式为:

$$h = 0.0025H^3 + 0.051H^2 - 0.5068H + 1.3377 \qquad 式(2-1)$$

式中:

h ——飞行长度,单位 h;

H ——日利用率,单位 h。

但 2000—2014 年市场发生了较大变化,即日利用率较波音早年统计数据已增加,但飞行次数却略有下降,如图 2-1 所示,其拟合结果如图 2-3 和图 2-4 所示。

日利用率与飞行长度的关系与飞行长度与飞行次数的关系是一致的,因为任意确定两个参数可得到第三个参数。在实际拟合中选取拟合效果较好的一对,一般来说飞行长度与飞行次数之间的拟合效果较好。

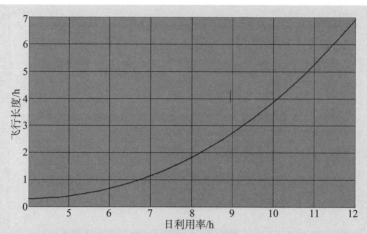

图 2 - 2　根据服役设计数据确定的日利用率与飞行长度的关系曲线

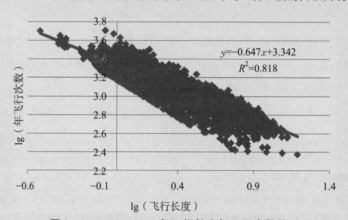

图 2 - 3　2000—2014 年飞行长度与飞行次数关系

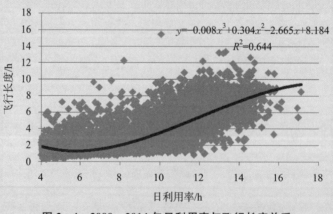

图 2 - 4　2000—2014 年日利用率与飞行长度关系

（2）各航线市场以平均市场规模为中等运量市场考虑，即日单向航班数量为 2～4 班。

根据统计，国内市场规模的平均值处于中等运量市场附近，中、短程市场尤为明显。2016 年中国平均市场规模为 483 人次，处于中等运量市场规模上限附近。但实际上各个机场的情况差异非常显著，吞吐量越大的机场平均市场规模越大，吞吐量越小的机场平均市场规模越小，如图 2-5 和图 2-6 所示。长、远程市场也差异明显，其市场规模以大运量市场为主。

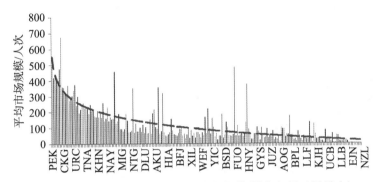

图 2-5 2016 年国内各机场平均市场规模（按机场吞吐量排序）

注：PEK——北京首都；NTG——南通；YIC——宜春；BPL——博乐；CKG——重庆；DLU——大理；BSD——保山；LLF——永州；URC——乌鲁木齐；AKU——阿克苏；FUO——佛山；KJH——凯里；TNA——济南；HIA——淮安；HNY——衡阳；UCB——乌兰察布；KHN——南昌；BFJ——毕节；GYS——广元；LLB——荔波；NAY——南苑；XIL——锡林浩特；JUZ——衢州；EJN——额济纳旗；MIG——绵阳；WEF——潍坊；AOG——鞍山；NZL——扎兰屯。

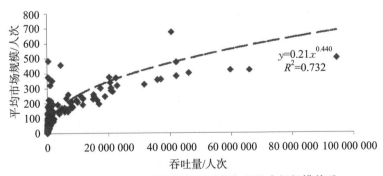

图 2-6 2016 年国内各机场吞吐量与平均市场规模关系

（3）各航线市场份额平均按 30%～50% 考虑。

各航线市场份额的平均值还可以通过航班频率的下限，并结合平均市场规模来确定。第 1 章中已提到，航班频率应保持在每天 1～2 班以上，以保持对乘客的吸引力。若市场规模按中等运量考虑,各航空公司航班频率下限保持在每天 1～2 班以上,则各航线平均市场份额为 30%～50%。或者换句话说,中等运量市场一般只能容纳 2～3 个航空公司共同良性运营。

另外,从航空市场份额 S 曲线的角度出发,各航空公司也期望在竞争市场上获得 30% 以上的市场份额,且不宜在竞争航线上一味地追求航班频率的高市场份额(70% 以上),以此获得航班频率市场份额换取运量市场份额的最佳性价比,如图 2-7 所示。再从竞争来看,各航空公司在各航线的平均市场份额就会控制在 30%～50%。

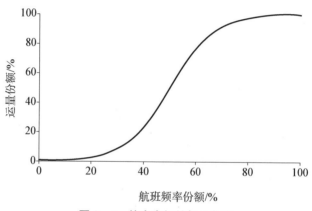

图 2-7　航空市场份额 S 曲线

【知识点 2-2:航空市场份额 S 曲线】

航空运输市场上,航班频率的市场份额与运量的市场份额之间存在非线性关系。经统计,两者呈 S 形曲线关系。即在竞争航线市场上,当航班频率市场份额低于一定值或高于一定值时,运量市场份额的增速低于航班频率市场份额的增速;当航班频率市场份额位于两者之间时,运量市场份额的增速高于航班频率市场份额的增速。标准 S 曲线函数如式(2-2)所示。

$$y = \frac{2b}{e^{4k(a-x)} + 1} \qquad 式(2-2)$$

式中:

a ——横坐标中心点;

b ——纵坐标中心点;

> k —— 变化率;
>
> x —— 自变量;
>
> y —— 因变量。
>
> 这是关于点 (a,b) 中心对称的 S 形曲线,y 在实数域内单调递增,左极限是 0,右极限是 $2b$,过中心点 (a,b) 时变化率为 k,达到最大。因此,想要改变 S 形曲线的中心点,就改坐标 a 的值;想要改变 y 的变化幅度,就改坐标 b 的值;想要改变变化率,就调整 k 值。图 2-7 中,中心点为 $(50\%,50\%)$,变化率 $k=3$。

依次类比下去,各类市场可容纳航空公司的数量上限如表 1-2 和表 1-3 所示。

(4) 备选航线运力比例按 1∶2～1∶4 考虑。

各 O&D 市场的市场基数是非常大的,这在第 1 章中也已经说明了,即使只考虑按点对点直达运营,国内一个机场可连接的 O&D 市场也达到 200 多条。若再考虑非直达等因素,市场基数会更大。因此需要适度设置市场基数在一个较小的、合适的范围内。

若所有假设条件均按上述条件的上限考虑,则 5 架单通道飞机所需运力的备选航线数量为

$$N = \frac{5 \times \dfrac{6}{2}}{4 \times 50\%} \times 4 = 30 \qquad\qquad 式(2-3)$$

实际上当上述假设条件稍微变化后,所需的备选航线运力会发生很大的变化。本书主要解决的问题在于市场营销所需的飞行计划或性能问题,不纠结于航线网络规划、机队规划、航班排班等的细节问题。姑且按照这样的假设来提出问题。

该航空公司以上海浦东机场为运营基地完成 5 架单通道飞机的运输规划,则根据式(2-3)可知,需要约 30 条备选航线的运力。鉴于上海浦东机场的航线市场运量均较大,超过中等运量,同时为了缩减工作量,本书选取 20 条备选航线,如表 2-1 所示。

表 2 - 1　5 架单通道飞机上海浦东备选航线

序号	航线	三字码	序号	航线	三字码
1	上海浦东—西安	PVG—XIY	11	上海浦东—长沙	PVG—CSX
2	上海浦东—成都双流	PVG—CTU	12	上海浦东—厦门	PVG—XMN
3	上海浦东—沈阳	PVG—SHE	13	上海浦东—昆明	PVG—KMG
4	上海浦东—大连	PVG—DLC	14	上海浦东—青岛	PVG—TAO
5	上海浦东—武汉	PVG—WUH	15	上海浦东—北京首都	PVG—PEK
6	上海浦东—重庆	PVG—CKG	16	上海浦东—济南	PVG—TNA
7	上海浦东—福州	PVG—FOC	17	上海浦东—广州	PVG—CAN
8	上海浦东—哈尔滨	PVG—HRB	18	上海浦东—郑州	PVG—CGO
9	上海浦东—海口	PVG—HAK	19	上海浦东—深圳	PVG—SZX
10	上海浦东—桂林	PVG—KWL	20	上海浦东—三亚	PVG—SYX

回顾第 1 章中所提及的市场营销人员常向性能工程师们求助的问题："能不能把这几十条航线的性能分析一下，最好 1～2 天内完成，我们只要业载、油耗和时间的结果，或者直接提供一个航程与油耗、时间的拟合公式就行。"我们就来解决这些市场营销人员需要性能工程师们解决的问题，即备选航线的业载、油耗和时间，并提供航程与油耗、时间的近似拟合公式。

2.2　几张有用的图

在获得上述备选航线的业载、油耗、时间等详细参数值以及相关的近似拟合公式之前，我们先来看几张有用的图，这几张图能更直观地了解飞机基本参数。航空公司参与机队采购决策的不同层级人员会使用不同的图，民用飞机制造商的市场人员在飞机不同设计阶段或飞机的不同营销和销售阶段也会使用不同的图。

2.2.1　座级航程图

2.2.1.1　定义

座级航程图使用典型客舱布局座位数量为横坐标，设计航程为纵坐标来描述各机型，一般用于客机。这张图的绘制并不复杂，复杂的是将不同机型统一到同一标准上进行对比。它主要供民用飞机制造商进行战略规划研究。航空公司也能通过它非常直观地看到各机型的座级、航程之间的相互关系，适合于航空公司高层决策时使用。

业载是指飞机所携带的所有的商用载荷，包括乘客及其行李、货物、邮件。

航程是飞机在平静大气中沿给定方向耗尽可用燃油所飞过的水平距离,以海里或公里为单位。业载和航程是飞机设计的初始指标,是众多飞机设计需求的输入指标,特别是飞机性能设计。同样,业载和航程也是客户(包括航空公司和飞机租赁公司)评价飞机的基础数据。通过业载和航程,客户可以更直观地定位飞机类型及初步圈定可适应或运营市场范围。

典型客舱布局,对于支线机一般采用全经济舱(一般座级间距为 $30\sim$ $32\,in^{①}$的)的单舱布局;对于窄体客机一般采用商务舱(一般座椅间距为 $50\,in$)+经济舱的双舱布局;对于宽体客机一般采用头等舱(一般座椅间距为 $78\,in$)+商务舱+经济舱的三舱布局。当然目前市场上出现了超级经济舱,一般座级间距为 $36\sim38\,in$,用于捕获高端经济舱乘客需求。经济舱、超级经济舱和商务舱形成了一种新三舱理念。设计航程是指在典型飞行剖面条件下飞机的航程,且不考虑老旧飞机(或按飞机中等寿命考虑)、飞机选装项目重量等各项其他因素的影响。典型飞行剖面一般规定了从滑出、起飞、爬升、巡航、下降、着陆、复飞、备降爬升、备降巡航、备降下降、等待、备降着陆和滑入等一个完整飞行过程的各项参数(如高度、速度、时间和距离等),以及影响航程的其他因素,包括环境因素(如温度、风)、每客重量、标准使用空重等。之所以给出典型客舱布局、设计航程、典型飞行剖面等的严格定义,是因为各民用飞机制造商在这些条件上可能存在较大差异,进而使得各机型无法在同一标准下进行比较。这种差异既源于各民用飞机制造商对于航空市场需求,尤其是目标市场需求的不同理解,也源于各民用飞机制造商想用更好的标准衡量自己的飞机,同时用更严苛的标准衡量竞争对手。当然,由于航空运输市场的同质化竞争激烈,航空公司主要采用客舱布局的差异化设计,带来品牌的差异化和竞争力。这也使得在市场上的各类机型甚至是同类机型的客舱布局千差万别,即使是同一航空公司的同类机型也会有客舱布局的差异。据悉,网络型航空公司每过一段时间就会评估机型的客舱布局,包括客舱座位数及组成与公司目标市场之间需求的符合性。当然,这种评估可能更多会放在宽体客机上,如图 2-8 所示。航空公司为了在不同航线和流量上获得最大效益,需要有不同的飞机,哪怕要求很相近。

从图 2-8 中可以看出,目前波音和空客几乎垄断市场,做到了 $200\sim400$ 座级全覆盖,航程高达 $9700\,n\,mile$。同时衍生机型趋于精简,力求以出色的业载航程能力满足多样化需求。制造商在确定座级航程时,会考虑自身研发能力和市

---

① in 为英制长度单位,$1\,in=2.54\,cm$。

场战略,尽量避开竞争,针对无产品覆盖的市场缝隙或自身产品替代和更新,以期在目标市场需求下提供市场认可的宽体客机产品。

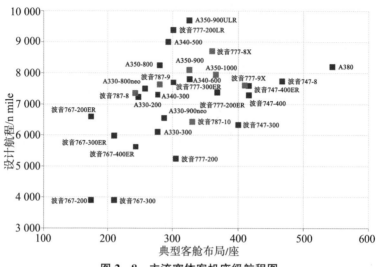

图 2 - 8　主流宽体客机座级航程图

【知识点 2 - 3:客舱宽度与市场定位】

一般认为 100 座和 200 座是座级分水岭。

200 座以下,130～200 座适宜单通道飞机,采用每排 6 座(3＋3)及以下的客舱,如 A320 和波音 737 系列飞机。当机身加长至大于 200 座时,起飞时受到擦地角的限制(波音 757 飞机通过采用"小车式"起落架来解决);当机身缩短至低于 130 座时,每座经济性变得很差,如 107 座的 A318 飞机。124 座的 A319 飞机和波音 737 - 700 飞机不是为满足支线市场而研发的,而是窄体机的高温高原型。

250 座以上适宜双通道飞机,即每排 8 座(2＋4＋2)及以上[如每排 9 座(3＋3＋3),每排 10 座(3＋4＋3)]的客舱,如 A330 飞机和波音 777 飞机。当机身缩短至低于 250 座(波音 767 飞机)时,每座经济性变得难以接受。

支线机也是一种单通道飞机,只是座级更小。一般认为 100 座以下是支线机。50～100 座的支线机,适宜每排 4 座(2＋2)的客舱。

100～140 座,适宜每排 5 座(2＋3)的客舱,这也是 C 系列(A220 系列)的目标。

50 座以下,适宜每排 3 座(1+2)的客舱,但由于经济性的问题 50 座以下支线机已基本停产。

难点在于 200~250 座,既可以通过双通道缩短飞机长度,又可以通过单通道加长飞机长度来实现,而且事实证明每排 7 座(2+3+2)客舱布局的波音 767 飞机并不能满足 200~250 座市场需求,每排 6 座的波音 757 飞机也同样没有很好展示其市场适应性。简单推理,每排 7 座是适合 200~250 座需求的,但 2+3+2 的客舱布局却无法让航空公司获取足够经济性。而 3+4 的客舱布局更是不现实的,最远端靠窗乘客需要爬过三个人才能进出,估计乘务服务都无法够到最远端靠窗乘客。这正是目前波音和空客竞争的中间市场(middle of market,MOM)。

民用喷气运输机的客舱典型构造的简单经验法则是:并排乘客数 $N_a = \frac{1}{2}\sqrt{N_p}$;排数 $N_r = 2\sqrt{N_p}$,两者当然均需使乘客数 $N_p = N_a N_r$ 成立。如此计算结果与表 2-2 基本吻合。

表 2-2　客舱宽度与市场定位

座级	客舱宽度(每排座位数)	典型机型	市场定位
50 座以下	3(1+2)	ERJ135/140/145	小型支线机
50~100 座	4(2+2)	ERJ170/175/190/195 CRJ200/700/900/1000	支线机
100~140 座	5(2+3)	C100/300	小窄体飞机
130~200 座	6(3+3)	波音 737 系列 A320 系列	中短程市场 窄体机
200~250 座	6(3+3) 7(2+3+2)	波音 757 系列 波音 767 系列	中间市场
250 座以上	8(2+4+2) 9(3+3+3) 10(3+4+3)	A330 系列 波音 777/787、A350 系列 波音 747 系列、A380 系列	长远程市场 宽体机

除了座级航程图外,还有一种座级航程图的变形图,称为龙卷风图,但横纵坐标发生了变化,如图 2-9 所示。在飞机设计时,同一机型一般当座级增加后,航程都会缩短,然后再通过其他手段提升航程,如提高最大起飞重量、增加油箱

容积等,如图 2-9 中实线所示的螺旋上升,像龙卷风一样。波音 777 系列就是如此,首先推出波音 777-200 飞机,再增加座位后形成波音 777-300 飞机,航程缩短后再推出波音 777-300ER 飞机。A320 系列也是如此,A321 飞机增加了座位数,航程却损失了,因而又推出了 A321LR 和 A321XLR 飞机增加航程。但客户往往需要在座位数增加的同时,仍保持航程,就像图 2-9 中的虚线一样。因此,最新的飞机设计时已经考虑到这样的需求了。例如 A350-900 飞机的加长型 A350-1000 飞机在增加座位数的同时还保持了航程,波音 787-8 飞机的加长型波音 787-9 飞机和波音 787-10 飞机也同样在增加座位数的同时保持了航程。龙卷风已经变得直来直去了。

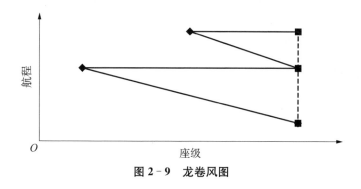

图 2-9　龙卷风图

座级航程图不一定要求横坐标必须是座级、纵坐标必须是航程,可以根据分析的需求适度调整,最终的目的仍然是便于分析以发现问题和进行决策。

2.2.1.2　中间市场

民用飞机是一个高度细化的市场,在竞争激烈的各类航线上,业载每相差 20~30 座就可以成为新的型号。原因在于,当经济优势达到 10%~15% 时,航空公司就会考虑一个新机型。座位数增加一般认为对于总成本影响较小,概算时可忽略。对于 150 座级飞机,增加 20 个座位约降低单位成本 12%;对于 250 座级飞机,增加 30 个座位约降低单位成本 11%。业载不足会丢失盈利机会,业载过大、客座率不足则要常年拉着太多的废重到处飞,废重除了增加油耗,还增加起降、导航等收费,对盈利也有较大的影响。航程也有类似的问题,过大的航程意味着不必要的油箱容积和结构重量,过大的发动机也不利于省油。理想化的状态是,所有飞机对每一条航线都有恰到好处的业载和航程,当然这很难实现。为了无缝覆盖,民用飞机主要产品系列的两端多有重叠。比如在波音的系列里,波音 777 飞机占据了 300~400 座、9 500~16 000 公里航程的区间,波音

787 飞机占据了 240～330 座、12 000～15 000 公里航程的区间。在重叠区，用户可以在波音 777 飞机的业载和波音 787 飞机的航程之间优化，以选择最适合需要的型号。但波音 737MAX 飞机占据了 140～195 座、6 500～7 000 公里航程的区间，与波音 787 飞机之间有显著的缺口。在空客系列里，A320neo 飞机占据了 140～210 座、6 500～7 400 公里航程的区间，A330neo 飞机占据了 260～290 座、12 000～14 000 公里航程的区间，A350 飞机占据了 320～370 座、15 000～18 000 公里航程的区间，A380 飞机则是 550～600 座、15 000 公里航程的巨无霸。空客也有缺口，但情况比波音稍好一些。

A320 飞机比波音 737 飞机问世晚了 20 年，在基本设计上避免了后者的一些先天缺陷，比如机体较窄导致的座位较窄、翼下净空不足导致的发动机尺寸受限等。加长的 A321neo 飞机的业载比波音 737-9 飞机更大，以 4∶1 的订单优势彻底压倒了波音 737MAX-9 飞机。更重要的是，波音是以缩短航程为代价而勉强增加业载的，而 A321neo 飞机新增的 A321LR 飞机靠增加的辅助油箱维持了航程，独占了这一块市场，有把波音赶出这个重要市场的趋势。这正好是美国东西海岸之间或者东海岸到欧洲西部的理想航程（由于备降机场和余油规定，航空公司的实际运营航程要显著短于客机的理论最大航程），由于点到点模式的兴起，这一机型受到越来越多航空公司的青睐。波音随后推出波音 737MAX-10 飞机，但这只是增加业载，并未解决航程问题。

传统民航运作的模式呈放射形，核心是一线城市的核心机场，核心机场之间用大型客机连接，业载越大，经济性越好。单机业载较大还可缓解机场登机门周转紧张的问题，两架飞机靠泊和登机离机的操作时间远远大于一架两倍业载的飞机。从核心机场到附近的中小城市则由中小型、中短程客机运营，把核心机场的客流导向分散的目的地。但放射形模式高度发展后，弊端也日益凸显，核心机场空域拥挤，登机口紧张。大飞机的尾流强大，要求起飞、着陆间隔加大，对机场周转率的提升并没有预想的那么大。核心机场的航站也越来越大，多个航站楼之间转机、误点问题越来越严重，航空公司和乘客都苦不堪言。点到点模式绕过核心机场，在大量远距离二线城市之间直飞，或者在一线与二线城市之间直飞，大大便利了乘客，也节约了旅行时间。一般来说，航空公司只能经营从本国境内直达国外的国际航线，而不能经营他国境内的国内航线。增加本国直达他国二线城市的航线还有助于减少不同航空公司的联运，每段航线也有相应的飞机、机组和机场费用，点到点直飞节约费用，经济性最终反映到票价，刺激消费者的出行意愿，开拓新的需求。

但点到点不仅需要足够的航程，还要有适中的业载，客座率不高的点到点航线是没有生命力的。波音787飞机开创了远程点到点模式，但业载依然偏大，适合大流量城市之间使用，流量较小的市场出现冗余。中等流量、中远航程，这就是波音新中型飞机（new middle airplane，NMA）的定位，大约定位在200～270座、9 000～10 000公里航程。最关键的是，NMA要以单通道的经济性实现传统模式中只有双通道才能做到的业载和航程。波音公司在36个航空公司中的调查表明，NMA的市场需求可达5 000架之多，其中至少2 000～3 000架属于不能由"低端高用"或者"高端低用"满足的核心需求。历史上，这是由波音757/767飞机、A300/310飞机所覆盖的范围，现在波音757飞机和A300/310飞机已经停产，波音767型号只有货机和美国空军的加油机还在继续生产，2004年后客机已经停产。

波音公司是第二次碰上中型飞机的问题了。在20世纪70年代推出波音747之后，波音公司需要一架飞机填补波音737飞机和波音747飞机之间的缺口，但最后配套推出了波音757飞机和波音767飞机。波音757飞机是单通道，200～250座、5 500～7 250公里航程；波音767飞机则是双通道，220～300座、7 000～12 000公里航程。在波音公司提出NMA要求后，用新发动机和航电重开波音757/767飞机生产线的呼声很高。波音757飞机依然采用波音707/727/737飞机的机身截面（后机身直径有所增加），原意要取代短程的波音727飞机和中程的波音737飞机，但是它单机身长、重量大，作为"大号波音737飞机"飞短途的话，经济性不如正主；飞中长途的话，业载不如波音767飞机，难以得益于规模经济，市场响应始终不温不火，最终于2004年停产。波音757飞机适合中流量点对点中、远程航线的优点是在停产多年后才意识到的。波音767飞机业载和航程很适合填补波音747飞机以下的需求空间。这是独特的半宽体设计，也是双通道，但每排座位为独特的2＋3＋2，非常受乘客欢迎，没有人需要爬过两个邻座才能走上走道。但对于航空公司来说，通道增加了一条，但每排座位数只比单通道的3＋3增加了一个，机舱里被走道占用的非营利面积太大，经济性较差。与波音747飞机那样的宽体飞机相比，半宽体飞机具有有机体直径较小、重量较轻、迎风阻力较小的好处，但地板下的空间正好无法安放两个标准的LD3航空集装箱，只能装两个冷门的小号LD2，影响使用。捎带货物是中、远程航线的重要营利手段。

空客公司的应对是推出A330飞机和A340飞机，采用相同的机体和机翼。A340飞机为四发，主打远程；A330飞机为双发（翼下外发动机位置用盖板盖上，这在改装成加油机时特别有用，因为该处是天然的翼下加油吊舱的位置），主打中、短程。这是技术上有创意而稳妥的做法。但四发的经济性天然吃亏，A340飞机很快被航程相当但业载更大的波音 777 飞机（尤其是远程的波音 777-300ER 飞机）扼杀了。A330 飞机的定位与波音 767 飞机相似，采用 2+4+2 的座舱布局，经济性更好，反过来抢占了波音 767 飞机的生存空间。A330 也用新一代发动机推出 A330neo 飞机，继续攻占市场。

波音公司要重回 NMA 市场的话，用新发动机直接恢复生产波音 757MAX飞机或者波音 767MAX 飞机是最简便、快捷的做法，但也是最短视而没有后劲的做法。波音 767MAX 飞机将被 A330neo 飞机再扼杀一遍，波音 757 飞机也有本质缺陷。波音 757 飞机的机舱宽度与波音 737 飞机相同，继承自波音 707 飞机。这在 20 世纪 50 年代是合适的，但现代人普遍体胖，17 in 的座椅宽度太窄，A320 飞机的 18 in 明显更加舒适。这种座宽在短途的波音 737 飞机上问题还不大，但在主打中、远程的波音 757MAX 飞机上，会影响乘客舒适性。和把波音737 飞机拉宽成波音 737MAX 还不一样，波音 737 飞机有特别大的用户基础，成熟的使用、维修、运作、备件和技术保障体系加上依然优秀的经济性，使得波音737MAX 飞机依然有巨大的吸引力。波音 757 飞机没有这样的条件，如果加宽体机，就是彻底重新设计了，谈不上恢复生产了。既然如此，不如进行全新设计。NMA 需要波音 767 飞机的航程和业载，更需要波音 757 飞机的经济性，能达到波音 737 飞机的经济性则更加理想。事实上，把波音 737 飞机继续拉长作为NMA 也是一个遥远的可能性，波音 737 飞机尽管依然畅销，但基础技术还是 60年前就确定的，也急需考虑换代了。除了机舱宽度和翼下净空，还有金属为主的基本结构和机电飞控的问题。还有一个问题不大提到，波音 737 飞机的地板下行李舱只能携带散货，不能像 A320 飞机那样用标准的航空集装箱，需要人工装卸，不仅费时费力，而且抛接中容易损坏行李。这些问题都需要通过全面重新设计来解决。既然如此，不如全新研制下一代，这就是波音的下一代小型客机（new small airplane，NSA）计划。

事实上，波音 737 飞机的潜力已经"挖尽"好几回了，每一次都在新技术的注入下，重现新的生命力，但这条路越来越难走了。波音 737MAX 飞机从一开始就是过渡行为，如果不是 A320neo 飞机用换发"换代"取得意外强烈的反响，波音本来是准备直接进入 NSA 阶段的。但 NSA 已经不能再拖延了。A320 飞机可以推出 A321neo 飞机和长航程（long range，LR），只要有市场需求，还可以推出进一步加长（可能还需要设计全新机翼）的 A322neo 飞机，但波音 737 飞机已经黔驴技穷了,加长再加长的波音 737MAX‐10 飞机已经是为了不向空客投降而硬憋出来的,NSA 势在必行。

NSA 的上端和 NMA 的下端重合,如果把两个计划合并,在经济性上是有利的,但在技术上则是难上加难。NSA 的要求还没有公布,估计这将定位于 150~200 座、7500 公里航程,也就是说,是波音 737 飞机的直接换代。一般认为 200 座是一个分水岭,200 座以下以单通道为宜,所以 NSA 肯定是单通道的。250 座以上的话,则以双通道为宜,否则单通道的机体长度太大,最后几排座位的乘客要"跋山涉水"才能从登机门走到自己的座位,容易有怨言。"一字长蛇"的登机离机时间也太长。另外,过长的机体容易引起起飞拉起时机尾触地问题,如 A321 飞机在离地时只能缓缓拉起,达到一定高度后再转入大迎角爬升,以减小起飞路径下的噪声投影。但这样的大角度爬升容易引起乘客不适,也对发动机推力提出更高的要求。同时 A321 飞机飞行速度较慢,也被空管和飞行员诟病,尤其是跟在 A321 飞机后面的飞行员。

但 200~250 座之间就比较灵活,既可以是加长的单通道,也可以是缩短的双通道。波音公司声称,NMA 将兼顾双通道的业载和舒适,以及单通道的经济性。问题是,波音 767 飞机已经证明每排 2+3+2 布局的双通道经济性较差,至少需要每排 2+4+2 布局,但这与每排 3+3+3 布局的波音 787 飞机的型号区间重叠。

缩短波音 787 飞机也不是办法,"短宽体"销路不好,历史上波音 767‐100 飞机、波音 787‐3 飞机都夭折了,A310 飞机也铩羽而归。现在的波音 787 飞机也只有业载大的‐9 和‐10 机型畅销,业载较小的‐8 机型已经开始销路不畅。A350‐800 飞机项目也同样夭折了。

在机舱宽度上,只有 2+3+2 布局符合 NMA 的业载要求。要解决经济性问题,只有突破传统,走全新的思路,比如采用椭圆截面。波音公司正在考虑 NMA 采用椭圆截面的双通道,人们甚至已经给 NMA 定名为波音 797 飞机。

在同样宽度情况下,椭圆截面机体的重量和迎风阻力略低于圆截面机体。问题是,椭圆截面的受力不如圆截面,制造难度增加,结构加强要求可能把减重效果抵消了。椭圆截面还有机舱舒适和行李空间的问题,压扁的上部空间挤占了行李架和布线空间,压扁的下部空间使得标准的航空集装箱难以装入,这些都影响舒适性和盈利性。

椭圆截面的一个远亲是横 8 字截面,用两个圆截面拼接,工艺性比椭圆略好些,但可能只有用两个低矮的 2+2 布局的支线客机级的圆桶,实际上形成 2+

4+2布局，再大就横截面太宽了，再小就太低矮、很不适合作为大型民用飞机使用了。2+3+2布局的话，中间作为的天花板太低，非常压抑，而且机舱低矮，舒适性很糟糕，地板下也没有行李空间。即使不考虑技术风险，NMA采用横8字的可能性也微乎其微。

2017年巴黎航空前夕，美国《航空周刊》与美林-美洲银行联合向世界各国航空公司调查，发现90%的航空公司要求少于250座，76%的航空公司要求不低于9200公里的航程。换句话说，航程优先，业载则不必太大。这是和点到点、"薄"航线、分散化的大趋势符合的。这决定了NMA更可能是单通道。250座差不多是单通道的极限，波音757-300飞机就是243座（两舱布置，单舱高密度可达280座，但没人这么做）。250～270座区间就放给波音787飞机了。历史数据表明看似缺乏发展余力的加长单通道实际上更受航空公司欢迎，A321neo飞机还没有交付，已经有1400架以上的订货（还可加上1600多架A321ceo飞机，其中1200多架已经交付；对比之下，波音757飞机总产量只有1050架）；更加舒适、貌似更有发展潜力的波音767-200飞机则早早铩羽而归，波音767飞机的所有型号至今总产量也只有1100架。

航空业界对单通道飞机的销售预测经常低估，但却经常高估双通道飞机。波音公司每年发布"当前市场预期"（current market outlook，CMO），预测未来20年的民航市场，是有关市场预测中最具有权威性的。就2007—2026年区间而言，现在正好是中间点。2006年CMO指出，在2007—2026年间，将有17650架单通道飞机的需求（指波音737飞机、A320飞机和庞巴迪C系列，没有计入俄罗斯MC21飞机和中国C919飞机），6290架双通道的需求和960架大飞机（A380飞机和波音747飞机）的需求。超大可以按照典型的1.3倍因子折算为双通道，这样双通道总数为7538架。

但事实上2007—2016年的平均值，单通道实际为916架/年，波音和空客现在都预计未来10年将继续增加到1100架/年，甚至可能达到1500架/年。但双通道的交付数量显著低于预期，加上折算的超大飞机，在2007—2016年间交付2890架。也就是说，要达到预期，后10年要交付4648架才行，但这显然不现实。

事实上，航空公司更愿意选用单通道飞远程航线，如挪威航空用波音737MAX飞机执飞北大西洋航线。这意味着理论上更适合的小双通道的市场可能被加长的单通道吃掉，即使是登机口周转时间短的优点也不足以扭转这样的情况。

当然，NMA最大的问题是众口难调，到底是要更大的业载，还是要更大的航程,还是业载、航程都要,这对 NMA 的单通道还是双通道的选择最后有很大的影响。在现有的飞机设计总体布局和技术基础上,一般认为典型客舱布局数与设计航程是存在一定关系的,如图 2 - 10 和表 2 - 3 所示。因而,想单方面要求哪个参数更大,都需要付出额外的代价,例如 A330 系列曾经打开和封上中央翼油箱,配合最大起飞重量的调整,以此获得不同的航程。

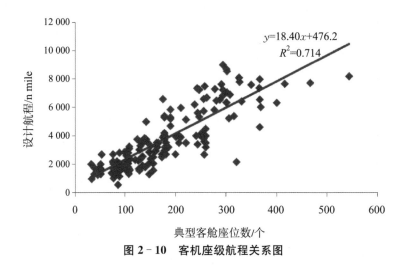

图 2 - 10　客机座级航程关系图

表 2 - 3　主要民用飞机座级和航程参数[10]

机型	公司	类型	服役情况	座位数	MTOW /kg	OEW /kg	航程 /n mile	MPL /kg
CRJ100ER	庞巴迪	支线机	停产在役	50	23 133	13 835	1 305	6 124
CRJ100LR	庞巴迪	支线机	停产在役	50	24 041	13 835	1 650	6 124
CRJ200ER	庞巴迪	支线机	停产在役	50	23 133	13 835	1 345	6 124
CRJ200LR	庞巴迪	支线机	停产在役	50	24 041	13 835	1 700	6 124
CRJ700ER	庞巴迪	支线机	在役	72	34 019	20 069	1 378	8 190
CRJ900LR	庞巴迪	支线机	在役	83	38 330	21 845	1 553	10 247
CRJ1000ER	庞巴迪	支线机	在役	100	41 640	23 188	1 622	11 966
ERJ135ER	安博威	支线机	在役	37	19 000	11 402	1 300	4 198
ERJ135LR	安博威	支线机	在役	37	20 000	11 501	1 750	4 499
ERJ140ER	安博威	支线机	在役	44	20 100	11 816	1 250	5 284
ERJ140LR	安博威	支线机	在役	44	21 100	11 808	1 650	5 292

（续表）

机型	公司	类型	服役情况	座位数	MTOW /kg	OEW /kg	航程 /n mile	MPL /kg
ERJ145LR	安博威	支线机	在役	50	22 000	12 114	1 550	5 786
ERJ145XR	安博威	支线机	在役	50	24 100	12 591	2 000	5 909
E170AR	安博威	支线机	在役	75	38 600	21 141	2 150	9 759
E175AR	安博威	支线机	在役	83	40 370	21 890	2 200	10 110
E190AR	安博威	支线机	在役	107	51 800	27 837	2 450	13 063
E195AR	安博威	支线机	在役	120	52 290	28 667	2 300	13 933
E175 - E2	安博威	支线机	在研	88	44 800	27 100	2 060	10 600
E190 - E2	安博威	支线机	在研	106	56 200	33 000	2 800	13 080
E195 - E2	安博威	支线机	在研	132	60 700	35 250	2 450	16 150
ARJ21 - 700ER	中国商飞	支线机	在役	90	43 500	25 547	2 000	8 343
AN72	安东诺夫	支线机	在役	52	34 500	19 050	2 688	10 000
AN74	安东诺夫	支线机	在役	52	34 500	19 050	2 688	
AN124	安东诺夫	双通道	停产小量在役	88	405 000	175 000	2 808	150 000
AN148 - 100A	安东诺夫	支线机	在役	75	38 550	25 600	1 300	9 000
AN148 - 100B	安东诺夫	支线机	在役	75	41 950	25 600	2 200	9 000
AN148 - 100C	安东诺夫	支线机	在役	75	43 700	25 600	2 700	9 000
AN158	安东诺夫	支线机	在役	90	43 700	26 940	1 600	9 800
BAE146 - 100/ Avro RJ70	BAE	支线机	停产在役	76	38 101	23 820	2 090	8 612
BAE146 - 200/ Avro RJ85	BAE	支线机	停产在役	92	42 184	24 600	1 970	11 233
BAE146 - 300/ Avro RJ100	BAE	支线机	停产在役	106	44 225	25 640	1 800	11 781
MD - 11	麦道	双通道	停产货机在役	293	273 300	128 809	6 840	
MD - 11ER	麦道	双通道	停产货机在役	293	286 000	132 050	7 240	
MD - 81	麦道	单通道	停产在役	155	63 500	35 300	1 570	

（续表）

机型	公司	类型	服役情况	座位数	MTOW /kg	OEW /kg	航程 /n mile	MPL /kg
MD－82	麦道	单通道	停产在役	155	67 800	35 400	2 050	
MD－83/88	麦道	单通道	停产在役	155	72 600	36 200	2 500	
MD－87	麦道	单通道	停产在役	130	63 500	33 200	2 370	
Dornier 328－300JET	多尼尔	支线机	停产在役	31	15 660	9 420	2 001	3 266
F28－4 000	福克	支线机	停产小量在役	85	33 000	18 189	553	
F70	福克	支线机	停产在役	85	38 102	22 673	1 841	
F100 Tay 620	福克	支线机	停产在役	107	43 090	24 375	1 323	11 242
F100 Tay 650	福克	支线机	停产在役	107	45 810	24 541	1 710	11 993
IL－62	伊留申	单通道	停产在役	177	165 000	71 600	5 400	
IL－76TD－90	伊留申	单通道	在役	150	195 000	92 500	2 376	
IL－86	伊留申	双通道	停产军机在役	320	215 000	115 000	2 160	42 000
IL－96－300	伊留申	双通道	在役	237	250 000	120 400	6 209	40 000
IL－96M	伊留申	双通道	在役	307	270 000	132 400	6 907	58 000
IL－96－400	伊留申	双通道	在役	315	265 000	122 300	5 400	58 000
L－1011－1	洛克希德	双通道	停产小量在役	256	200 000	110 000	2 680	
L－1011－200	洛克希德	双通道	停产小量在役	256	211 374	113 000	3 600	
L－1011－500	洛克希德	双通道	停产小量在役	246	231 332	111 000	5 345	
DC－8－10	麦道	单通道	停产货机、私人飞机在役	177	123 830	54 339	3 760	20 912
DC－8－20	麦道	单通道	停产货机、私人飞机在役	177	125 191	56 189	4 050	19 787

（续表）

机型	公司	类型	服役情况	座位数	MTOW /kg	OEW /kg	航程 /n mile	MPL /kg
DC‐8‐30	麦道	单通道	停产货机、私人飞机在役	177	142 881	57 302	4 005	23 528
DC‐8‐40	麦道	单通道	停产货机、私人飞机在役	177	142 881	56 603	5 310	23 727
DC‐8‐43	麦道	单通道	停产货机、私人飞机在役	177	142 881	61 919	4 200	18 911
DC‐8‐50	麦道	单通道	停产货机、私人飞机在役	189	142 881	56 608	5 855	23 451
DC‐8‐55	麦道	单通道	停产货机、私人飞机在役	189	147 417	62 716	4 700	23 466
DC‐8‐61	麦道	单通道	停产货机、私人飞机在役	259	147 417	68 991	3 200	32 613
DC‐8‐71	麦道	单通道	停产货机、私人飞机在役	259	147 417	74 253	3 500	27 351
DC‐8‐62	麦道	单通道	停产货机、私人飞机在役	189	158 757	64 979	5 200	23 471
DC‐8‐72	麦道	单通道	停产货机、私人飞机在役	189	158 757	69 490	5 300	18 960
DC‐8‐63	麦道	单通道	停产货机、私人飞机在役	259	161 024	72 002	4 000	32 324
DC‐8‐73	麦道	单通道	停产货机、私人飞机在役	259	161 024	75 387	4 500	29 393

（续表）

机型	公司	类型	服役情况	座位数	MTOW /kg	OEW /kg	航程 /n mile	MPL /kg
DC - 9 - 15	麦道	支线机	停产在役	109	41 100	22 235	1 590	
DC - 9 - 20	麦道	支线机	停产在役	109	44 500	23 880	1 605	
DC - 9 - 30	麦道	支线机	停产在役	127	49 090	25 940	1 670	
DC - 9 - 40	麦道	支线机	停产在役	128	51 700	26 612	1 555	
DC - 9 - 50	麦道	支线机	停产在役	139	54 900	28 068	1 795	
DC - 10 - 10	麦道	双通道	停产货机在役	255	195 045	108 940	3 800	
DC - 10 - 15	麦道	双通道	停产货机在役	255	206 385	108 940	4 350	
DC - 10 - 30	麦道	双通道	停产货机在役	255	259 459	120 742	6 600	
DC - 10 - 40	麦道	双通道	停产货机在役	255	251 701	122 567	5 750	
TU - 134A	图波列夫	支线机	停产在役	78	47 600	27 960	1 323	8 200
TU - 154B2	图波列夫	单通道	停产小量在役	147	100 000	50 700	1 300	
TU - 154M	图波列夫	单通道	停产小量在役	147	104 000	55 300	2 850	
TU - 204 - 100	图波列夫	单通道	在役	172	105 000	61 400	2 700	21 000
TU - 204 - 120	图波列夫	单通道	在役	172	103 000	59 300	2 500	21 000
TU - 214	图波列夫	单通道	在役	180	110 750	61 600	2 700	25 200
TU - 204 - 300	图波列夫	单通道	在役	142	107 000	59 000	3 600	18 000
TU - 334 - 100	图波列夫	支线机	退役	102	47 900	28 950	1 701	
Yak - 40	雅克	支线机	停产在役	32	15 500	9 400	971	
Yak - 42D	雅克	支线机	停产在役	104	57 500	33 000	2 158	
A300B4 - 200	空客	双通道	停产在役	240	165 000	88 505	4 000	37 495
A300 - 600R	空客	双通道	停产在役	247	171 700	88 626	4 050	41 374
A310 - 200 (CF6 - 80)	空客	双通道	停产在役	220	144 000	79 207	3 500	32 834

（续表）

机型	公司	类型	服役情况	座位数	MTOW /kg	OEW /kg	航程 /n mile	MPL /kg
A310 - 200 (JT9D)	空客	双通道	停产在役	220	144 000	77 397	3 500	32 834
A310 - 300 (JT9D)	空客	双通道	停产在役	220	164 000	77 397	5 150	37 293
A310 - 300 (PW4000)	空客	双通道	停产在役	220	164 000	79 166	5 150	37 293
A318	空客	单通道	在役	107	68 000	39 500	3 100	15 000
A319	空客	单通道	在役	124	75 500	40 800	3 750	17 700
A320	空客	单通道	在役	150	78 000	42 600	3 300	19 900
A321	空客	单通道	在役	185	93 500	48 500	3 200	25 300
A319neo	空客	单通道	在研	140	75 500	43 190	3 750	
A320neo	空客	单通道	在役	165	79 000	45 558	3 500	
A321neo	空客	单通道	在研	206	93 500	50 750	3 500	
A321LRneo	空客	单通道	在研	206	97 000	51 750	4 000	
A330 - 200 较轻	空客	双通道	在役	246	242 000	120 150	7 250	49 850
A330 - 200 较重	空客	双通道	在役	246	242 000	120 750	7 250	49 250
A330 - 300 较轻	空客	双通道	在役	300	242 000	121 870	6 350	53 130
A330 - 300 较重	空客	双通道	在役	300	242 000	122 780	6 350	52 220
A340 - 200	空客	双通道	停产在役	261	275 000	126 000	6 700	43 000
A340 - 300	空客	双通道	停产在役	277	276 500	129 800	7 300	53 200
A340 - 400	空客	双通道	停产在役	293	380 000	170 400	9 000	61 600
A340 - 500	空客	双通道	停产在役	326	380 000	177 000	7 800	74 000
A330 - 800neo	空客	双通道	在研	257	242 000	129 500	7 500	
A330 - 900neo	空客	双通道	在研	287	242 000	135 100	6 550	
A380 - 800	空客	双通道	在役	544	575 000	276 800	8 200	84 000

（续表）

机型	公司	类型	服役情况	座位数	MTOW /kg	OEW /kg	航程 /n mile	MPL /kg
A350 - 900 较轻	空客	双通道	在役	325	280 000	134 700	8 100	61 000
A350 - 900 较重	空客	双通道	在役	325	280 000	145 100	8 100	50 600
A350 - 1000	空客	双通道	在研	366	308 000	155 000	7 990	65 000
波音 707 - 120B	波音	单通道	停产小量在役	137	117 000	57 600	3 600	
波音 707 - 320/- 420	波音	单通道	停产小量在役	141	141 700	64 600	3 750	
波音 707 - 320B	波音	单通道	停产小量在役	141	151 500	67 500	5 000	
波音 717 - 200 Basic Gross Weight	波音	单通道	停产在役	106	49 900	30 617	1 430	
波音 717 - 200 High Gross Weight	波音	单通道	停产在役	106	54 900	31 071	2 060	
波音 727 - 100	波音	单通道	停产货机、私人运输机在役	106	76 700	39 800	2 250	
波音 727 - 200	波音	单通道	停产货机、私人运输机在役	134	78 100	44 330	1 900	
波音 727 - 200 Adcanced	波音	单通道	停产货机、私人运输机在役	134	95 100	45 720	2 550	
波音 737 - 100	波音	单通道	停产在役	85	49 895	28 123	1 540	
波音 737 - 200	波音	单通道	停产在役	102	58 105	29 260	2 600	
波音 737 - 300	波音	单通道	停产在役	126	62 820	32 820	2 255	16 890
波音 737 - 400	波音	单通道	停产在役	147	68 040	34 820	2 060	18 250
波音 737 - 500	波音	单通道	停产在役	110	60 550	31 950	2 375	14 770

（续表）

机型	公司	类型	服役情况	座位数	MTOW /kg	OEW /kg	航程 /n mile	MPL /kg
波音 737 - 600	波音	单通道	在役	108	65 544	36 378	3 235	
波音 737 - 700	波音	单通道	在役	128	70 080	37 648	3 010	
波音 737 - 800	波音	单通道	在役	160	79 016	41 413	2 935	
波音 737 - 900ER	波音	单通道	在役	177	85 139	44 677	2 950	
波音 737MAX7	波音	单通道	在研	138	80 286	42 683	3 825	
波音 737MAX8	波音	单通道	在研	162	82 191	46 448	3 515	
波音 737MAX200	波音	单通道	在研	199	82 191	46 266	2 700	
波音 737MAX9	波音	单通道	在研	180	88 314	49 714	3 515	
波音 747SP	波音	双通道	在役	276	320 000	152 900	5 830	
波音 747 - 100	波音	双通道	在役	366	333 000	172 100	4 620	
波音 747 - 200B	波音	双通道	在役	366	378 000	170 100	6 560	
波音 747 - 300	波音	双通道	在役	400	378 000	174 000	6 330	
波音 747 - 400ER	波音	双通道	在役	416	412 760	187 010	7 670	
波音 747 - 8	波音	双通道	在役	467	447 696	220 128	7 730	
波音 757 - 200	波音	单通道	停产在役	200	115 660	58 440	3 915	25 920
波音 757 - 300	波音	单通道	停产在役	243	123 830	64 340	3 400	30 910
波音 767 - 200	波音	双通道	在役	174	142 882	80 127	3 900	33 271
波音 767 - 200ER	波音	双通道	在役	174	179 169	82 377	6 590	35 557

（续表）

机型	公司	类型	服役情况	座位数	MTOW /kg	OEW /kg	航程 /n mile	MPL /kg
波音 767 - 300	波音	双通道	在役	210	158 758	86 069	3 900	40 030
波音 767 - 300ER	波音	双通道	在役	210	186 880	90 011	5 980	43 799
波音 767 - 400ER	波音	双通道	在役	243	204 116	103 872	5 625	45 813
波音 777 - 200	波音	双通道	在役	305	247 200	135 850	5 240	
波音 777 - 200ER	波音	双通道	在役	301	297 550	138 100	7 065	
波音 777 - 200LR	波音	双通道	在役	301	347 452	145 150	8 555	
波音 777 - 300	波音	双通道	在役	368	299 370	160 530	6 030	
波音 777 - 300ER	波音	双通道	在役	365	351 533	167 829	7 370	
波音 777 - 8	波音	双通道	在研	300	351 534	180 575	8 700	
波音 777 - 9	波音	双通道	在研	349	351 534	188 241	7 600	66 759
波音 787 - 8	波音	双通道	在役	242	227 930	119 950	7 355	41 075
波音 787 - 9	波音	双通道	在役	290	254 011	128 850	7 635	52 587
波音 787 - 10	波音	双通道	在研	330	254 011	133 311	6 430	
CS100	庞巴迪	单通道	在役	108	60 781	35 221	3 100	15 128
CS300	庞巴迪	单通道	在役	130	67 585	37 081	3 300	18 711
C919	中国商飞	单通道	在研	158	78 900	45 700	3 000	18 900
CR929	中国商飞	双通道	在研	280	234 000	127 600	6 500	50 400
SSJ100/95	苏霍伊	支线机	在役	98	45 880	24 250	1 894	12 245
SSJ100/95LR	苏霍伊	支线机	在役	98	49 450	25 100	2 845	12 245
MRJ70STD	三菱重工	支线机	在研	76	36 850	24 280	1 020	
MRJ70ER	三菱重工	支线机	在研	76	38 995	24 280	1 670	

机型	公司	类型	服役情况	座位数	MTOW /kg	OEW /kg	航程 /n mile	MPL /kg
MRJ70LR	三菱重工	支线机	在研	76	40 200	24 280	2 020	
MRJ90STD	三菱重工	支线机	在研	88	39 600	26 000	1 150	10 150
MRJ90ER	三菱重工	支线机	在研	88	40 995	26 000	1 550	10 150
MRJ90LR	三菱重工	支线机	在研	88	42 800	26 000	2 040	10 150
MC - 21 - 200	UAC	单通道	在研	132	72 390		3 500	17 560
MC - 21 - 300	UAC	单通道	在研	163	79 250		3 200	22 600
MC - 21 - 400	UAC	单通道	在研	178	87 230		3 200	

注：MTOW 为最大起飞重量；OEW 为使用空重。

波音公司有可能对椭圆截面和 2＋3＋2 座舱是认真的，但双通道能用的新技术也可以用于单通道，使得双通道由于结构重量劣势而永远吃亏。更大的重量不仅耗油，还增加了机场着陆费用，跑道使用是按飞机重量计价的。双通道还要求双倍的乘务员，同时对两个通道两边的乘客提供机上服务。

双通道的舒适性优点在某种程度上不易体现，绝大多数乘客按票价订票，绝少有按飞机型号订票的。最重要的是，波音 NMA 需要竞争的不仅是现在 A321neo 飞机，还有空客公司必然接踵而至的其他应对。波音公司有过推出"音速巡航者"概念但没有实现的前科，当年这正是作为波音 767 飞机的换代提出来的，撞墙后改用波音 7E7 飞机的名义再推出，最后成为波音 787 飞机。事实上，波音公司在造势已久后，在 2017 年巴黎航展上最后还是没有公布 NMA。

另一方面，NSA 和 NMA 要共享机体，可以大量节约工程设计和制造工装的开支。传统的圆筒-机翼布局之所以经久不衰，部分原因在于制造的便利，圆筒的受力情况良好，框架和蒙皮结构容易批量制造，降低成本。共用相同的机体直径和基本结构设计的话，不仅减少工程研发开支，还具有规模经济的优势。

空客公司的 A320 飞机的机体比波音 737 飞机加宽 6 in，使得座椅可以从 17 in 加宽到 18 in，赢得了舒适的口碑。NMA/NSA 要重夺制高点，并打退包括 C919 飞机和 MC21 飞机的挑战，可能需要比 A320 飞机进一步加宽 6 in。这给 NMA/NSA 前所未有的自由度，既可以为 NMA 加宽座椅，改善舒适性，又可以为 NSA 加宽通道，加速登机、离机。根据研究，20 in 的通道可以并排容纳一个乘客及其拉杆箱，使得单通道的登机、离机效率接近双通道。

单通道的 NMA/NSA 可以通过拉长和缩短满足不同的座位数要求,但要在航程上取得一致则比较困难。NSA 肯定不需要 9 000～10 000 公里的航程,按照那个要求设计,对于大量现有的波音 737 飞机的用户就太浪费了。

NMA 是波音很现实的问题,NSA 的问题也是越来越紧迫。长机体的 A321neo 飞机不仅以 4∶1 的销量优势压倒波音 737MAX9 飞机,还有在 A320neo 飞机家族里份额逐渐增大的趋势,目前已经达到 30%,预计可以超过 50%,愈发显得波音有效应对的重要性。

NMA 和 NSA 不仅是技术问题,更是商业决策问题。作为波音的主要对手,空客现在的占位很好。A320 家族飞机的基本技术比波音 737 飞机要先进 20 年,结构更加合理,所以换发成为 neo(new engine option),立刻就一炮打响。NMA、NSA 可能得益的新发动机也可以用于 neo2.0,在不小程度上抵消来自波音的威胁。在可预见的未来,空客也没有 NSA 的压力,更换复合材料机翼又可以赢得更长的第二春,而金属机体对中短程并不是大问题,复合材料机体的优点要远程才能显示出来。在中间市场方面,A321neo 飞机和 A330neo 飞机从两头把中间市场区间占住了。只要有需要,空客还可以进一步拉长 A321neo 飞机,更换新的机翼和发动机,推出 A322neo 飞机。但波音 737MAX 飞机已经没有这样的可能了,波音 787 飞机也缺乏向下与 A330neo 飞机竞争的优势,基本设计就是为更大、更远考虑的。

2.2.1.3　系列化座级

业载与飞机座位数密切相关,通过平均座位数和不同座位数飞机的运营分布情况,可以初步确定所需座位数。当座位数需求确定后,再加上对货邮能力的需求,就可较为准确地确定业载能力,就是市场对业载的初步需求。

航程与平均航程相关,通过平均航程和不同航程的运营分布情况,可以初步确定所需航程。当航程需求明确后,就基本可以确定该市场所需的业载航程图了,同时设计时还应保证频率使用最高的典型航程最经济。这就形成了初步的市场需求。

但这仅捕获了实现了的需求,并非原始需求。就像航空运输的溢出一样。因此,一般通过对原始需求即 O&D 需求进行定量分析和预测以捕获座级、航程的需求。另外,还需要更深入地了解乘客的出行特征和消费行为习惯等,以此把握需求发展方向。同时还需要考虑利益攸关方的需求,如机场、空域等。这也是波音、空客在中间市场上的分歧起因,因为对于需求的把握存在差异。

单通道客机(包含支线喷气机)的平均使用寿命较长,约为 24～28 年,机队机型较为单一,变型机较少,技术更新周期较长,约14~16年出现一种新机型。并非每种单通道客机都是客改货的理想对象,但是很可能会在二手飞机市场转手多次,作为客机的服役期较长。双通道客机的平均使用寿命最短,约22~24年,机型分散化程度较高,变型机较多,技术更新周期较短,约8~10年出现一种新机型。对于新的市场需求变化,可以通过新研飞机来弥补,但代价太大,且研制周期过长,一般可通过系列化来完成,例如加长型或缩短型以及特种型等。

市场需求呈正态分布,当市场需求小于座位数时,能运输的乘客数为需求数,当市场需求超出座位数时,能运输的乘客数为座位数,出现一部分需求无法满足,即溢出(见知识点1-1)。

在相同的市场需求下,相同座位数变化所引起的乘客人数并非等差变化(见表2-4),减少座位数所导致的乘客人数变化量大于增加相同座位数。因此,从捕获市场需求角度出发,制造商在系列化座位确定时,加长型座位数的增加量一般大于缩短型座位数的减少量,当前主流的A350、波音787、A320和波音737NG系列机型的座位数就基本满足此理论(见表2-5)。[11]

表2-4 基于溢出模型的系列座位数对市场需求的满足度($K=\sigma/\mu=0.45$①)

客座率/%	座位数②						
	250	260	270	**280**	290	300	310
50.0	−0.8	−0.4	−0.2	**0.0**	0.1	0.2	0.2
60.0	−3.3	−2.0	−0.9	**0.0**	0.7	1.2	1.6
70.0	−8.1	−5.1	−2.4	**0.0**	2.0	3.8	5.3
75.0	−11.3	−7.1	−3.4	**0.0**	3.0	5.8	8.2
80.0	−14.8	−9.6	−4.6	**0.0**	4.3	8.2	11.9
85.0	−18.8	−12.2	−6.0	**0.0**	5.7	11.1	16.2

注:① 式中,K 为变形因子;σ 为方差;μ 为均值。
② 乘客人数变化以280座为基准。

表2-5 系列机型典型座位数

系列机型	典型座位数			
A350-800/900/1000①	—	280	325	366
波音787-8/9/10	—	242	280	330
A318/319/320/321	107	124	150	185
波音737-600/700/800/900	110	126	162	180

注:①相比A350-900,A350-800机身长度减少6.45米,A350-1000增加7.19米,由此判断从座位布局能力讲,加长型座位数的增加量可以更大。

同时,从经济性角度也能进行一定解释。由于航空运输的边际成本很低,随着座位数增多,座公里成本大幅度降低。因而,衍生机型一般都追求更多的座位数,即使是缩短型也期望座位数不宜减少太多,加长型则期望座位数增加的更多。

2.2.1.4 备选航线航程

航程距离是指过其两端点的大圆距离,如已知一个航程两个端点的经纬度坐标,则该航程的距离可由经纬度算出。把地球看作一个球体,通过地面上任意两点和地心做一个平面,平面与地球表面相交看到的圆周就是大圆。两点之间的大圆劣弧(所对圆心角小于 $180°$ 的圆弧,即较短的弧)线是两点在地面上的最短距离,沿着这一段大圆弧线航行时的航线称为大圆航线。由于大圆航线是两点之间的最短航线,故有时称为最经济航线。大圆航线是远距离航行的飞机规划航路时经常采用的航线。

地球是一个椭球体,椭球面上的问题解算十分复杂,因此,在实际应用中,往往把地球看作一个正球体。设起点 O 的纬度为 N_O、经度为 E_O,终点 D 的纬度为 N_D、经度为 E_D,O、D 点的球坐标为:

$\theta_O = 90 - N_O$(南纬,代入负值)

$\phi_O = E_O$(东经)或 $360 + E_O$(西经,代入负值)

$\theta_D = 90 - N_D$(南纬,代入负值)

$\phi_D = E_D$(东经)或 $360 + E_D$(西经,代入负值)

航程距离,即这两个端点之间的大圆距离:

$$D = R\omega \qquad\qquad 式(2-4)$$

式中:

R ——地球半径,$6\,370\,\text{km}$;

$\omega = \arccos[\cos N_O \cos N_D \cos(E_O - E_D) + \sin N_O \sin N_D]$,弧度单位。

式(2-4)的计算并不复杂,使用 Excel 工具可以非常便利的计算,上海浦东到西安大圆航距其计算过程和结果如图 2-11 所示。但计算过程中需要注意的两个问题是:第一,单位换算,即经纬度需要换算为弧度,距离需要关注是公制还是英制;第二,东经、西经、北纬和南纬时对应的符号差异。

使用式(2-4)对备选航线的大圆航线距离进行计算,结果如表 2-6 所示,其中最远的大圆航线距离航线是 PVG—KMG,即 $1\,060\,\text{n mile}$。目前所有单通道飞机的设计航程(见表 2-4)均超过这个值,即均满足航程需求。

	方向	度	分	秒	弧度
起始点纬度N₀	N	31	8	36	=IF(B2="N",(C2+(E2/60+D2)/60)/180*PI(),-(C2+(E2/60+D2)/60)/180*PI())
起始点经度E₀	E	121	47	30	=IF(B3="E",(C3+(E3/60+D3)/60)/180*PI(),-(C3+(E3/60+D3)/60)/180*PI())
到达点纬度N₀	N	34	26	48	=IF(B4="N",(C4+(E4/60+D4)/60)/180*PI(),-(C4+(E4/60+D4)/60)/180*PI())
到达点经度E₀	E	108	45	24	=IF(B5="E",(C5+(E5/60+D5)/60)/180*PI(),-(C5+(E5/60+D5)/60)/180*PI())
大圆航线距离(km)	=6370*ACOS(COS(F2)*COS(F4)*COS(F3-F5)+SIN(F2)*SIN(F4))				
大圆航线距离(nm)	=B6/1.852				

	A	B	C	D	E	F
1		方向	度	分	秒	弧度
2	起始点纬度N₀	N	31	8	36	0.5
3	起始点经度E₀	E	121	47	30	2.1
4	到达点纬度N₀	N	34	26	48	0.6
5	到达点经度E₀	E	108	45	24	1.9
6	大圆航线距离(km)					1271.3
7	大圆航线距离(nm)					686.4

图 2‑11　上海浦东到西安大圆航距计算过程和结果截图

表 2‑6　5架单通道飞机上海浦东备选航线

序号	航线	三字码	到达机场纬度	到达机场经度	大圆航距/n mile
1	上海浦东—西安	PVG—XIY	N34°26.8′	E108°45.1′	686
2	上海浦东—成都双流	PVG—CTU	N20°34.7′	E103°56.8′	919
3	上海浦东—沈阳	PVG—SHE	N41°38.4′	E123°29.0′	635
4	上海浦东—大连	PVG—DLC	N38°57.9′	E121°32.3′	469
5	上海浦东—武汉	PVG—WUH	N30°47.0′	E114°12.4′	391
6	上海浦东—重庆	PVG—CKG	N29°43.1′	E106°38.4′	788
7	上海浦东—福州	PVG—FOC	N25°56.1′	E119°39.8′	332
8	上海浦东—哈尔滨	PVG—HRB	N45°37.4′	E126°15.0′	893
9	上海浦东—海口	PVG—HAK	N19°56.0′	E110°27.5′	909
10	上海浦东—桂林	PVG—KWL	N25°13.0′	E110°02.3′	715
11	上海浦东—长沙	PVG—CSX	N28°11.3′	E113°13.1′	481
12	上海浦东—厦门	PVG—XMN	N24°32.6′	E118°07.6′	441
13	上海浦东—昆明	PVG—KMG	N25°06.2′	E102°56.5′	1 060
14	上海浦东—青岛	PVG—TAO	N26°15.9′	E120°22.4′	315
15	上海浦东—北京首都	PVG—PEK	N40°04.3′	E116°35.8′	592
16	上海浦东—济南	PVG—TNA	N36°51.4′	E117°12.9′	411
17	上海浦东—广州	PVG—CAN	N23°23.5′	E113°18.5′	648
18	上海浦东—郑州	PVG—CGO	N34°31.1′	E113°50.4′	449
19	上海浦东—深圳	PVG—SZX	N22°38.3′	E113°48.6′	665
20	上海浦东—三亚	PVG—SYX	N18°18.1′	E109°24.7′	1 022

注:浦东机场经纬度为(N31°08.6′,E121°47.5′)。

　　虽然用大圆航线直接替代起降机场之间的航线,用大圆距离直接替代起降机场之间的距离存在一定差异,这中间存在导航即采用等航向角与等角航线(等角航线是指地球表面上与经线相交成相同角度的曲线。在地球表面上除经线和纬线以外的等角航线,都是以极点为渐近点的螺旋曲线)的差异、航路设计及障碍物和禁飞等各方面原因。但各航点之间的航线距离由于相较于整个航线距离短,大圆航距误差不大,因而依然用大圆航距计算方法。

　　但座级航程图中无法了解各机型的业载,因此更详细的情况下,往往还会引入业载航程图进一步展示。

2.2.2　业载航程图

2.2.2.1　定义

　　航空运输的飞行任务是由飞行剖面图确定的,而对于航空公司来说这个任务的核心是把一定量的载荷(业载)送到一定距离外的地方,这个距离就是航程。航程、业载和飞机的重量及燃油量相互之间有紧密的关系,这种关系可以用业载航程图表示(见图2-12)。业载航程图与座级航程图的差异在于,将纵坐标的座级换为业载。

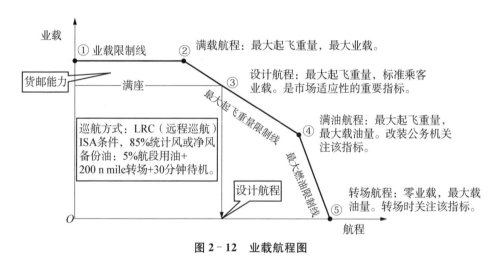

图 2-12　业载航程图

　　业载航程图中各点含义说明如下:

　　①点表示飞机的最大业载能力。最大业载能力受最大零燃油重量限制,它可以是空间限制业载、最大结构业载或受容许的地板载荷限制业载,取其中小者,在该点飞机的重量特征如下:

飞机起飞重量(takeoff weight，TOW)＝最大起飞重量(maximum takeoff weight，MTOW)。

业载重量(W_{PL})＝最大业载(W_{MPL})。

燃油重量(W_F)＝0。

由于在该点可用燃油为零(只有备份油和最大附加燃油时,飞机不能放飞),故航程为零。

②点表示飞机具有最大业载时的航程,称为满载航程。该点飞机的重量特征如下:

TOW＝MTOW。

$W_{PL}=W_{MPL}$。

$W_F=$MTOW$-$OEW$-W_{MPL}$。

式中,最大业载航程受最大起飞重量限制,只有增加起飞重量(也即增加燃油)才能加大最大业载航程,或者减少使用空重(operating empty weight，OEW),以增加燃油重量来加大最大业载航程。货机运营时,关注满载航程。

③点表示在设计业载(W_{SPL})下飞机的航程能力,称为设计航程。在该点,其重量特征如下:

TOW＝MTOW。

$W_{PL}=$满客座位数×每位乘客重量(即设计业载)。

$W_F=$MTOW$-$OEW$-W_{SPL}$。

运输类飞机主要使用②④段。设计满客业载航程一般都位于②④段。设计航程是表明市场符合性的主要指标,是客户关注的重点。

④点表示最大起飞重量下的最大航程,称为最大燃油航程或满油航程。该点的飞机的重量特征如下:

TOW＝MTOW。

$W_{PL}=$MTOW$-$OEW$-W_{MF}$。

$W_F=$最大燃油量(W_{MF})。

在②④段,在最大起飞重量下,燃油与业载要相互折中,即增大业载必须减少燃油,反之亦然。这段越长,意味着航空公司的市场适应性越好,即可采用业载换取航程来适应不同的市场。在④点,飞机的燃油能力达到最大,此时航程也就达到了在最大起飞重量下的最大值。改装公务机时,对满油航程感兴趣。

⑤点表示飞机在无业载时的最大航程。在该点,飞机的重量特征如下:

TOW＝OEW$+W_{MF}$。

$W_{PL}=0$。

$W_F=W_{MF}$。

从④点到⑤点，飞机在最大燃油量下飞行，此时由于燃油量达到最大，业载逐步减小到零（⑤点）而使起飞重量也逐步低于最大起飞重量，在⑤点时起飞重量达到最低值。④⑤段及其对应的航程对运输类飞机并不重要。⑤点航程也称为运输类飞机的转场航程。航空公司一般不适用这一段，基本认为若处于这一段是不适航的情况，因为这一段业载换取航程的效率将大幅度降低。

飞机的重量定义如下：最大起飞重量是飞机的跑道端开始启动的重量。它是起飞时结构能允许的最大总重量。起飞重量可能进一步受到跑道长度、道面承载能力（以"着陆载荷等级"表示）、机场高度、环境温度和障碍物等因素的限制。一旦机场条件限制了起飞重量，将限制飞机的业载或航程，严重影响飞机的经济性。

【知识点 2 - 4：起飞限制】

（1）起飞重量的限制。

飞机最大起飞重量是飞机设计时符合结构安全强度的限制重量，正常情况下的起飞重量均不得超过该值。

（2）机场跑道长度的限制。

加速-中断起飞距离（L_1）：飞机起飞，当滑跑速度小于等于决断速度（V_1）时，机长做出中断起飞的决定，飞机从刹车、收油门直至停止的这一段距离为 L_1。

单发失效继续起飞距离（L_2）：飞机起飞，当滑跑速度大于等于决断速度（V_1）时，出现单发失效并决定继续起飞时，飞机从起飞到继续加速，离地直至 35 ft 高度的这一段距离为 L_2。

全发工作起飞距离（L_3）：飞机起飞保持全发工作，加速、离地直至 35 ft 高度这一段距离为 L_3。

起飞场长（L）应该是 L_1、L_2、L_3 中取最长者，飞机起飞重量越大，要求起飞场长越长。在无安全道和净空道的机场，起飞场长不得大于跑道长度。

（3）飞机爬升梯度的限制。

飞机起飞进入爬升阶段，美国联邦航空管理局（Federal Aviation Administration，FAA）将其分为四段：

第一段为飞机在 35 ft 高度开始收起落架直到收起完毕，此时保持离地速度（V_2）不变。

　　第二段为飞机继续爬升到 400 ft 高度,此时速度仍然维持 V_2。

　　第三阶段飞机在 400 ft 平飞并收起襟翼,加速至最大爬升梯度速度附近。

　　第四段为飞机维持该速度爬升,直到 1500 ft 高度。

　　其中第二段的爬升梯度尤为重要,特别对于双发飞机,规定单发爬升梯度不得小于 2.4%,在机场标高和大气温度给定的情况下,起飞爬升段的梯度限制了飞机起飞时的重量。

　　(4) 越障的限制。

　　飞机单发失效时按实际轨迹起飞爬升称为真实爬升航迹。考虑到油门调整不准、制造误差等各种因素,这个爬升梯度中再扣除一个量得到一个更为保守的起飞爬升航迹。对于双发飞机规定净航迹是在真实航迹基础上扣除 0.8% 的爬升梯度。

　　如果跑道前方有障碍物,规定飞机单发失效起飞爬升净航迹距离障碍物的高度不得小于 10.7 m。飞机飞行手册或使用手册中都给出了跑道端头障碍物的距离和高度对飞机起飞重量的限制。

　　(5) 起落架轮胎转速的限制。

　　飞机滑跑时轮胎转速过大,轮胎的离心力可能超过强度限制而出现破裂,必须对轮胎转速加以限制,如波音 767 飞机的轮胎限制速度为 362 km/h,如果起飞离地速度大于该速度是不允许的,需要减小飞机的起飞重量直到符合条件。

　　(6) 起落架刹车能量的限制。

　　当飞机起飞时,若滑跑速度等于 V_1,突然单发失效,在反推无法使用的情况下要中断起飞必须依靠刹车,如果 V_1 越大,刹车吸收的动能也越大,当 V_1 达到一定值时可能出现刹车动能过大导致轮胎失火或爆裂,所以 V_1 必须小于某临界速度——最大刹车能量速度。

　　(7) 最大零燃油重量的限制。

　　所谓零燃油重量(zero fuel weight, ZFW)是指飞机不装燃油时的业载重量。这是由飞机结构强度决定的。在世界上一些短程航线上,飞机所载燃油较少,起飞重量一般都能满足以上 6 点的限制,有些公司允许超出零燃油重量。但是远程航线一般不允许超过最大零燃油重量。

　　最大着陆重量是飞机在着陆时允许的最大着陆重量,它要考虑着陆时的冲击对飞机结构的影响,大型飞机的最大着陆重量小于最大起飞重量,对中小型飞机来说两者差别不大。

着陆重量可能进一步受到跑道长度、道面承载能力(以"着陆载荷等级"表示)、机场高度、环境温度和障碍物等因素的限制。一旦机场条件限制了着陆重量,将限制飞机的业载或航程,严重影响飞机的经济性。

最大零燃油重量(或最大无燃油重量)是飞机没有燃油时的最大重量。是可用燃油或其他特定可用液(按飞机强度和适航要求限制在飞机指定部位)必须装载之前允许的飞机最大重量,是机身壳体和中央翼的设计重量。

最大零燃油重量的技术含义可以这样来理解:飞机在空中时,由左右机翼的升力来平衡全机重量,升力在翼根处产生巨大的弯矩。当机翼内油箱有燃油时,燃油重力方向与升力方向相反,可减小翼根处的弯矩。因此,零燃油状态是临界的结构设计状态,它限制了飞机的业载能力。

使用空机重量是飞机除了燃油重量和业载之外的全部重量,包括空勤人员及厨房座椅资料等全部服务所需的物品的重量。使用空重也称为"废重"。

在服役过程中,飞机会因积攒污垢、机体维修、客舱改装、为适应新适航要求进行的改装,以及执行服务通告等因素引起使用空重增加,机体会因表面污损和变形引起气动阻力增加,发动机的推力和耗油特性也会衰退,因此,在飞机性能和经济性评估中,往往会在给定的 OEW 的基础上增加 2% 的余度,以便模拟飞机使用到中等寿命时的性能。

业载载荷,指飞机可以用来赚取利润的商业载荷。它包括三个部分:乘客[乘客总重量=座位数×乘客平均重量,一般乘客平均重量按 90～95 kg 计算(含手提和托运行李)];行李(在下层货物,占据一定的容积);货物(在客机上和行李混装,由于行李是散装的,占体积较大,因而目前货物多采用集装箱或集装盘留出一定的容积,运装行李)。

最大业载=最大零燃油重量-使用空机重量。

业载航程图还有一种表示方法,即纵坐标为起飞重量,如图 2-13 所示。此时对于起飞重量的理解更为直接,图 2-13 中的虚线是起飞重量。可以清晰地看出,起飞重量先逐渐增加到 MTOW,在 MTOW 保持,最后再逐渐减小。

2.2.2.2 影响分析

1. 使用空重的影响

最大业载=最大零燃油重量(maximum zero fuel weight, MZFW)-

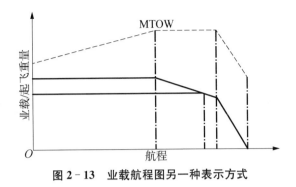

图 2 - 13 业载航程图另一种表示方式

OEW。当 OEW 增加时,最大业载降低,如图 2 - 14 所示。同时当 OEW 增加时,由于最大业载减少,使得设计航程对应的标准业载向上移动,即使得设计航程减少。另外,当 OEW 增加时,转场航程或空载航程也减少。

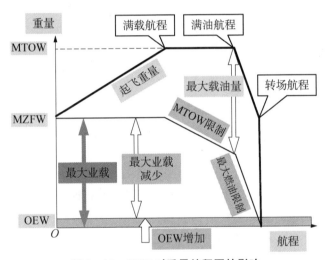

图 2 - 14 OEW 对重量航程图的影响

使用空重应考虑下述因素:

(1) 常用设计准则:在初定制造空机重量(manufacture empty weight, MEW)的基础上增加 2%,以考虑可能发生的设计超重。

(2) 客户要求:OEW 增加 2%,以考虑使用到中等寿命时,发动机性能恶化和机体的变形、污染和增重的影响。

(3) 客户选装设备的增重。

不同的航空公司有不同的构型要求,因此每架机的 OEW 可能不同。

2. 起飞重量的影响

当机场的标高、环境温度、跑道长度、机场障碍物或道面等级（pavement classification number，PCN）等因素，限制了起飞重量时，将影响飞机的业载或航程能力，从而影响飞机的航线适应性和经济性，如图 2-15 所示。

如果要保证飞机的业载，则需要缩短航程；如果想保证航程，则需要减载。

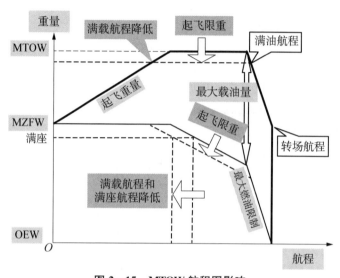

图 2-15 MTOW 航程图影响

3. 增大航程型的影响

起飞重量增加也相应会带来满载航程和满座航程增加。飞机制造商经常通过提高最大起飞重量的方式来增加航程，但会减少满载航程和满油航程之间的间距，这样会降低航空公司使用的灵活性，即在一定航程上可采用业载与航程互换。因此，飞机制造商往往在提高最大起飞重量以增加航程的同时也配合提高燃油箱容量，即增加满油航程，确保设计航程增加的同时也不影响航空公司使用的灵活性。系列化发展的机型，经常通过增加载油量的方式来提高航程能力，此时，需要提高最大起飞重量和发动机起飞推力，如图 2-16 所示。

加大航程型飞机通常强调航程能力，对高温、高原机场的适应性较差。

4. 最大业载和标准业载的影响

当最大业载增加时，会降低满载航程。同样，当标准业载增加时，也会降低设计航程。因而，当飞机制造商在提高最大业载或标准业载时，为了同时保证航程不受影响，会配合地增加最大起飞重量，甚至增加燃油箱容量。

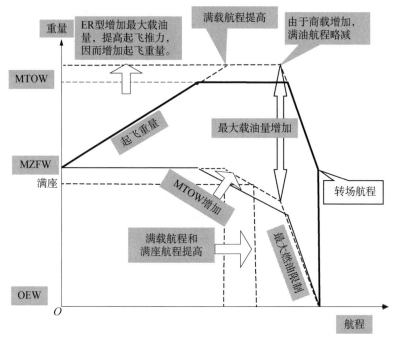

图 2-16 重量航程图增大航程型影响

5. 最大业载与标准业载比值

在最大业载与标准业载比值方面,A330-200、A350-800/900 和波音 787-9 飞机的比值均大于 1.8,一方面说明这几款机型拥有较好的剩余货邮能力,另一方面也说明竞争机型能较好地满足航空公司低成本、高密度布置的要求。同系列产品的最大业载与标准业载比值有一定差异,例如波音 787-9 飞机该比值高达 1.88,而波音 787-8 飞机的仅为 1.69,从而满足航空公司对业载的不同需求(见图 2-17 和表 2-7)。[12]

表 2-7 远程宽体客机业载航程概况

机型	最大起飞重量/t	标准座位数	满载航程/n mile	乘客重量/kg	最大业载/kg	标准业载/kg	剩余货邮/kg	最大业载标准业载
A330-200	238	246	6 850	95	43 060	23 370	19 690	1.84
A330-300	233	300	5 420	95	43 207	28 500	14 710	1.52
A350-800	248	276	7 460	95	45 270	26 220	19 050	1.73
A350-800	259	276	8 275	95	48 270	26 220	22 050	1.84
A350-900	268	315	7 800	95	53 925	29 925	24 000	1.80
波音 787-8	227.9	246	7 350	95	39 470	23 370	16 100	1.69
波音 787-9	247.2	280	7 415	95	50 140	26 600	23 540	1.88

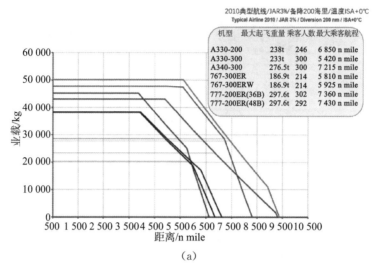

（a）

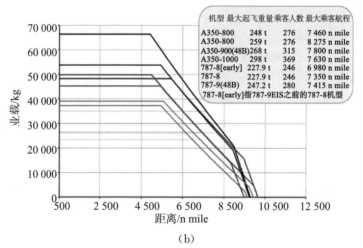

（b）

图 2-17 远程宽体客机业载航程图

［(a)(b)分图分别对应不同机型］

2.2.2.3 选型性能评估

如今的航空市场已经逐步从卖方市场向买方市场转变了，不再是制造商卖什么飞机航空公司就用什么飞机，随着中国航空公司的发展壮大，也越来越重视飞机选型评估，其中很重要的一项工作就是对飞机性能的评估。

通常制造商在销售飞机时都会先主动提供飞机的性能信息，航空公司称为广告性能，广告性能一般会使用一张很直白的业载航程图或满客示意图，如下

图 2 - 18 所示的波音 737 - 800 飞机业载航程图。

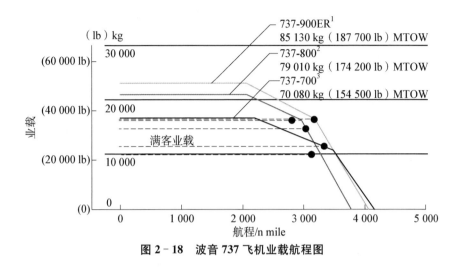

图 2 - 18 波音 737 飞机业载航程图

该业载航程图显示波音 737 - 800 机型的满客航程(按 164 人计算)可以达到 3 000 n mile,在实际运行中,我们很难看到波音 737 - 800 机型在 3 000 n mile 的航线上实现满客运行,比如海航波音 737 - 800 机型在广州—乌鲁木齐、北京—普吉航线上都处于满客边缘运行,而这些航线的航程都在 2 500 n mile 以内。

实际上,广告性能中的业载航程图并未考虑客户化飞机重量、燃油政策、备降场政策、机场和空域运行环境、飞机性能衰减等客户差异,如制造商的业载航程图通常是根据制造商所在国的最优燃油政策计算的,可能与客户的燃油政策并不一致,即使制造商使用客户实际航线进行性能分析时,一般会选用各种优化条件从而提高飞机性能表现,包括最近的备降场、最优的构型,而客户实际运行则需考虑更多的运行限制。因此,完全依赖广告性能数据会造成购买预期和实际运行能力之间的巨大差异。性能工程师在参与选型分析时,会根据预期航线的起降机场条件、周边机场情况、航线统计风温数据对广告性能中的数据进行校核,从而获得与公司运行情况匹配的预期航程和载量。

下面以国内某航空公司评估 A350 - 941 飞机为例,说明航空公司性能评估与制造商广告性能的差异,如表 2 - 8 所示。由于客舱布局、计算条件等的差异,航空公司评估的业载航程与制造商提供的业载航程之间存在差异。与此同时,航空公司还关注飞行时间,这与制造商所提供的业载航程图有所差异,因为飞行员在运行时更习惯使用飞行时间来衡量航程、油耗等参数,便于操作和估算。

表 2 - 8　A350 - 941 飞机航空公司业载航程评估

项　目	航空公司评估	制造商广告性能
乘客座位数/个	F28＋Y303	B48＋Y267
最大滑行重量/kg	275 900	
最大起飞重量/kg	275 000	
最大着陆重量/kg	207 000	
最大零燃油重量/kg	195 700	
使用空机重量/kg	143 359	
计算条件	国际燃油政策，ISA①，静风，FL350，LRC②，备降距离200 n mile，假定每客乘客及其托运行李总共 100 kg	主航段 5％应急油，ISA，静风，FL350，LRC，备降距离200 n mile，假定每客乘客及其托运行李总共 100 kg
最大满业载航程	4 950 n mile(9 167 km)10 h 20 min	5 359 n mile(9 925 km)11 h 8 min
最大满客载航程	6 450 n mile(11 945 km)13 h 39 min	7 165 n mile(13 270 km)14 h 50 min
最大满油航程	7 550 n mile(13 983 km)16 h 8 min	7 855 n mile(14 547 km)16 h 16 min

注：① ISA 为国际标准大气条件。
　　② 长航程巡航。

如果选择不同的计算条件，则航程会存在一定差异，最大超过 3％，且对各机型的影响不同，如表 2 - 9 所示。

表 2 - 9　不同任务剖面对航程的影响

任务剖面			波音 787 - 9	A350 - 900	A330 - 300	A330 - 900neo
业载/kg	航程/n mile	备份油规则				
105	300	5％航程油	基准	基准	基准	基准
103	200	5％航程油	2.4％	2.4％	3.0％	3.1％
102	200	5％航程油	2.8％	2.8％	3.5％	3.6％
95	300	10％航程时间	−0.4％	−0.4％	0.5％	0.9％

注：① 波音 787 - 9 和 A350 - 900 飞机为：ISA，无风；35 000 ft，0.85；250/310/0.85；25 000，LRC；20/10/10 min。
　　② A330 - 300 和 A330 - 900neo 飞机为：ISA，无风；35 000 ft，0.82；250/300/0.80；25 000，LRC；20/10/10 min。

2.2.2.4 备选机型业载航程图

针对备选航线,选择的备选机型包括目前主流单通道飞机,即 A320 - 200 飞机、A320neo 飞机、波音 737 - 800 飞机和波音 737MAX8 飞机等,在给定的飞行剖面下,其业载航程如图 2 - 19 所示。可以看出,虽然在航程上都可以满足备选航线的航程需求,即大于 1 060 n mile,但是各机型的业载、航程还是存在一定差异的。波音 737MAX8 飞机的业载航程最大,A320neo 飞机次之,波音 737 - 800 飞机和 A320 - 200 飞机略微落后。这样可以比座级航程图更加清晰的了解业载、航程的差异。

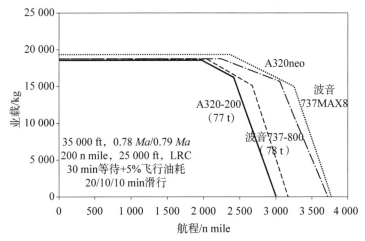

图 2 - 19　主流单通道飞机业载航程图

当然,业载航程图可以更清晰地反映业载、航程信息,但是仍存在一些问题。例如该业载航程图还无法展示航空公司关注的油耗、飞行时间等参数,这些问题将在后续的轮挡油耗、轮挡时间、航程油耗、航程时间和飞行计划中予以解决。另外,不同飞行剖面、计算条件下的业载航程差异会很大,若再考虑实际运营情况,如风、温度、飞行高度的影响,差异则更为显著。

业载航程图的绘制并不困难,难点在于最大业载、满载航程、标准业载、设计航程、满油航程和空载航程等具体参数如何获取。这些参数的获取将在后续章节中说明。航程往往还可以与航线互相结合,用更为形象的图形予以展示,即航程圈图(或航程图)。

2.2.3 航程圈图

运输类飞机常用从某地出发的航程能力图来表示飞机的航程能力。航程能力图是应用业载-航程曲线的当量静止空气中的距离建立的。当量静止空气中的距离是飞机在给定风的航路上飞行所需的时间,用这同一时间在静止空气中所能飞行的距离。风的习惯表示是逆风为负号,顺风用正号。航程能力图不一定是圆形,更多的是类似圆形的图形。

除非另有说明,航程能力图计算必须至少考虑如下条件:

(1) 正常性能。

(2) 典型任务规则和备份油规则。

(3) 典型空中航路。

(4) 85%年度概率风。

(5) ISA 巡航温度。

(6) 起飞温度。

(7) 混合级客舱座位数装载(除非另有说明)。

(8) 最大起飞重量。

(9) 在最大起飞重量下的最大燃油能力。

当量静止空气距离的计算公式如式(2-5)所示。

$$当量静止空气距离 = 距离 \times 飞行速度 / (飞行速度 + 风) \quad 式(2-5)$$

式中:

距离——A 点至 B 点的航线距离。

航程能力图计算系统主要有两种:

第一种是静风航程圈图,主要代表系统有 GCMAP、OAGMapper。该方法的缺点是无法考虑风的影响。主要原因在于考虑统计风的算法较为复杂,同时还需要气象数据和机型性能模型。

可以在免费网站 www.gcmap.com 中绘制静风航程圈图,该网站还可绘制航程圈、航线和计算大圆航线距离等(见图 2-20)。

第二种是统计风航程圈图,主要代表系统来自波音、空客、庞巴迪等飞机制造商。该方法的缺点为详细算法和系统未公布,不确定因素较多,且未考虑往返程的影响。算法和系统未公布的主要原因在于机型性能数据的保密。未考虑往返程的主要原因来自航线网络结构:欧美等航空市场以轮辐枢纽式网络为主,一般开航时不一定需要考虑往返程,尤其是中短航线;而国内航空市场以城市对为主,开航时需要考虑返程。中国位于中纬西风带,风对航程能力影响显著,因此必须考虑风的影响。

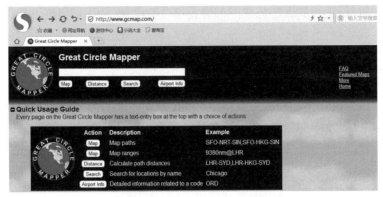

图 2-20   GCMAP 网页截图

可见,目前的系统存在的不足之处有:

(1) 缺少适用于航空公司运行的机型航程快速计算模型。

(2) 统计风和地面距离的公布算法难以满足工程实践需求。

(3) 未考虑往返程。

带风的航程圈图绘制将在之后的章节中说明。

2.3   飞行剖面

飞机的每一次飞行都要满足一定的飞行任务,根据任务要求,按飞行规则、气象、燃油消耗量等,安排出飞行全过程,这个安排就是飞行计划。飞行计划要体现出飞行各个阶段的状况,表现这种状况的一种方法就是飞行剖面。使用飞行剖面可以表现出飞行在各个阶段的状况。飞行剖面是飞机在一次飞行任务中各个阶段的飞行轨迹在垂直剖面上的投影图,是飞机在不同时间上的高度图。横轴 X 代表飞行时间(距离);纵轴 Y 代表飞行的高度,整个飞行分为滑行、起飞、爬升、巡航、下降、进近和着陆六个阶段。[13]以下为各阶段简介。

滑行阶段:飞机从停机坪启动,经滑行道到达跑道端准备起飞。这段时间的长短取决于机场情况。

起飞阶段:飞机在跑道端松开刹车开始(有时也可从推油门开始),到飞机离开地面达到规定的高度。起飞是整个飞行剖面中操纵最复杂的阶段,它的单位时间的燃油消耗量最大,受到地面温度、海拔高度及跑道长度的影响。

爬升阶段:由起飞段终止高度到巡航高度。这一段可分为两段,前一段是加速度,使飞机的速度增大到爬升速度;后一段是爬升段,这一阶段的燃油消耗量大,一般用低速爬升以降低油耗。

巡航阶段:飞行的大部分时间都处在这个阶段,保持水平匀速飞行状态做稳定飞行,这时飞机的速度选择最经济的速度,称为巡航速度。

下降阶段:飞机从巡航高度降至 450 m(或 1 500 ft)的阶段。

进近和着陆阶段:飞机在距离机场的一定距离上,从指定的定位标上空,按照规定路线减速,下降高度,对准跑道直至着陆的过程。这是飞行剖面中的又一个操纵复杂阶段,和起飞段对应,机场的各种条件对飞行都有影响。值得一提的是,一般认为温度对着陆性能影响较小,可忽略。原因在于,着陆是为慢车推力,即温度对推力影响不大,对性能影响不显著。

滑入阶段是指飞机滑出跑道到停机位,整个飞行任务完成。

飞行剖面分为两个部分:第一部分是上述的正常飞行剖面,第二部分是备用计划的飞行剖面。备用计划的飞行剖面与正式计划的飞行剖面相似,只是起飞变为复飞,随后是进近失败后重新爬升、巡航、下降、进近和着陆。

由于飞行中可能出现各种预想不到的情况,如天气的变化使目的地机场不能降落、机上出现意外事故,或是要在机场上空等待等,因此还需要安排备用计划的飞行剖面。

备降或改航阶段:由目标机场飞到备降机场,该部分由复飞、爬升、巡航、下降、进近和着陆等阶段组成。

等待阶段:以等待速度或指定速度在备降机场上空等待 30 min 或 45 min。

应急燃油,完成从起飞机场到目的机场并着陆所需燃油的一定比例。应急燃油主要考虑到远程飞行时可能出现预报误差或特殊情况,必须携带的燃油。通常根据飞机巡航结束时重量、按照相同的巡航高度以远程巡航速度计算,也可按其他方式要求。

2.3.1　CCAR 航线

中国民航规章 CCAR - 121 - R5 中已将国际与国内航线备份油规则统一,如图 2 - 21 所示。涡桨动力飞机和非涡轮动力飞机国际航线飞行剖面与涡轮动力飞机国际航线飞行剖面基本相同,只是等待时间和航线应急油的规定有所不同,此处以涡轮动力飞机为例进行讲解。[14]

图 2 - 21 中,爬升顶点(top of climb, TOC)对应的是飞机设计中的初始巡航高度;下降顶点(top of descend, TOD)对应的是应急油耗油率各条件参考点,包括:重量、速度、高度和温度等。不同的规章条件下,应急油的规定是不相同的:

(1) 美国联邦航空规章(FAR)和 CCAR - 121 - R4 规定应急油为航程时间

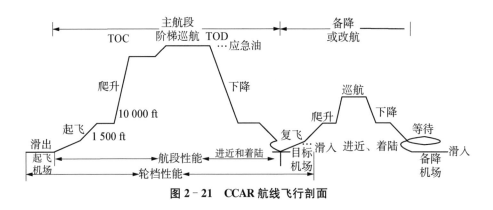

图 2 - 21　CCAR 航线飞行剖面

10%的油耗。

（2）欧洲航空安全局（European Aviation Safety Agency，EASA）规定应急油为航程油耗的 3%或 5%。

（3）CCAR - 121 - R5 规定应急油为航程油耗的 10%，且 CCAR - 121 - R5 规定应急油不得小于等待 15 min 的油耗。

应急油中的航程时间为标准航程时间，即标准进近情况下的时间，不包括非标准进近时间下的增加量；航程油耗也是标准进近情况下的航程油耗，不包括非标准进近时间下的增加量，但如图 2 - 21 所示，进近、着陆采用曲线而非直线，即表明一般进近都不是标准进近。不同的机场进近时间会有所差异，如果机场周边情况较为复杂，例如存在障碍物或禁飞区则需要更长的进近时间。埃塞俄比亚航空公司规定的进近时间为 8 min，远高于一般机型的标准进近时间 4～5 min。

非涡轮发动机飞机和涡轮螺旋桨发动机飞机的飞行剖面图与图 2 - 21 的差异如下：

（1）应急油为主航段和备降段所需总时间的 15%的油耗。

（2）等待油耗为正常巡航消耗率飞行 30 min，并不是在备降机场上空固定高度、速度和温度的等待。

（3）且上述油耗不得低于正常巡航消耗率飞行 90 min。

出于涡桨飞机一般飞行距离较短、发动机可靠性存在差异等原因，因而备份油规则存在总量要求。即主航段和备降段所需总时间为（90 — 30）÷ 15% = 400 min 是一个临界值，涡桨飞机平均巡航速度为 600～800 km/h，平均飞行速度为 500～600 km/h，则总距离为 3 000～4 000 km。因而较多支线机航程都在这个值以下，都需使用临界值以下的条件即备份油为正常巡航消耗率飞行

90 min,如表 2 - 10 所示。

表 2 - 10 **主要涡桨飞机速度和航程参数**

	ATR72	Q400	MA60
升限/ft	25 000	27 000	25 000
最大巡航速度/kn	275	360	278
航程/n mile	949	1 100	864

若假设涡桨飞机以 0.5 Ma 在 20 000 ft、ISA＋10℃的条件下飞行,则其巡航速度如式(2-6)所示:

$$V = 0.5 \times \sqrt{1.4 \times 287.06 \times \left(273.15 + 15 + 10 - 1.98 \times \frac{20\,000}{1\,000}\right)}$$
$$= 161.2\,\mathrm{m/s} = 580.2\,\mathrm{km/h} = 313.3\,\mathrm{kn}$$

式(2-6)

而实际上涡桨飞机飞行高度往往没有 20 000 ft 这么高,飞行速度也没有 0.5 Ma 这么快,远没有到达转换高度,因而多数也不采用马赫数飞行,而采用表速(指示空速)飞行。在涡桨飞机中飞行速度较高的 Q400 飞机飞行速度限制如表 2 - 11 所示,最高速度限制也不超过 700 km/h。ATR72 飞机在正常巡航不同高度、温度和重量下,其巡航真空速范围为 208～289 kn。转换高度将在拓展篇中进一步说明。

表 2 - 11 **Q400 飞机飞行速度限制**

高度/ft	表速/kn	真空速/kn	
		ISA	ISA＋10℃
0～8 000	245	245～275	249～280
10 000	282	325	331
18 000	286	371	378
20 000	275	368	375
25 000	248	361	368

其中校正空速与真空速的关系如下:

$$V_{\mathrm{TAS}} = \frac{V_{\mathrm{EAS}}}{\sqrt{\sigma}}$$

$$= \sqrt{\frac{2RT_H k}{k-1}\left[\left(\frac{\left(1+\left(\frac{k-1}{2}\right)\left(\frac{V_{CAS}}{a_0}\right)^2\right)^{\frac{k}{k-1}}-1}{\frac{P_H}{P_0}}+1\right)^{\frac{k-1}{k}}-1\right]}$$

$$=760.920\sqrt{\theta\left[\left(\frac{\left(1+0.2\left(\frac{V_{CAS}}{340.294}\right)^2\right)^{3.5}-1}{\delta}+1\right)^{\frac{1}{3.5}}-1\right]} \quad 式(2-7)$$

式中:

$\theta=\dfrac{T_H}{T_0}$——温度比;

T_H——高度 H 下的温度;

$\delta=\dfrac{P_H}{P_0}$——压力比;

P_H——高度 H 下的压力;

P_0——海平面压力;

V_{CAS}——校正空速;

V_{EAS}——当量空速;

V_{TAS}——真空速,单位 m/s;

$k=1.4$——空气绝热指数;

R——大气的气体常数,为 $287.05287(N \cdot m)/(kg \cdot K)$;

a_0——海平面声速。

$$V_{CAS}=V_{IAS}+\Delta V_P \qquad\qquad 式(2-8)$$

式中:

ΔV_P——位置误差修正值;

V_{IAS}——指示空速。

ΔV_P 一般通过试飞得到,并在飞行手册中给出。ΔV_P 的值与飞机的迎角、襟翼位置、地面效应、风等因素有关。

2.3.2　FAR 国内航线

FAR 国内航线飞行剖面不分机型,如图 2-22 所示,与 FAR 国际航线飞行剖面的差异在于:第一,无应急油;第二,等待时间为正常巡航消耗率飞行 45 min,且未确定高度、速度和温度等要求。

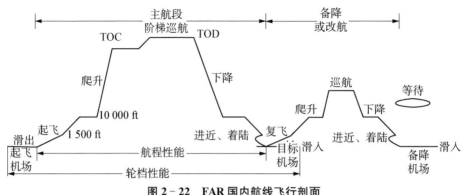

图 2‑22　FAR 国内航线飞行剖面

另外,需要说明的是,FAR 和 CCAR‑121‑R4 区分了国际和国内飞行剖面;联合航空规则(joint aviation requirements,JAR)和 CCAR‑121‑R5 则不区分国际和国内飞行剖面。主要原因是美国、中国地缘辽阔,而欧盟则各国国土面积普遍不大,因而美国、中国需要国内飞行剖面,欧盟则不需要国内飞行剖面。

2.3.3　其他

一般货机采用国际航线或国内航线飞行剖面,但也存在一定差异化。例如 Fedex 公司对于国内航线和国际航线货运飞行剖面定义如下。

货运国内航线飞行剖面与客运国内航线飞行剖面的差异如下:

(1) 备降距离为 150 n mile 或实际情况,不同于客运的 200 n mile 或实际情况。

(2) 应急油为在最后巡航高度巡航飞行 45 min。

(3) 等待时间为 1 500 ft 上空 30 min,不同于客运的 45 min。

货运国际航线飞行剖面与客运国际航线飞行剖面图基本相同,如图 2‑23 所示,差异在于:

(1) 应急油为飞行时间 5% 所对应油量,不同于客运的飞行时间 10% 或飞行油耗 3%、5%、10%;

(2) 等待时间为 1 500 ft 上空 60 min,不同于客运的 30 min。

实际飞行中由于各航空公司的燃油政策不同,备份油的内容也不尽相同。备份油包括三部分:法定备份油、公司备份油和任意的额外燃油。上述飞行剖面规定的备份油属于法定备份油,也是所有航空公司都要遵守的计算规则。公司备份油是根据公司的具体情况规定的燃油政策,如增加滑行、机动飞行及等待时间,额外的进场失误/复飞、较高的应急油量要求等。例如,航空公司可能固定要

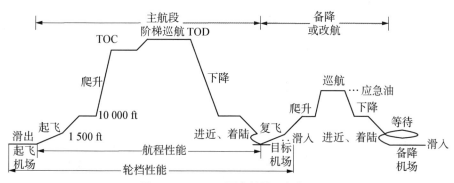

图 2‑23 Fedex 国内航线飞行剖面

求二次放行时增加 500 kg 或 1 000 kg 燃油,对于新机型和新的飞行计划系统增加 500 kg 燃油等。通常,航空公司的所有航班都应遵循这些规定。任意的额外燃油是按机长的要求增加的油量。机长会根据他们过去的经验,对某些航线飞行要求额外的燃油,或对某些被认为耗油较多的飞机要求额外的燃油。例如,当乘客不满载且不满油时,某些航空公司允许机长额外增加乘客重量差值的燃油量,只要确保起飞重量不超过满客时的起飞重量。此外,还可能存在由于目的地不能加油或由于燃油差价增加的回程油。

综上,松开刹车起飞总油量的构成如图 2‑24 所示,若是增加油量则还需要在起飞总油量的基础上增加滑出油量、辅助动力装置(auxiliary power unit, APU)地面用油等。

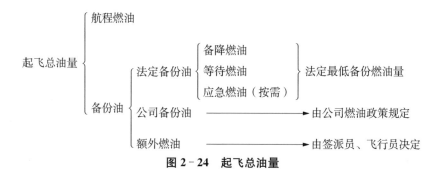

图 2‑24 起飞总油量

2.4 相邻数据内插值方法

工程实践中的计算,常常是利用计算机进行数值计算,以期望在满足工程精度要求的同时提高计算效率。轮挡性能或飞行计划采用数值计算方法。

　　数学中常用的思想方法很多,诸如公理化方法、模型法、关系映射反演法、构造法、类比法、归纳法、统计法、对偶法、逐次逼近法、反证法等。理论学习时采用数学方法进行计算,具有严谨性特点;实际应用中常利用计算机方法解决数学问题,具有实践性、近似性和结构性等优势时。数值计算最基本且普遍应用的思想思路可概括如下:

　　(1) 逐次逼近法:又称为迭代法,是指用同一公式重复计算的数值过程。

　　(2) 以直代曲法:把曲线等分成若干段,把每一小段当作直线测出其长度,这样曲线的总长=每段长度×段数(每段长度相同情况下)或每段长度的求和(每段长度不同情况下)。使用该这种方法,每段越短误差越小。当分割无止境的时候,误差也就是无止境的,理论上当分割趋于无穷时,误差就趋于零。实际上,以直代曲法是微积分中重要的一种方法。

　　(3) 类比法:把需要求解的问题与以前已经解决的问题进行比较,比较条件和目标有哪些相同、相似、接近的地方,通过联想解决老问题的方法,在解决老问题方法的启发下,打开新问题的研究思路。

　　轮挡性能和飞行计划问题中我们主要使用逐次逼近和以直代曲的研究思路,具体的实施就是相邻数据内插值方法。

　　插值问题的一般提法是:给定 $f(x)$ 在点 x_0,x_1,$\cdots$,x_n 处的函数值 y_0,y_1,$\cdots$,y_n,要求构造一个简单函数 $\varphi(x)$,使其满足条件

$$y_i = \varphi(x_i), \quad i = 0, 1, \cdots, n \qquad \text{式}(2-9)$$

式中:

　　$\varphi(x)$ —— $f(x)$ 的插值函数;

　　x_i ——插值节点;

　　y_i —— 插值条件,$y_i = \varphi(x_i)$。

　　我们可以选择不同类型的函数 $\varphi(x)$ 使其满足插值条件,$\varphi(x)$ 既可以是代数多项式或三角多项式,也可以是有理多项式,既可以是任意光滑函数,也可以是分段光滑函数。但通常使用最多的插值函数 $\varphi(x)$ 是多项式与样条函数。

　　一般插值方法包括 Lagrange 插值、Newton 插值、Hermite 插值、分段插值和样条插值等。轮挡性能和飞行计划中使用的一般是分段多项式或线性函数,并不严格要求插值函数能够光滑地逼近 $f(x)$,因此一般使用 Lagrange 插值、Newton 插值和分段插值,不使用 Hermite 插值和样条插值。

给定 $f(x)$ 在点 x_0，x_1，$\cdots$，x_n 处的函数值 y_0，y_1，$\cdots$，y_n，要求构造一个次数不超过 n 的代数多项式

$$P_n(x) = a_0 + a_1 x + a_2 x^2 + \cdots + a_n x^n \qquad \text{式}(2-10)$$

使 $P_n(x)$ 在节点 x_i 处满足条件

$$P_n(x_i) = y_i, \quad i = 0, 1, \cdots, n \qquad \text{式}(2-11)$$

这个问题称为 n 次代数插值问题。

$$P_n(x) = \sum_{j=0}^{n} y_j l_j(x) = \sum_{j=0}^{n} \left(\prod_{\substack{i=0 \\ i \neq j}}^{n} \frac{x - x_i}{x_j - x_i} \right) y_j = \sum_{j=0}^{n} \frac{\omega_{n+1}(x)}{(x - x_j) \omega'_{n+1}(x_j)} y_j$$

$$\text{式}(2-12)$$

$$\omega_{n+1}(x) = \prod_{i=0}^{n} (x - x_i), \qquad \omega'_{n+1}(x_j) = \prod_{\substack{i=0 \\ i \neq j}}^{n} (x_j - x_i) \quad \text{式}(2-13)$$

称此为 n 次 Lagrange 插值公式。其中，$l_j(x)$ 是 n 次式，称为 n 次 Lagrange 插值基函数，它满足条件

$$l_j(x_i) = \delta_{ij} = \frac{\omega_{n+1}(x)}{(x - x_j) \omega'_{n+1}(x_j)} = \begin{cases} 1, & i = j \\ 0, & i \neq j \end{cases}, \, i, j = 0, 1, \cdots, n$$

$$\text{式}(2-14)$$

$$P_n(x) = f(x_0) + f(x_0, x_1)(x - x_0) + \cdots$$
$$+ f(x_0, x_1, \cdots, x_n)(x - x_0) \cdots (x - x_{n-1}) \qquad \text{式}(2-15)$$

称此为 n 次 Newton 插值多项式。其中 $f(x_0, x_1)$，$f(x_0, x_1, \cdots, x_n)$ 为一阶差商和 $n-1$ 阶差商。

$$f(x_0, x_1) = \frac{f(x_0) - f(x_1)}{x_0 - x_1} \qquad \text{式}(2-16)$$

$$f(x_0, x_1, \cdots, x_n) = \frac{f(x_0, x_1, \cdots, x_{n-1}) - f(x_1, x_2, \cdots, x_n)}{x_0 - x_n}$$

$$= \sum_{j=0}^{n} \frac{f(x_j)}{\omega'_{n+1}(x_j)} \qquad \text{式}(2-17)$$

其余值均为

$$R_n(x) = f(x) - P_n(x) = \frac{f^{n+1}(\xi)}{(n+1)!}\omega_{n+1}(x), \quad \xi \in (a, b)$$

式(2-18)

$$|R_n(x)| \leqslant \frac{M_{n+1}}{(n+1)!}|\omega_{n+1}(x)|$$

式(2-19)

或者

$$\max_{a \leqslant x \leqslant b}|R_n(x)| \leqslant \frac{M_{n+1}}{(n+1)!}\max_{a \leqslant x \leqslant b}|\omega_{n+1}(x)|$$

式(2-20)

两种多项式插值结果是相同的,仅在展示形式上不同。多项式插值可能出现龙格现象,即高次插值的整体逼近效果往往是不理想的,而轮挡性能和飞行计划在求解时如果使用多项式插值往往需要高次插值。

为了提高插值问题的精确度,又避免高次插值,人们常常将插值区间分为若干小区间,然后在每个小区间上使用低次插值,如线性插值或二次插值。这种插值方法称为分段插值。这是一种化整为零的处理方法。

分段插值方法的处理过程分两步,首先对给定的区间作分划

$$\Delta : a = x_0 < x_1 < \cdots < x_n = b$$

并在每个小区间 $[x_i, x_{i+1}]$ 上构造插值多项式;然后将每个小区间上的插值多项式连接在一起,就得到了整个区间 $[a, b]$ 上的插值函数。这样构造出来的插值函数是分段多项式。

对于分段线性插值,则在整个区间 $[a, b]$ 上 $P_1(x)$ 为

$$P_1(x) = \sum_{j=0}^{n} y_j l_j(x)$$

式(2-21)

其中,基函数 $l_j(x)$ 满足条件 $l_j(x) = \delta_{ij}$,其形式为

$$l_j(x) = \begin{cases} \dfrac{x - x_{j-1}}{x_j - x_{j-1}}, & x \in [x_{j-1}, x_j], \\ \dfrac{x - x_{j+1}}{x_j - x_{j+1}}, & x \in [x_j, x_{j+1}], \\ 0, & \text{其他} \end{cases} \quad j = 1, 2, \cdots, n-1 \quad \text{式}(2-22)$$

$$l_0(x) = \begin{cases} \dfrac{x - x_1}{x_0 - x_1}, & x \in [x_0, x_1] \\ 0, & \text{其他} \end{cases}$$

式(2-23)

$$l_n(x) = \begin{cases} \dfrac{x - x_{n-1}}{x_n - x_{n-1}}, & x \in [x_{n-1}, x_n] \\ 0, & \text{其他} \end{cases} \qquad \text{式}(2\text{-}24)$$

分段线性插值的误差估计可利用 Lagrange 插值余项得到

$$\max_{x_k \leqslant x \leqslant x_{k+1}} |f(x) - P_1(x)| \leqslant \frac{M_2}{2} \max_{x_k \leqslant x \leqslant x_{k+1}} |(x - x_k)(x - x_{k+1})|$$

$$\text{式}(2\text{-}25)$$

或

$$\max_{x_k \leqslant x \leqslant x_{k+1}} |f(x) - P_1(x)| \leqslant \frac{M_2}{8} h^2 \qquad \text{式}(2\text{-}26)$$

式中: $h = \max_k h_k$; $h_k = x_{k+1} - x_k$; $M_2 = \max_{a \leqslant x \leqslant b} |f''(x)|$。 可以证明,若 $f(x) \in C[a, b]$,则当 $h \to 0$ 时, $P_1(x) \to f(x)$,即 $P_1(x)$ 在 $[a, b]$ 上一致收敛到 $f(x)$。

设 $f(x)$ 在 x_0 的某邻域内具有 $n+1$ 阶连续导数,则由一元 Taylor 公式,有

$$f(x_0 + h) = f(x_0) + f'(x_0)h + \frac{f''(x_0)}{2!}h^2 + \cdots + \frac{f^n(x_0)}{n!}h^n + O(h^n)$$

$$f(x_0 - h) = f(x_0) - f'(x_0)h + \frac{f''(x_0)}{2!}h^2 + \cdots + (-1)^n \frac{f^n(x_0)}{n!}h^n + O(h^n)$$

$$\text{式}(2\text{-}27)$$

于是有

$$f'(x_0) = \frac{f(x_0 + h) - f(x_0)}{h} + O(h) \qquad \text{式}(2\text{-}28)$$

$$f'(x_0) = \frac{f(x_0) - f(x_0 - h)}{h} + O(h) \qquad \text{式}(2\text{-}29)$$

$$f'(x_0) = \frac{f(x_0 + h) - f(x_0 - h)}{2h} + O(h^2) \qquad \text{式}(2\text{-}30)$$

$$f''(x_0) = \frac{f(x_0 + h) - 2f(x_0) + f(x_0 - h)}{2h} + O(h^2) \quad \text{式}(2\text{-}31)$$

其中, $O(h)$ 和 $O(h^2)$ 是用差商替代导数而产生的截断误差。

详细描述可见参考文献[15]和[16]。

插值时需要注意如下几点：

（1）所有外推不可靠。

（2）代数插值只适用于逼近光滑性好的函数，即有高阶导数。

在轮挡性能和飞行计划求解上，一般采用均分区间或经常使用的数据区域分段加密、不经常使用的数据区域分段稀疏等方法，二次导数则采用有限差分法求解。通过这样可在理论上求解出需要分段的精度。

民航常用的计算方法是相邻数据内插值。之所以采用相邻数据内插值的方法，基于如下几点假设：

（1）相邻数据之间呈线性关系。

（2）非相邻数据，包括外延数据之间不一定呈线性关系。

图 2-25 给出了波音 737-800 飞机成本指数(cost index, CI)为 80 时的最大巡航推力限制高度，可以看出上述两点的假设基本成立。即在相邻数据之间，只要确保重量间隔在一定值以内（如 1 000 lb①），则推力限制高度呈线性变化。但当重量间隔加大后推力限制高度与重量之间不再呈线性关系，如重量到 134 000～157 000 lb 时。可见非相邻数据之间不一定呈线性关系。

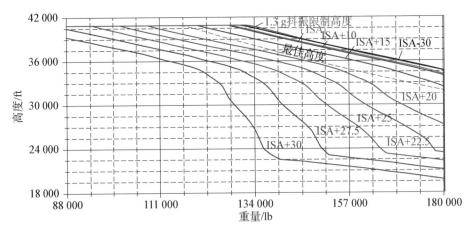

图 2-25 波音 737-800 飞机 CI 为 80 时最大巡航推力限制高度

其实这两点假设几乎对于所有的非线性变化都是使用的。因为只要将间隔缩的足够小，任何曲线的小段都可以近似看作是线性的。

① lb 为英制重量单位，1 lb＝0.453 59 kg。

至于外延数据不保持原有趋势,这也是很明显的。在图 2 - 25 中,如果重量数据截取在 88 000～134 000 lb 之间,那么很显然外延数据根本不会与截取数据一致,即使是相邻截取数据的趋势。再从图 2 - 26 的升力系数曲线中可以继续讨论该问题。升力系数在随着迎角增加而增加的过程中,先呈近似线性增长关系,但到达最大升力系

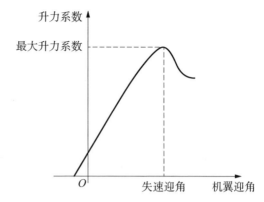

图 2 - 26　升力系数曲线示意图

数后就呈现非线性增长关系了。而一般轮挡性能和飞行计划的外延计算时都会用到了最大升力系数之后的迎角所对应升力系数数据。显然,这时的规律已经无法通过原有数据进行类推了。其实更为准确的例子应该是极曲线,因为飞行计划时的油耗与升力和阻力同时相关,极曲线上更能体现出仅在设计点附近呈近似线性变化,而当迎角小或大时均非线性。

但值得一提的是外延数据在某种情况下可考虑使用。即向"较小"数据方向的外延,例如若升力系数仅给出零迎角以上数据,则可以向负迎角外延插值。此时仍需使用相邻数据,确保趋势尽量接近。对于图 2 - 25 中所展示的数据趋势,则可以向 88 000 lb 以下数据方向进行外延插值。只是,这时还是需要控制外延插值的范围,不能无限制的外延。

因此,在进行相邻数据内插值时需要注意:可适当向下外延插值,但不能向上外延插值。一般意义上,这里的向下指的是向自变量数据较小方向,向上指的是向自变量数据较大方向。

2.5　轮挡性能

2.5.1　相关术语定义

机场:指供飞机起飞、降落、滑行、停放以及进行其他活动使用的划定区域,包括附属的建筑物、装置和设施。

运输机场:指主要为定期航班运输服务的机场。

始发:指出客票或货、邮运舱单确定的乘客、货物或邮件初始登(装)机的城市机场。

到达：指由客票或货、邮运舱单确定的乘客、货物或邮件下（卸）机的城市机场。

航线：飞机飞行的空中路线称为航线。其中，各航段的起讫点（技术经停点除外）都在国内的航线称为国内航线；航线中任意一个航段的起讫点（技术经停除外）在外国领土上的航线称为国际航线；航线中任意一个航段的起讫点在香港、澳门、台湾等地区的航线称为地区航线（经香港、澳门、台湾飞往外国的航线统计为国际航线）。飞机的航线不仅确定了飞机飞行具体方向、起讫点和经停点，而且还根据空中交通管制的需要，规定了航线的宽度和飞行高度，以维护空中交通秩序，保证飞行安全。

航段：飞机从起飞到下一次着陆之间的飞行。一个航线可以是一个或多个航段。凡航段的两端都在国内的称为国内航段，两端或有一端在国外的称为国际航段，两端或有一端是香港、澳门、台湾的称为地区航段。

飞行（轮挡）小时：指从飞机滑动前撤除轮挡起飞至飞机着陆停稳后安放轮挡止的全部时间，为方便操作，可以计为飞机靠自身动力开始滑动起至飞行航段结束滑至停机位置的全部时间，即飞机地面滑行时间和空中飞行时间之和。如某个航段的飞行时间，应等于飞机在该航段的空中飞行时间与地面起飞、降落时的滑行时间相加。

撤轮挡是一个全球民航界通用的专业术语。如同地面的汽车一样，为避免汽车溜车，汽车停在车位里时，在汽车前面放置一个挡板。飞机撤掉轮挡后，方可启动发动机而滑行。当然也有的飞机在撤轮挡后，由牵引车拉动一段距离后再启动发动机滑行。飞机从出发机场撤去轮挡开始，至到达机场重新安置轮挡时为止，此中间的时间为飞机的轮挡时间。轮挡时间包含滑出停机坪的停机位起到起飞跑道间的滑行、起飞、爬升、巡航、下降、等待、着陆、滑离跑道到达停机坪机位的总时间。轮挡时间内的耗油量称为轮挡油耗。

飞机为了节省燃料，一般直至允许推出停机位时才发动引擎。在此之前由地面气源车及电源车提供引气及供电，目前越来越多的机场廊桥亦实现了该功能；或者由飞机自身 APU 提供。到达目的地后，一般停入机位前启动 APU，停好后马上熄发动机。因此，一般计算航程油耗都是由后推开车开始直至停入停机位止。所以形象地称为轮挡油耗。

飞行时间：指从航空器为准备起飞而借本身的动力自装载地点开始移动时起，直到飞行结束到达卸载地点停止运动时为止的时间。

标准航段运行时间是指航班在起飞机场撤轮挡至落地机场挡轮挡的时间，包括航班在起飞机场撤轮挡、推出、滑行进跑道、飞行、滑行出跑道、滑行至停机位、在落地机场挡轮挡的时间。

改航：改变原飞行计划，使航空器飞到非预定点或备降机场的航行措施。

这里经常使用的两组概念是：轮挡油耗、轮挡时间和航程油耗、航程时间。其差异从定义上可以看出，即是否包含地面滑行。如果从开车的角度比拟，轮挡相当于从家里的停车位到公司的停车位，航程相当于从家里的小区出口到公司停车入口。如果使用导航软件，规划从家到公司的路线，计算距离和预估时间也一般不考虑进出停车位（尤其是立体停车库），即只考虑"航线"，不考虑"轮挡"。当然，某些飞机目前也具备场面导引功能，引导飞机到停机位。这样就更容易理解轮挡和航程的概念了。

本节我们重点讨论航线性能和轮挡性能，聚焦于航程油耗、航程时间和轮挡油耗、轮挡时间。

2.5.2　输入

想要获得航程和轮挡性能，需要确定飞行剖面和航线。关于飞行剖面的定义已经在上一节中进行了详细的描述，本书中所使用的典型飞行剖面如表 2-12 所示。

表 2-12　典型飞行剖面

阶段	国际航线	国内航线
起飞机场滑出	30 min/20 min/10 min 或其他	
航段起飞	标准起飞(1.5 min 或 2 min)	
航段爬升	分段定速爬升	
航段巡航	定速巡航或 LRC 固定巡航高度或按需阶梯巡航	
航段下降	分段定速下降	
航段进近、着陆	标准进近(4 min 或 6 min)	
到达机场滑入	20 min/10 min/5 min 或其他	
改航复飞	标准复飞 1.5 min 或 2 min 一般油耗为起飞的 80%	
改航爬升	分段定速爬升	
改航巡航	LRC 固定巡航高度	
改航下降	分段定速下降	

（续表）

阶段	国际航线	国内航线
等待	备降机场上空 1 500 ft 等待 30 min 等待速度、ISA	备降机场上空 1 500 ft 等待 45 min 等待速度、ISA
改航进近、着陆	标准进近 4 min 或 6 min	
备降机场滑入	20 min/10 min/5 min 或其他	
应急油	TOD 耗油率飞行航程时间的 10%	无
其他	无	

航线数据则主要包括航距、风和温度等。表 2-7 中已经给出了备选航线的大圆航距，但实际运营的航线（即使是高空航路）距离也与大圆航距存在一些差异，如表 2-13 所示。由于无法按照大圆航线飞行、存在航路禁区、进离场程序不同等各种原因，使得大圆航距与实际航线距离存在差异。对不同机场、不同航线其差异也是不相同的。但一般认为越是长航线，差异越小；越是短航线，差异越大。对于复杂机场、繁忙机场，进离场程序较长，高空航路起止点也存在差异，大圆航距与实际航线距离的差异会更难以把握。以上海浦东到成都双流航线为例，最终差异达到 373 km，如表 2-14 所示。在快速计算时，我们往往采取大圆航距增加 3%～5% 的绕飞，并增加 50～200 km 的进离场距离等方式进行估算。

表 2-13　5 架单通道飞机上海浦东备选航线距离

序号	航线	三字码	大圆航距/n mile	高空航路距离[①]/km	差异[②]/km	差异[②]/%
1	上海浦东—西安	PVG—XIY	686	1 197	−73	−6
2	上海浦东—成都双流	PVG—CTU	919	1 766	64	4
3	上海浦东—沈阳	PVG—SHE	635	1 199	23	2
4	上海浦东—大连	PVG—DLC	469	936	67	8
5	上海浦东—武汉	PVG—WUH	391	662	−62	−9
6	上海浦东—重庆	PVG—CKG	788	1 319	−140	−10
7	上海浦东—福州	PVG—FOC	332	629	14	2
8	上海浦东—哈尔滨	PVG—HRB	893	1 733	79	5
9	上海浦东—海口	PVG—HAK	909	1 637	−46	−3
10	上海浦东—桂林	PVG—KWL	715	1 352	28	2
11	上海浦东—长沙	PVG—CSX	481	767	−124	−14
12	上海浦东—厦门	PVG—XMN	441	854	37	5
13	上海浦东—昆明	PVG—KMG	1 060	1 842	−121	−6

（续表）

序号	航线	三字码	大圆航距 /n mile	高空航路距离[①] /km	差异[②] /km	差异 /%
14	上海浦东—青岛	PVG—TAO	315	466	−117	−20
15	上海浦东—北京首都	PVG—PEK	592	1 029	−67	−6
16	上海浦东—济南	PVG—TNA	411	658	−103	−14
17	上海浦东—广州	PVG—CAN	648	1 091	−109	−9
18	上海浦东—郑州	PVG—CGO	449	751	−81	−10
19	上海浦东—深圳	PVG—SZX	665	1 340	108	9
20	上海浦东—三亚	PVG—SYX	1 022	1 910	17	1

注：① 选择单通道飞机可用的最短高空航路。

② 高空航路距离减去大圆航距。

表 2-14 上海浦东—成都双流大圆航线与实际航线距离对比

航 线	大圆航距 /n mile	高空航空距离 /km	离场距离 /km	进场距离 /km	差异 /km
上海浦东—成都双流	919	1 766	180	129	373

除了航距之外，还需要确定该航线上的天气情况，其中对于飞行影响最大的两个因素是风和温度。众所周知，在不同地域、不同季节甚至不同时刻，风和温度都会存在差异。全球气压带和风带如图 2-27 所示。

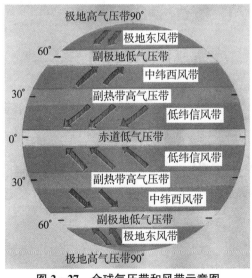

图 2-27 全球气压带和风带示意图

对于风和温度的计算采用预报值和统计值两种方法。其中预报值用于实际航线运营,统计值用于开航性能分析等。一般采用 WINDTEMP 等软件获取航线风和温度,如表 2-15 所示。

表 2-15　5 架单通道飞机上海浦东备选航线风和温度

序号	航　　线	三字码	大圆航距 /n mile	去程风 /kn	来回程温度 (ΔISA)/℃	回程风 /kn
1	上海浦东—西安	PVG—XIY	686	−106	13	30
2	上海浦东—成都双流	PVG—CTU	919	−111	14	24
3	上海浦东—沈阳	PVG—SHE	635	−22	11	−43
4	上海浦东—大连	PVG—DLC	469	−34	12	−34
5	上海浦东—武汉	PVG—WUH	391	−121	13	23
6	上海浦东—重庆	PVG—CKG	788	−116	14	21
7	上海浦东—福州	PVG—FOC	332	−72	14	−8
8	上海浦东—哈尔滨	PVG—HRB	893	−14	10	−45
9	上海浦东—海口	PVG—HAK	909	−81	14	−2
10	上海浦东—桂林	PVG—KWL	715	−108	14	7
11	上海浦东—长沙	PVG—CSX	481	−118	14	15
12	上海浦东—厦门	PVG—XMN	441	−77	14	−5
13	上海浦东—昆明	PVG—KMG	1 060	−109	14	9
14	上海浦东—青岛	PVG—TAO	315	−50	13	−21
15	上海浦东—北京首都	PVG—PEK	592	−64	11	−1
16	上海浦东—济南	PVG—TNA	411	−76	12	6
17	上海浦东—广州	PVG—CAN	648	−93	14	1
18	上海浦东—郑州	PVG—CGO	449	−105	13	26
19	上海浦东—深圳	PVG—SZX	665	−87	14	−1
20	上海浦东—三亚	PVG—SYX	1 022	−75	14	−4

注:表内统计工况为概率全年 85%、高度 35 000 ft。

在不同季节、不同高度、不同概率下风和温度的统计值是不同的,上海浦东到成都双流航线的差异如表 2-16 所示。

表 2-16　上海浦东到成都双流不同季节、不同高度、不同概率风和温度统计值差异

统计工况	风/kn	ΔISA/℃
35 000 ft、全年 85%	−111	14
35 000 ft、全年 95%	−131	16
35 000 ft、冬季 95%	−148	11
30 000 ft、冬季 95%	−123	10

2.5.3 计算方法

以 A320‑200 飞机为例来说明轮挡性能的计算方法。根据上述轮挡性能的定义，给出在一定剖面下的轮挡性能参数，如表 2‑17 和表 2‑18 所示。

表 2‑17　A320‑200 飞机轮挡油耗

航程距离/n mile	巡航距离/n mile	起飞重量/kg	轮挡油耗/kg	轮挡油耗分解/kg							总燃油/kg
				滑出	起飞	爬升	巡航	下降	进场	滑入	
500	289.2	63 056.0	3 626.4	230.0	220.0	1 343.2	1 447.3	150.9	120.0	115.0	7 186.0
650	436.9	63 825.5	4 395.9	230.0	220.0	1 367.5	2 192.6	150.9	120.0	115.0	7 955.5
800	584.5	64 600.4	5 170.8	230.0	220.0	1 393.4	2 941.6	150.9	120.0	115.0	8 730.4
1 000	781.1	65 641.4	6 211.8	230.0	220.0	1 428.8	3 947.2	150.9	120.0	115.0	9 771.4
1 200	977.6	66 691.2	7 261.6	230.0	220.0	1 465.1	4 960.6	150.9	120.0	115.0	10 821.2
1 400	1 174.0	67 749.8	8 320.3	230.0	220.0	1 502.2	5 982.2	150.9	120.0	115.0	11 879.8
1 600	1 370.1	68 819.5	9 389.9	230.0	220.0	1 542.5	7 011.6	150.9	120.0	115.0	12 949.5
1 800	1 566.1	69 898.9	10 469.3	230.0	220.0	1 584.1	8 049.4	150.9	120.0	115.0	14 028.9
2 000	1 761.7	70 988.8	11 559.2	230.0	220.0	1 628.9	9 094.4	150.9	120.0	115.0	15 118.8
2 200	1 957.3	72 089.7	12 660.1	230.0	220.0	1 673.9	10 150.4	150.9	120.0	115.0	16 219.7
2 400	2 152.4	73 203.9	13 774.3	230.0	220.0	1 722.9	11 215.6	150.9	120.0	115.0	17 333.9
2 600	2 347.2	74 331.9	14 902.3	230.0	220.0	1 774.0	12 292.5	150.9	120.0	115.0	18 461.9

表 2‑18　A320‑200 飞机轮挡时间

航程距离/n mile	起飞重量/kg	轮挡时间/h	轮挡时间分解/min						
			滑出	起飞	爬升	巡航	下降	进场	滑入
500	63 056.0	1.83	20.0	2.0	17.9	38.6	15.4	6.0	10.0
650	63 825.5	2.17	20.0	2.0	18.2	58.3	15.4	6.0	10.0
800	64 600.4	2.50	20.0	2.0	18.6	78.0	15.4	6.0	10.0
1 000	65 641.4	2.94	20.0	2.0	19.1	104.2	15.4	6.0	10.0
1 200	66 691.2	3.39	20.0	2.0	19.6	130.5	15.4	6.0	10.0
1 400	67 749.8	3.84	20.0	2.0	20.1	156.7	15.4	6.0	10.0
1 600	68 819.5	4.28	20.0	2.0	20.7	182.8	15.4	6.0	10.0
1 800	69 898.9	4.73	20.0	2.0	21.2	209.0	15.4	6.0	10.0
2 000	70 988.8	5.17	20.0	2.0	21.9	235.1	15.4	6.0	10.0
2 200	72 089.7	5.62	20.0	2.0	22.5	261.2	15.4	6.0	10.0
2 400	73 203.9	6.06	20.0	2.0	23.2	287.2	15.4	6.0	10.0
2 600	74 331.9	6.51	20.0	2.0	24.0	313.2	15.4	6.0	10.0

本书所采用案例为国内航线,因此所采用的剖面为国内航线情况:

(1) 150 座、每客 90 kg。

(2) 主航段 35 000 ft、ISA、无风、0.78 Ma。

(3) 爬升速度 250/300/0.78(单位:kn/kn/Ma)、下降速度 0.78/300/250
(单位:Ma/kn/kn)。

(4) 备降航段 200 n mile、25 000 ft、ISA、无风、LRC。

(5) 等待油为备降场上空 1 500 ft、ISA、最小阻力速度、等待 45 min。

(6) 滑行时间分别为 20 min/10 min/10 min。

(7) 起飞、目的和备降机场均为海平面机场。

从图 2-28 和图 2-29 中可以看出,轮挡油耗和轮挡时间与航程之间均呈
线性关系,且吻合度很高,R^2 都接近 1。如果将表 2-17 和表 2-18 的数据去除
滑出和滑入阶段数据,就可以得到航程性能数据。轮挡性能各阶段的数据计算
将在第 3 章中予以介绍。

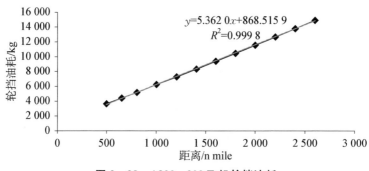

图 2-28　A320-200 飞机轮挡油耗

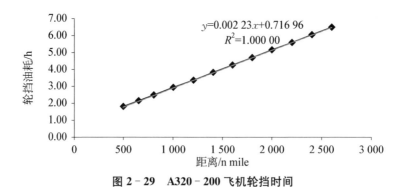

图 2-29　A320-200 飞机轮挡时间

第 1 章中我们已经讨论了,不同的输入将影响飞机性能。且认为实际运营航程一般是设计航程的 81%,其中风的影响是最为显著的。下面将分无风和有风两种情况分析如何计算航程和轮挡性能,但都基于上述数据。

1. 无风情况

在无风情况下,针对航程和轮挡性能计算有(a)(b)两种方法:相邻数据内插值法和拟合公式法。

(1) 相邻数据内插值法。

例如,若需要计算 900 n mile 时的轮挡性能,则找出 900 n mile 相邻的两组数据,即 800 n mile 和 1 000 n mile 所对应的轮挡性能数据。然后采用线性插值的方法算出 900 n mile 的轮挡性能,如式(2-32)所示。

$$\frac{y_2 - y_1}{x_2 - x_1} = \frac{y - y_1}{x - x_1} = \frac{y_2 - y}{x_2 - x}$$

or
$$\frac{y_2 - y_1}{x_2 - x_1} = \frac{y - y_1}{x - x_1}$$

or
$$\frac{y_2 - y_1}{x_2 - x_1} = \frac{y_2 - y}{x_2 - x} \qquad \text{式}(2-32)$$

式中:

x_1——相邻数据航程值下限;

y_1——相邻数据轮挡或航程性能值下限;

x_2——相邻数据航程值上限;

y_2——相邻数据轮挡或航程性能值上限;

x ——待求航程值;

y ——待求轮挡或航程性能值。

此时,900 n mile 的轮挡性能计算如下:

$$\frac{6\,211.8 - 5\,170.8}{1\,000 - 800} = \frac{y_{\text{fuel}} - 5\,170.8}{x - 800} = \frac{6\,211.8 - y_{\text{fuel}}}{900 - x} \qquad \text{式}(2-33)$$

$$\frac{2.94 - 2.50}{1\,000 - 800} = \frac{y_{\text{time}} - 2.50}{x - 800} = \frac{2.94 - y_{\text{time}}}{900 - x} \qquad \text{式}(2-34)$$

此时用该方法计算出的 900 n mile 的轮挡油耗为 5 691.3 kg,轮挡时间为 2.72 h;航程油耗为 5 346.3 kg,航程时间为 2.22 h。

式(2-32)、式(2-33)和式(2-34)的实现并不复杂,但存在大量数据精准计算的需求。这里仍以通过 EXCEL 实现予以说明。

第一步，查找相邻数据。使用 INDEX‐MATCH 语句查找相邻数据。

对于多输入（大于 2 个）排序的数表，应构建排序表，并根据排序表对查找数据进行排序，再进行查找。例如等待数据输入为重量 27 000～43 500 kg，气压高度为 1 500～35 000 ft，ISA 偏离温度（ΔISA）为－20～＋25℃，构建的排序表如表 2‐19 所示。

表 2‐19　排序表示例

重量/kg	气压高度/ft	ΔISA/℃
27 000	1 500	－20
28 000	5 000	－15
29 000	10 000	－10
30 000	15 000	－5
31 000	20 000	0
32 000	25 000	5
33 000	30 000	10
34 000	35 000	15
35 000		20
36 000		25
37 000		
38 000		
39 000		
40 000		
41 000		
42 000		
43 000		
43 500		

同时要求等待数据按序排列，且不得缺失，即总数据行数必须为 $18 \times 8 \times 10$ 且必须一一对应。此时查找相邻数据就根据等待数据表和排序表进行。若查重量则语句为

＝INDEX（＄A＄2：＄A＄1441,（MATCH（L1,＄G＄2：＄G＄19)－1) ＊80＋（MATCH（M1,＄H＄2：＄H＄9)－1) ＊10＋MATCH（N1,＄I＄2：＄I＄11））

其中：

① ＄A＄2:＄A＄1441 为等待数据的重量范围。

② L1 为查找目标重量。

③ ＄G＄2:＄G＄19 为排序表的重量范围。

④ 80 为相同重量下的所有数据行数,即排序表中气压高度行数(8)×ΔISA 行数(10)。

⑤ M1 为查找目标气压高度。

⑥ ＄H＄2:＄H＄9 为排序表的气压高度范围。

⑦ 10 为相同重量、相同气压高度下的所有数据行数,即排序表中 ΔISA 行数(10)。

⑧ N1 为查找目标 ΔISA。

⑨ ＄I＄2:＄I＄11 为排序表的 ΔISA 范围。

计算过程截图如图 2-30 所示。

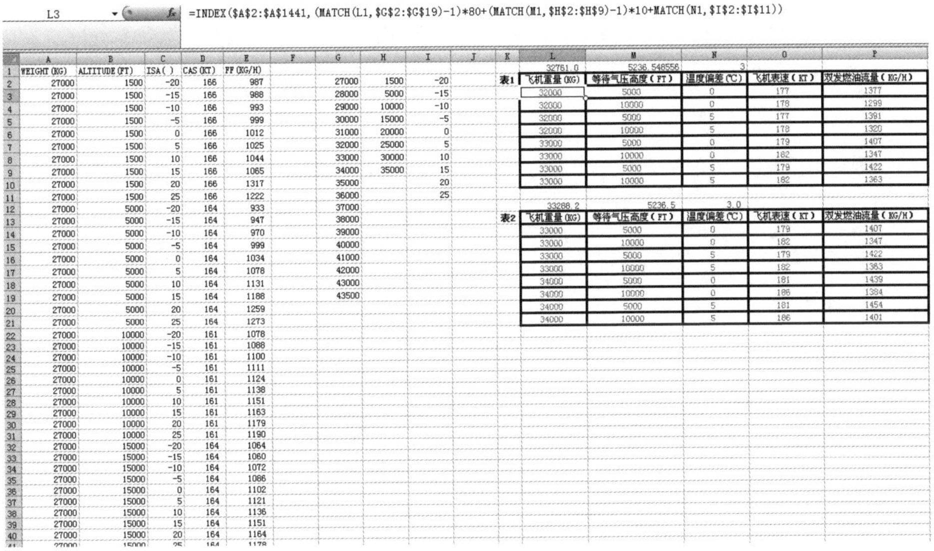

图 2-30 等待数据表多输入查找

若需查找其他相邻数据,则需要相应调整各 MATCH 函数后的"-1"或"+1"值;若需要查找气压高度、ΔISA 及其他值,则需改变 INDEAX 函数中的查找范围。

单输入查找是多输入查找的简化,无须构建排序表,仅需对查找数据进行排序即可。

若针对表 2-17 的轮挡油耗数据进行相邻数据查找,则相应的 INDEX -MATCH 公式如下:

=INDEX(A2:A15,MATCH(Lookup_value_distance,A2:A15))相邻数据航程值下限

=INDEX(A2:A15,MATCH(Lookup_value_distance,A2:A15)+1)相邻数据航程值上限

=INDEX(D2:D15,MATCH(Lookup_value,A2:A15))相邻数据轮挡油耗值下限

=INDEX(D2:D15,MATCH(Lookup_value,A2:A15)+1)相邻数据轮挡油耗值上限

其中:

① A2:A15 为航程值范围。

② D2:D15 为轮挡油耗值范围。

③ Lookup_value_distance 为航程目标值,对式(2-33)而言就是 900 n mile。

双输入查找是另外一种应用,也无须构建排序表,但也需要对查找数据进行排序。

若针对表 2-20 的轮挡油耗数据进行相邻数据查找,则相应的 INDEX -MATCH 公式如下:

=INDEX(A2:A14,MATCH(Lookup_value_distance,A2:A14))相邻数据航程值下限

=INDEX(A2:A14,MATCH(Lookup_value_distance,A2:A14)+1)相邻数据航程值上限

=INDEX(B1:G1,MATCH(Lookup_value_taxiintime,B1:G1))相邻数据滑入时间值下限

=INDEX(B1:G1,MATCH(Lookup_value_taxiintime,B1:G1)+1)相邻数据滑入时间值上限

=INDEX(D2:G14,MATCH(Lookup_value_distance,A2:A14),MATCH(Lookup_value_taxiintime,B1:G1))相邻数据轮挡油耗值,航程对应下限,滑入时间对应下限

=INDEX(D2:G14,MATCH(Lookup_value_distance,A2:A14)+1,MATCH(Lookup_value_taxiintime,B1:G1))相邻数据轮挡油耗值,航程对应上限,滑入时间对应下限

=INDEX(D2:G14,MATCH(Lookup_value_distance,A2:A14),MATCH(Lookup_value_taxiintime,B1:G1)+1)相邻数据轮挡油耗值,航程对应下限,滑入时间对应上限

=INDEX(D2:G14,MATCH(Lookup_value_distance,A2:A14)+1,MATCH(Lookup_value_taxiintime,B1:G1)+1)相邻数据轮挡油耗值,航程对应上限,滑入时间对应上限

其中:

① A2:A14 为航程值范围。

② B1:G1 为滑入时间值范围。

③ D2:G14 为轮挡油耗值范围。

④ Lookup_value_distance 为航程目标值,对式(2-33)而言就是 900 n mile。

⑤ Lookup_value_taxiintime 为滑入时间目标值,对式(2-33)所对应的剖面而言就是 10 min。

另外,多输入排序表的查找,除了构建排序表一次性查找外。还可以采用多次查找的方法予以实现。例如,对于三输入查找,可先完成一次双输入查找,再构建排序表后进行一次单输入查找。

当然,还可以使用 LOOKUP、VLOOKUP 等也可以实现查找功能。但难以实现双输入查找,因而不推荐使用。

第二步,插值计算。使用 FORECAST 语句进行相邻数据内插值。

若针对式(2-33)的轮挡油耗数据插值,则相应的 FORECAST 公式如下:

=FORECAST(x_distance,INDEX(D2:D15,MATCH(Lookup_value,A2:A15)):INDEX(D2:D15,MATCH(Lookup_value,A2:A15)+1),INDEX(A2:A15,MATCH(Lookup_value_distance,A2:A15)):INDEX(A2:A15,MATCH(Lookup_value_distance,A2:A15)+1))

其中:

① x_distance 为航程目标值,对式(2-33)而言就是 900 n mile。

② INDEX(D2:D15,MATCH(Lookup_value,A2:A15)):INDEX(D2:D15,MATCH(Lookup_value,A2:A15)+1)为已知的轮挡油耗值数组。

③ INDEX(A2:A15,MATCH(Lookup_value_distance,A2:A15)):INDEX(A2:A15,MATCH(Lookup_value_distance,A2:A15)+1)为已知的航程值数据。

除了 FORECAST 语句外,TREND 语句也可实现相同功能。

（2）拟合公式法。

A320‒200 飞机轮挡油耗拟合公式为

$$BlockFuel(kg) = 5.36 \times Distance(n\ mile) + 868.5 \qquad 式(2-35)$$

A320‒200 飞机轮挡时间拟合公式为

$$BlockTime(h) = 0.00223 \times Distance(n\ mile) + 0.717 \qquad 式(2-36)$$

可以直接在轮挡性能的基础上扣除滑出、滑入阶段油耗或时间来计算航程性能，也可以直接采用拟合方法计算。但值得一提的是，不同滑行时间时也会稍微影响航程和轮挡性能。因为较长或较短的滑入时间会使得主航段飞行时多带或少带一些油，虽然量不太大甚至可以忽略，如表 2‒20 所示。每 1 min 的备降滑入时间变化将带来轮挡油耗 0.01% 左右的变化，油耗影响的绝对值在 0.2～2 kg。但严格意义上说，差异还是存在的。在初步估算时可以忽略。

表 2‒20　A320‒200 飞机不同备降滑入时间的轮挡油耗对比

航程距离 /n mile	不同备降滑入时间的轮挡油耗/kg					
	5 min	10 min	15 min	20 min	25 min	30 min
500	3 625.0	3 626.4	3 627.9	3 629.3	3 630.7	3 632.2
650	4 394.1	4 395.9	4 397.7	4 399.5	4 401.3	4 403.2
800	5 168.6	5 170.8	5 173.1	5 175.3	5 177.5	5 179.8
1 000	6 209.0	6 211.8	6 214.6	6 217.3	6 220.1	6 222.9
1 200	7 258.3	7 261.6	7 264.9	7 268.2	7 271.5	7 274.8
1 400	8 316.4	8 320.3	8 324.1	8 327.9	8 331.8	8 335.6
1 600	9 385.4	9 389.9	9 394.5	9 399.0	9 403.5	9 408.1
1 800	10 464.3	10 469.3	10 474.4	10 479.6	10 484.7	10 489.9
2 000	11 553.5	11 559.2	11 565.0	11 570.7	11 576.5	11 582.3
2 200	12 653.6	12 660.1	12 666.6	12 673.2	12 679.7	12 686.2
2 400	13 767.1	13 774.3	13 781.6	13 788.9	13 796.2	13 803.6
2 600	14 894.2	14 902.3	14 910.6	14 918.8	14 927.0	14 935.3

当然，反过来也是可以的。即在航程性能的基数上增加滑出、滑入阶段油耗或时间来计算轮挡性能。

A320‒200 飞机航程油耗拟合公式为

$$\text{TripFuel(kg)} = 5.36 \times \text{Distance(n mile)} + 523.5 \qquad \text{式}(2-37)$$

A320-200 飞机航程时间拟合公式为

$$\text{TripTime(h)} = 0.00223 \times \text{Distance(n mile)} + 0.217 \qquad \text{式}(2-38)$$

此时，900 n mile 的轮挡性能计算如下：

$$\text{BlockFuel(kg)} = 5.36 \times 900(\text{n mile}) + 868.5 = 5694.3 \qquad \text{式}(2-39)$$

$$\text{BlockTime(h)} = 0.00223 \times 900(\text{n mile}) + 0.717 = 2.72 \qquad \text{式}(2-40)$$

此时，900 n mile 的航程性能计算如下：

$$\text{TripFuel(kg)} = 5.36 \times 900(\text{n mile}) + 523.5 = 5349.3 \qquad \text{式}(2-41)$$

$$\text{TripTime(h)} = 0.00223 \times 900(\text{n mile}) + 0.217 = 2.22 \qquad \text{式}(2-42)$$

此时用该方法计算出的 900 n mile 的轮挡油耗为 5694.3 kg，轮挡时间为 2.72 h；航程油耗为 5349.3 kg，航程时间为 2.22 h。

将相邻数据内插值、线性拟合方法所计算的数据与飞行计划值进行对比，如表 2-21 所示。可以看出，在 900 n mile 航程上相邻数据内插值的误差比线性拟合的误差小。这与相邻数据内插值的理论推导精度结果也是一致的：在非绝对线性关系下，小段以直代曲精度必然高于整体线性拟合。但由于轮挡和航程性能线性关系显著，因而采用整体线性拟合的误差值也是可以接受的，如表 2-22 所示。

表 2-21 A320-200 飞机 900 n mile 不同方法航程和轮挡性能计算差异对比

	飞行计划值（基准）	相邻数据内插值（值/误差）	线性拟合值（值/误差）
轮挡油耗/kg	5690.2	5691.3/0.02%	5694.3/0.07%
轮挡时间/h	2.72	2.72	2.72
航程油耗/kg	5345.2	5346.3/0.02%	5349.3/0.08%
航程时间/h	2.22	2.22	2.22

从图 2-31 的误差趋势来看，在小航程时误差较大。这表明油耗并非线性变化尤其凸显在小重量的情况下。主要是由于巡航油耗与重量非严格线性关系，如图 2-32 所示，且在大、小重量时均偏离线性。

表 2－22　A320－200 飞机线性拟合轮挡性能和航程性能误差对比

航程距离/n mile	轮挡油耗/kg			轮挡时间/h			航程油耗/kg			航程时间/h		
	飞行计划	线性拟合	误差	飞行计划	线性拟合	误差	飞行计划	线性拟合	误差	飞行计划	线性拟合	误差
500	3 626.4	3 492.8	−3.69%	1.83	1.83	−0.01%	3 281.4	3 147.8	−4.07%	1.33	1.33	−0.02%
650	4 395.9	4 309.2	−1.97%	2.17	2.17	−0.01%	4 050.9	3 964.2	−2.14%	1.67	1.67	−0.01%
800	5 170.8	5 125.5	−0.88%	2.5	2.50	0.00%	4 825.8	4 780.5	−0.94%	2.00	2.00	−0.01%
1000	6 211.8	6 214.1	0.04%	2.94	2.95	0.00%	5 866.8	5 869.1	0.04%	2.44	2.44	0.00%
1200	7 261.6	7 302.6	0.56%	3.39	3.39	0.00%	6 916.6	6 957.6	0.59%	2.89	2.89	0.00%
1400	8 320.3	8 391.1	0.85%	3.84	3.84	0.00%	7 975.3	8 046.1	0.89%	3.34	3.34	0.01%
1600	9 389.9	9 479.6	0.95%	4.28	4.28	0.01%	9 044.9	9 134.6	0.99%	3.78	3.78	0.01%
1800	10 469.3	10 568.1	0.94%	4.73	4.73	0.01%	10 124.3	10 223.1	0.98%	4.23	4.23	0.01%
2000	11 559.2	11 656.6	0.84%	5.17	5.17	0.00%	11 214.2	11 311.6	0.87%	4.67	4.67	0.00%
2200	12 660.1	12 745.1	0.67%	5.62	5.62	0.00%	12 315.1	12 400.1	0.69%	5.12	5.12	0.00%
2400	13 774.3	13 833.6	0.43%	6.06	6.06	0.00%	13 429.3	13 488.6	0.44%	5.56	5.56	0.00%
2600	14 902.3	14 809.7	−0.62%	6.51	6.51	0.00%	14 557.3	14 464.7	−0.64%	6.01	6.01	0.00%

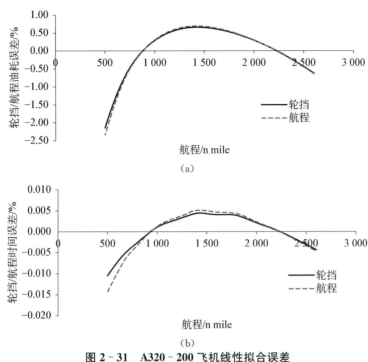

图 2 - 31 A320 - 200 飞机线性拟合误差

(a)轮挡/航程油耗误差;(b)轮挡/航程时间误差

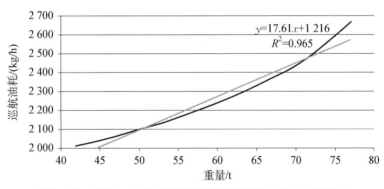

图 2 - 32 A320 - 200 飞机巡航油耗(35 000 ft、ISA、0.78 Ma)

2. 有风情况

在有风情况下,针对航程和轮挡性能计算有两种方法。

(1) 将航程和轮挡性能分为巡航段和非巡航段,再分别考虑风速影响。

首先,仍采用相邻数据内插值的方法算出目标航程时所对应的巡航距离、非巡航距离、巡航平均真空速和非巡航平均真空速。其中非巡航段包括爬升和下降等阶段。

巡航平均真空速和非巡航平均真空速计算公式如下：

$$\bar{v}_{aircru} = \frac{D_{cru}}{t_{cru}} \qquad 式(2-43)$$

$$\bar{v}_{airnocru} = \frac{D_{nocru}}{t_{nocru}} = \frac{D - D_{nocru}}{t_{nocru}} \qquad 式(2-44)$$

式中：

$\bar{v}_{aircru}$——巡航平均真空速；

D_{cru}——巡航距离；

t_{cru}——巡航时间；

$\bar{v}_{airnocru}$——非巡航平均真空速；

D——航线距离；

D_{nocru}——非巡航距离；

t_{nocru}——非巡航时间。

A320-200 飞机巡航段和非巡航段轮挡性能见表 2-23。此时巡航距离、非巡航距离、非平均巡航速度等与航程距离之间的线性关系也呈强线性关系，因而也可以采用整体线性拟合的方法进行计算，如图 2-33 所示。而巡航平均速度可认为是个固定值，对于该飞行剖面下 A320-200 飞机平均巡航速度为 449.6 kn，即 0.78 Ma 在 ISA 温度下 35 000 ft 的真空速，如式（2-45）所示。

$$V_{true} = 0.78 \times \sqrt{1.4 \times 287.06 \times (273.15 + 15 - 1.98 \times 35\,000 \div 1\,000)}$$
$$\times 3\,600 \div 1\,852 = 449.7\,kn \qquad 式(2-45)$$

表 2-23　A320-200 飞机巡航段和非巡航段轮挡性能

| 航程 | 距离/n mile | | 平均真空速/kn | | 轮挡油耗/kg | 时间 | | |
	巡航	非巡航	巡航	非巡航		轮挡/h	巡航/min	非巡航/min
500	289.2	210.8	449.6	380.1	3 626.4	1.83	38.6	33.3
650	436.9	213.1	449.6	380.4	4 395.9	2.17	58.3	33.6
800	584.5	215.5	449.6	380.7	5 170.8	2.50	78.0	34.0
1 000	781.1	218.9	449.6	381.1	6 211.8	2.94	104.2	34.5
1 200	977.6	222.4	449.6	381.6	7 261.6	3.39	130.5	35.0

（续表）

航程	距离/n mile		平均真空速/kn		轮挡油耗 /kg	时间		
	巡航	非巡航	巡航	非巡航		轮挡 /h	巡航 /min	非巡航 /min
1 400	1 174.0	226.0	449.6	382.1	8 320.3	3.84	156.7	35.5
1 600	1 370.1	229.9	449.6	382.6	9 389.9	4.28	182.8	36.1
1 800	1 566.1	233.9	449.6	383.1	10 469.3	4.73	209.0	36.6
2 000	1 761.7	238.3	449.6	383.6	11 559.2	5.17	235.1	37.3
2 200	1 957.3	242.7	449.6	384.1	12 660.1	5.62	261.2	37.9
2 400	2 152.4	247.6	449.6	384.7	13 774.3	6.06	287.2	38.6
2 600	2 347.2	252.8	449.6	385.3	14 902.3	6.51	313.2	39.4

其次，巡航段风速 100% 影响，非巡航段风速按巡航段一定比例影响。该比例一般为 2/3 或 70%，也可根据要求另行规定。此次获得巡航地速和非巡航地速，即巡航平均速度与风速的叠加、非巡航平均速度与风速的叠加。

$$\bar{v}_{\text{groundcru}} = \bar{v}_{\text{aircru}} + \bar{v}_{\text{cruwind}} \qquad \text{式}(2-46)$$

$$\bar{v}_{\text{groundnocru}} = \bar{v}_{\text{airnocru}} + \bar{v}_{\text{nocruwind}} = \bar{v}_{\text{airnocru}} + k \times \bar{v}_{\text{cruwind}} \qquad \text{式}(2-47)$$

式中：

$\bar{v}_{\text{groundcru}}$ ——巡航平均地速；

$\bar{v}_{\text{cruwind}}$ ——巡航平均风速；

$\bar{v}_{\text{groundnocru}}$ ——非巡航平均地速；

$\bar{v}_{\text{nocruwind}}$ ——非巡航平均风速；

k ——非巡航平均风速与巡航平均风速比值。

再次，根据巡航距离、非巡航距离、巡航平均速度、非巡航平均速度、巡航地速和非巡航地速换算出等效航程。

$$D_{\text{equ}} = D_{\text{cru}} \times \frac{\bar{v}_{\text{aircru}}}{\bar{v}_{\text{groundcru}}} + D_{\text{nocru}} \times \frac{\bar{v}_{\text{airnocru}}}{\bar{v}_{\text{groundnocru}}}$$

$$= D_{\text{cru}} \times \frac{D_{\text{cru}}/t_{\text{cru}}}{D_{\text{cru}}/t_{\text{cru}} + v_{\text{cruwind}}} + D_{\text{nocru}} \times \frac{D_{\text{nocru}}/t_{\text{nocru}}}{D_{\text{nocru}}/t_{\text{nocru}} + k \times \bar{v}_{\text{cruwind}}}$$

$$\text{式}(2-48)$$

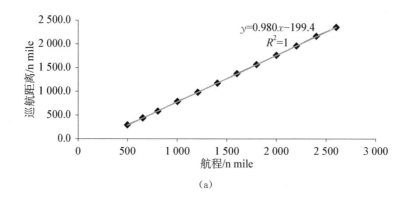

(a)

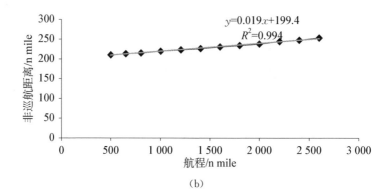

(b)

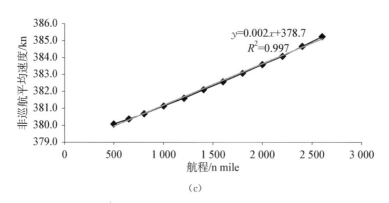

(c)

图 2‑33 A320‑200 飞机线性拟合结果

(a)航程与巡航距离关系;(b)航程与非巡航距离关系;(c)航程与非巡航速度关系

仍以 900 n mile 航程，巡航平均逆风—30 kn，非巡航风为巡航风 2/3 为例进行说明。

若采用相邻数据内插值的方法，则相应的计算过程和结果如表 2-24 所示。此时 900 n mile 航程在—30 kn 航路逆风的情况下，等效航航程为 960.8 n mile。

表 2-24　A320-200 飞机 900 n mile 航程、—30 kn 逆风等效航程

距离/n mile			平均真空速/kn		平均地速/kn		等效航程/n mile		
航程	巡航	非巡航	巡航	非巡航	巡航	非巡航	航程	巡航	非巡航
800	584.5	215.5	449.6	380.7					
1000	781.1	218.9	449.6	381.1					
900	682.8	217.2	449.6	380.9	419.6	360.9	960.9	731.6	229.2

若采用整体线性拟合的方法，则 A320-200 飞机对应的计算式(2-49)所示。此时 900 n mile 航程在—30 kn 航路逆风的情况下，等效航程为 960.9 n mile。

$$D_{equ} = (0.980 \times D - 199.4) \times \frac{499.7}{499.7 + \bar{v}_{cruwind}} +$$

$$(0.019 \times D + 199.4) \times \frac{0.002 \times D + 378.7}{0.002 \times D + 378.7 + k \times \bar{v}_{cruwind}}$$

式(2-49)

将相邻数据内插值、线性拟合方法所计算的数据与飞行计划值进行对比，如表 2-25 所示。

表 2-25　A320-200 飞机 900 n mile 不同方法 900 n mile 等效航程计算差异对比

风速/kn	900 n mile 等效航程/n mile		
	飞行计划值（基准）	相邻数据内插值	线性拟合值
—150	1326.3	1319.2/—0.54%	1319.2/—0.54%
—100	1143.8	1141.4/—0.21%	1141.4/—0.21%
—50	1006.7	1006.3/—0.05%	1006.3/—0.05%
50	814.5	814.2/—0.04%	814.2/—0.04%

（续表）

风速/kn	900 n mile 等效航程/n mile		
	飞行计划值（基准）	相邻数据内插值	线性拟合值
100	744.6	743.4/−0.15%	743.4/−0.15%
150	686.2	684.0/−0.32%	684.0/−0.32%

其中飞行计划方法的等效航程计算方法是在给定航程和风的情况下，用飞行计划的方法计算出起飞重量；然后，在无风和给定的起飞重量情况下，计算出相应的航程，此航程即为等效航程。在 EXCEL 中，可使用"数据-假设分析-单变量求解"的方法完成在无风和给定的起飞重量情况下航程的计算，如图 2-34 所示。即在 EXCEL 中首先选定起飞重量单元格为目标单元格，并输入起飞重量目标值，然后选定航程单元格作为可变单元格，确定后即可在航程单元格中获取所需航程数据。若更直观地理解，就是一种已知单输出，求解单输入的逆运算。

图 2-34　单变量求解示例

此时的相邻数据内插值、线性拟合方法批量计算，可在 EXCEL 中可采用"数据-假设分析-数据表"实现，即单输入单输出、单输入多输出、双输入单输出等的批量计算。

第一步，构建单输入单输出、单输入多输出、双输入单输出的计算过程，如图 2-35 所示。

第二步，使用数据表完成单输入单输出、单输入多输出、双输入单输出的批量计算。

以相邻数据内插值和线性拟合方法计算等效航程来展示如何完成批量计算。以表 2-23 为数据表进行计算，构建如图 2-36 所示的相邻数据内插值方法、线性拟合方法的计算过程。再使用数据表功能完成批量计算。

	输入值			批量计算		
				航线距离(nm)	相邻内插 等效航距(nm)	线性拟合 等效航距(nm)
航线距离 (nm)	900			=H6	=H7	
风速(kt)	-30		500	=TABLE(H2)	=TABLE(H2)	
非巡航风比例	=2/3		650	=TABLE(H2)	=TABLE(H2)	
等效航距输出值 (nm)			800	=TABLE(H2)	=TABLE(H2)	
相邻内插	=B19		1000	=TABLE(H2)	=TABLE(H2)	
线性拟合	=F22		1200	=TABLE(H2)	=TABLE(H2)	
			1400	=TABLE(H2)	=TABLE(H2)	
			1600	=TABLE(H2)	=TABLE(H2)	
			1800	=TABLE(H2)	=TABLE(H2)	
			2000	=TABLE(H2)	=TABLE(H2)	

图 2-35　批量运算公式示例[①]

数据表

航段距离(nm)	巡航距离(nm)	非巡航距离(nm)	巡航平均真空速(kt)	非巡航平均真空速(kt)	
500	289.2	210.8	449.6	380.1	
650	436.9	213.1	449.6	380.4	
800	584.5	215.5	449.6	380.7	
1000	781.1	218.9	449.6	381.1	
1200	977.6	222.4	449.6	381.6	
1400	1174.0	226.0	449.6	382.1	
1600	1370.1	229.9	449.6	382.6	
1800	1566.1	233.9	449.6	383.1	
2000	1761.7	238.3	449.6	383.6	
2200	1957.3	242.7	449.6	384.1	
2400	2152.4	247.6	449.6	384.7	
2600	2347.2	252.8	449.6	385.3	

相邻数据内插值方法

相邻下限	800	584.5	215.5	449.6	380.7
相邻上限	1000	781.1	218.9	449.6	381.1
目标值	900	682.8	217.2	449.6	380.9
风影响	960.9	731.6	229.2	419.6	360.9

线性拟合方法

巡航距离斜率	巡航距离截距	巡航速度(kt)	非巡航速度斜率	非巡航速度截距	等效航距(nm)
0.980	-199.4	449.7	0.002	378.7	960.8

输入值

航线距离 (nm)	900
风速(kt)	-30
非巡航风比例	0.67
等效航距输出值 (nm)	
相邻内插	960.9
线性拟合	960.8

批量计算

航线距离(nm)	相邻内插 等效航距(nm)	线性拟合 等效航距(nm)
	960.9	960.8
500	532.4	532.4
650	693.1	693.1
800	853.7	853.7
1000	1068.0	1067.9
1200	1282.2	1282.2
1400	1496.4	1496.4
1600	1710.6	1710.6
1800	1924.9	1924.8
2000	2139.1	2139.0

图 2-36　批量运算示例

可以看出两种方法的误差是基本相当的,但均呈现风大时误差也随之增大的现象,如表 2-26 和图 2-37 所示。

在定速巡航时,风对巡航段的影响进而导致巡航重量的差异不会影响巡航真空速;但风对非巡航段的影响进而导致爬升或下降重量的差异会影响非巡航段真空速。因此,风速越大,对非巡航段的影响越大;同时航程越长,非巡航段占比越小,使得总体影响降低,如图 2-38 所示。

最后,用等效航程按照无风情况的计算方法完成航程和轮挡性能计算。

(2)通过给定的地面距离在不同风速下对应的空中距离对应表来考虑风速的影响。该表一般在各机型飞行手册或机组运行手册上均有描述。此时采用的就是双参数输入的查找和拟合了。

根据飞行计划等效航程计算方法可以推算出,表 2-27 所对应的非巡航段风与巡航段风的比例为 0.85,如表 2-28 所示。此时其他条件与本节剖面相同。

---

① 图片中单位 nm 为 n mile, kt 为 kn。

表 2 - 26　A320 - 200 飞机不同方法等效航程计算差异对比

航程距离/n mile	风-150 kn			风-100 kn			风-50 kn			风50 kn			风100 kn			风150 kn		
	飞行计划	相邻内插	线性拟合	飞行计划	相邻内插	线性拟合	飞行计划	相邻内插	线性拟合	飞行计划	相邻内插	线性拟合	飞行计划	相邻内插	线性拟合	飞行计划	相邻内插	线性拟合
500	727.5	720.1	720.5	630.1	627.8	627.6	556.9	556.4	556.5	454.4	454.0	454.1	417.1	415.9	415.8	386.0	383.6	383.7
650	952.1	944.7	945.0	822.8	820.4	820.3	725.6	725.1	725.2	589.5	589.1	589.1	539.9	538.7	538.7	498.6	496.3	496.3
800	1 176.6	1 169.5	1 169.4	1 015.4	1 013.0	1 012.9	894.3	893.8	893.8	724.5	724.1	724.2	662.7	661.5	661.5	611.2	608.9	608.9
1000	1 476.0	1 468.9	1 468.8	1 272.3	1 269.8	1 269.8	1 119.2	1 118.7	1 118.7	904.6	904.2	904.2	826.4	825.3	825.3	761.3	759.1	759.1
1200	1 775.3	1 768.4	1 768.1	1 529.1	1 526.7	1 526.1	1 344.1	1 343.6	1 343.6	1 084.6	1 084.3	1 084.3	990.2	989.1	989.1	911.4	909.3	909.3
1400	2 074.5	2 067.9	2 067.5	1 785.9	1 783.6	1 783.4	1 569.0	1 568.5	1 568.4	1 264.7	1 264.4	1 264.4	1 153.9	1 152.8	1 152.9	1 061.6	1 059.5	1 059.5
1600	2 373.7	2 367.3	2 366.8	2 042.6	2 040.4	2 040.1	1 793.8	1 793.4	1 793.3	1 444.8	1 444.5	1 444.5	1 317.7	1 316.6	1 316.7	1 211.7	1 209.8	1 209.8
1800	2 672.7	2 666.7	2 666.1	2 299.4	2 297.3	2 296.9	2 018.7	2 018.3	2 018.1	1 624.9	1 624.6	1 624.5	1 481.5	1 480.4	1 480.5	1 361.9	1 360.0	1 360.0
2000	2 971.5	2 966.1	2 965.4	2 556.1	2 554.0	2 553.7	2 243.5	2 243.1	2 243.0	1 804.9	1 804.7	1 804.6	1 645.2	1 644.2	1 644.3	1 512.0	1 510.2	1 510.2

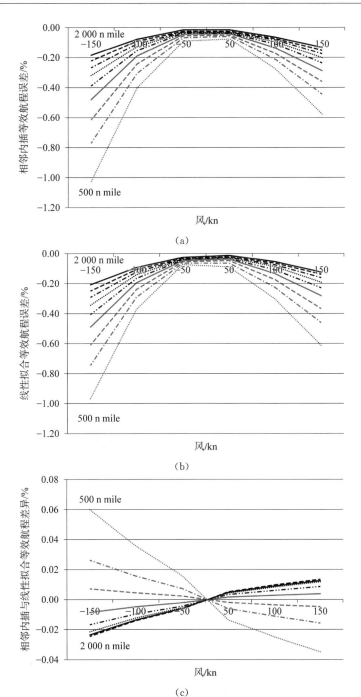

图 2 - 37 A320 - 200 飞机等效航程计算差异对比

(a)相邻内插法误差；(b)线性拟合法误差；(c)相邻内插法与线性拟合法差异

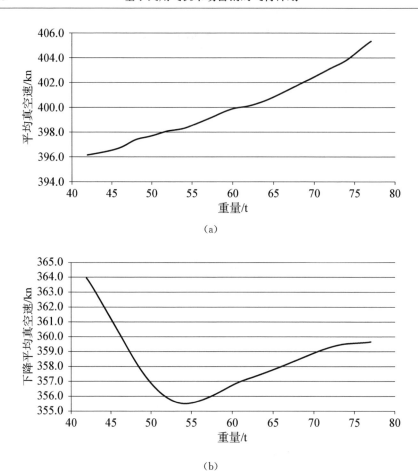

图 2 - 38　A320 - 200 飞机平均真空速(35 000 ft、ISA、0. 78 *Ma*/280 kn/250 kn)

(a)爬升段；(b)下降段

表 2 - 27　A320 - 200 飞机手册地面距离与空中距离关系

$Ma = 0.78$ 地面距离/n mile	空中距离/n mile						
	−150	−100	−50	0	50	100	150
10	15	13	11	10	9	8	7
20	30	26	23	20	18	16	15
30	45	39	34	30	27	25	22
40	60	51	45	40	36	33	30
50	75	64	56	50	45	41	37
100	150	129	113	100	90	82	75
200	300	257	225	200	180	164	150

（续表）

$Ma=0.78$ 地面距离/n mile	空中距离/n mile						
	−150	−100	−50	0	50	100	150
300	450	386	338	300	270	245	225
400	600	514	450	400	360	327	300
500	750	643	563	500	450	409	375
1 000	1 501	1 286	1 125	1 000	900	818	750
1 500	2 251	1 929	1 688	1 500	1 350	1 227	1 125
2 000	3 001	2 572	2 248	2 000	1 800	1 636	1 500
2 500	3 752	3 215	2 813	2 500	2 250	2 045	1 875
3 000	4 502	3 858	3 375	3 000	2 700	2 454	2 250
3 500	5 252	4 501	3 938	3 500	3 150	2 863	2 624
4 000	6 003	5 144	4 500	4 000	3 600	3 272	2 999
4 500	6 753	5 787	5 063	4 500	4 050	3 681	3 374
5 000	7 503	6 430	5 626	5 000	4 500	4 090	3 749

表 2 - 28　A320 - 200 飞机手册地面距离与空中距离对应非巡航段风占巡航段风比例

$Ma=0.78$ 地面距离/n mile	空中距离/n mile						
	−150	−100	−50	0	50	100	150
500	0.84	0.85	0.86	/	0.84	0.85	0.84
1 000	0.85	0.85	0.84	/	0.84	0.85	0.84
1 500	0.86	0.85	0.86	/	0.85	0.85	0.84
2 000	0.86	0.86	0.79	/	0.85	0.85	0.85

　　将非巡航段风与巡航段风比例更改会 0.85 后,几种方法所计算的地面距离与空中距离关系与表 2 - 27 所示相当,如表 2 - 29、表 2 - 30 和表 2 - 31 所示,误差在±0.2%之内,且这样的误差多半是由于四舍五入等所导致。

表 2 - 29　A320 - 200 飞机飞行计划地面距离与空中距离关系

0.78 Ma 地面距离/n mile	空中距离/n mile						
	−150	−100	−50	0	50	100	150
500	750.7	643.3	562.7	500	449.8	408.8	374.6
1 000	1 500.6	1 286.1	1 125.2	1 000	899.9	817.9	749.6
1 500	2 250.2	1 928.8	1 687.6	1 500	1 349.9	1 227.0	1 124.7
2 000	2 999.6	2 571.5	2 250.1	2 000	1 799.9	1 636.2	1 499.7

表 2 - 30　A320 - 200 飞机相邻内插地面距离与空中距离关系

0.78 Ma 地面距离/n mile	空中距离/n mile						
	−150	−100	−50	0	50	100	150
500	751.2	643.4	562.7	500	449.9	408.9	374.7
1 000	1 501.1	1 286.3	1 125.2	1 000	899.9	818.0	749.7
1 500	2 250.9	1 929.0	1 687.7	1 500	1 349.9	1 227.1	1 124.8
2 000	3 000.7	2 571.8	2 250.1	2 000	1 799.9	1 636.2	1 499.8

表 2 - 31　A320 - 200 飞机线性拟合地面距离与空中距离关系

0.78 Ma 地面距离/n mile	空中距离/n mile						
	−150	−100	−50	0	50	100	150
500	751.3	643.5	562.7	500	449.8	408.8	374.7
1 000	1 501.0	1 286.2	1 125.2	1 000	899.9	818.0	749.8
1 500	2 250.6	1 928.9	1 687.6	1 500	1 349.9	1 227.1	1 124.8
2 000	3 000.3	2 571.6	2 250.0	2 000	1 800.0	1 636.3	1 499.9

2.5.4　几点讨论

1. 小时油耗

航空公司运营时往往关注小时油耗,尤其是飞行员。飞行员往往通过小时油耗来估算所需油量。这样虽然不准确,但却很实用。这不同于汽车,汽车常用百公里油耗而不是小时油耗来描述耗油率。百公里油耗类似于飞机的比航程,是指消耗单位燃油所飞过的水平距离,也称为航程燃油比。根据比航程的定义,可以推导出其与小时油耗之间的关系,如式(2-50)所示。至于原因也比较直接,由于飞机飞行过程中速度相比汽车行驶过程中更为稳定。因而使用小时油耗来估算较为方便和准确。

$$\text{SR} = \frac{\text{Distance}}{\text{Fuel}} = \frac{\text{Distance}/\text{Time}}{\text{Fuel}/\text{Time}} = \frac{\text{TAS}}{\text{FF}} \qquad \text{式}(2-50)$$

式中:

SR——比航程;

Distance——里程;

Fuel——消耗燃油;

Time——飞行时间;

TAS——真空速;

FF——小时油耗。

小时油耗分为小时轮挡油耗、小时航程油耗两种。以 A320-200 飞机为例（见图 2-39），小时轮挡油耗随航程增加而增加,但是小时航程油耗随航程先减小后增加。即小时航程油耗存在最小值,在该飞行剖面下最小值为 2 390.6 kg/h,此时航程为 1 441 n mile。在不同条件下该极值存在一定变化,但线型趋势仍保持不变。例如,当巡航速度改为 LRC 时,小时航程油耗的极值为 2 328.0 kg/h,此时航程为 1 360 n mile。且短航程小时油耗变化率大于长航程小时油耗变化率。因此,从省油角度来考虑,一般推荐使用长航程。而由于长航程小时航程油耗变化率较小,的确可以近似估算所需油量。小时轮挡油耗则受滑行时间的影响很大,当滑行时间增加会大幅降低小时轮挡油耗。因为一般滑行耗油率仅是巡航耗油率的 1/4。

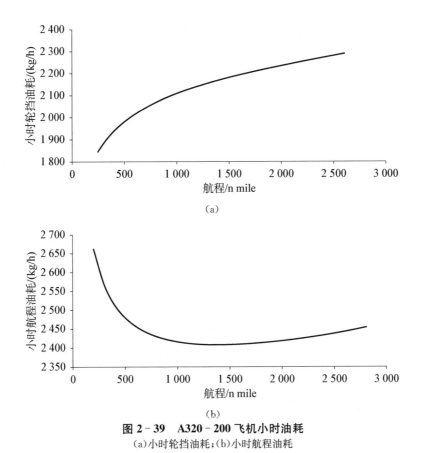

图 2-39 A320-200 飞机小时油耗
(a)小时轮挡油耗;(b)小时航程油耗

此时,需要有对应飞行小时的估算。图 2-40 为 A320-200 飞机航程平均真空速,可以看出在 1 000 n mile 以上时,航程平均真空速随航程的变化变缓。因此,当较长航程时可以通过某一固定的平均真空速来替代各航程的真实航程平均真空速。如在 1 000 n mile 以上,航程平均真空速在 420 kn 附近。因而性能工程师们也往往习惯使用飞行时间来对应航程。但当巡航速度、爬升和下降速度等发生变化后,平均真空速必然也会产生变化。

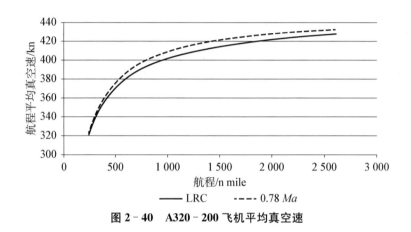

图 2-40 A320-200 飞机平均真空速

对于不同巡航速度所对应的航程平均真空速为:在 ISA 条件下,35 000 ft 时,巡航马赫数每增加 0.1 Ma,巡航真空速增加 5.76 kn,如式(2-51)所示;航程平均真空速增加为 4~4.5 kn。即若对应 0.78 Ma 的航程平均真空速为 420 kn,那么 0.76 Ma 所对应的航程平均真空速为 411~412 kn。

$$\Delta v = \Delta Ma \times \sqrt{kRT}$$
$$= 0.1 \times \sqrt{1.4 \times 287.06 \times (273.15 + 15 - 1.98 \times 35)} \times 3\,600 \div 1\,852$$
$$= 5.76 \text{ kn} \qquad\qquad \text{式}(2-51)$$

对于不同巡航速度所对应的平均小时航程油耗也是有差异的。当处于速度操纵正区或稳定飞行速度区域(巡航时都处于该速度区域),即速度大于最小推力或最小阻力所对应速度区域,随着速度的增加阻力和所需推力是增加的(见图 2-41),此时燃油消耗也必然增加。我们使用典型巡航速度、典型剖面条件下的小时航程油耗进行估算,此时油耗和时间的快速估算公式如下:

$$\text{TripTime(h)} = \frac{D(\text{n mile})}{V(\text{kn})} = \frac{D(\text{n mile})}{425(\text{kn})} \qquad\qquad \text{式}(2-52)$$

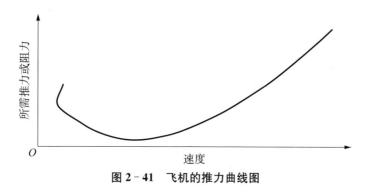

图 2 - 41　飞机的推力曲线图

$$\mathrm{TripFuel(kg)=FF(kg/h)\times TripTime(h)=2.4(kg/h)\times\frac{\mathit{D}(n\ mile)}{425(kn)}}$$

式(2 - 53)

其计算误差如表 2 - 32 和图 2 - 42 所示，可以看出在长航程的误差较小，即 1%～2% 附近。这样的误差对于飞行员快速估算所需油耗还是非常有效的。飞行员和性能工程师甚至会使用该方法来估算飞机的可飞航程。例如，对于 20 t 油箱的飞机，最大起飞重量时载油量为 18 t，小时航程油耗为 2.4 t/h。

表 2 - 32　航程油耗和时间快速估算误差对比

航程距离 /n mile	基准值		快速估算值	
	航程油耗/kg	航程时间/h	航程油耗/kg	航程时间/h
500	3 281.4	1.33	2 823.5	1.18
650	4 050.9	1.67	3 670.6	1.53
800	4 825.8	2.00	4 517.6	1.88
1 000	5 866.8	2.44	5 647.1	2.35
1 200	6 916.6	2.89	6 776.5	2.82
1 400	7 975.3	3.34	7 905.9	3.29
1 600	9 044.9	3.78	9 035.3	3.76
1 800	10 124.3	4.23	10 164.7	4.24
2 000	11 214.2	4.67	11 294.1	4.71
2 200	12 315.1	5.12	12 423.5	5.18
2 400	13 429.3	5.56	13 552.9	5.65
2 600	14 557.3	6.01	14 682.4	6.12

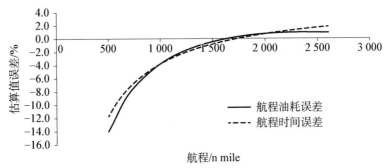

图 2 - 42　航程油耗和时间快速估算误差

对于国内航线规则,在落地油量为 1.5 h 飞行所对应的油耗下,航程为 2 550 n mile,估算过程如式(2-54)所示。

$$\left(\frac{18(\text{t})}{2.4(\text{kg/h})}-1.5(\text{h})\right)\times425(\text{kn})=2\,550(\text{n mile}) \qquad 式(2-54)$$

此时满油航程为 2 904 n mile,如式(2-55)所示。

$$\left(\frac{20(\text{t})}{2.4(\text{kg/h})}-1.5(\text{h})\right)\times425(\text{kn})=2\,904(\text{n mile}) \qquad 式(2-55)$$

对于国际航线规则,在落地油量为 1.35 h 飞行所对应的油耗和应急燃油下,相应的航程为 2 483 n mile,满油航程为 2 819 n mile。

$$\left(\frac{18(\text{t})}{2.4(\text{kg/h})}-1.35(\text{h})\right)\times(1-5\%)\times425(\text{kn})=2\,483(\text{n mile})$$

$$式(2-56)$$

$$\left(\frac{20(\text{t})}{2.4(\text{kg/h})}-1.35(\text{h})\right)\times(1-5\%)\times425(\text{kn})=2\,819(\text{n mile})$$

$$式(2-57)$$

【知识点 2 - 5:落地油量】

落地油量是指飞机在目标机场着陆时的所剩余的油量,也称为落地剩油。一般包括两部分,所需储备油和额外携带但未使用的油。其中所需储备油包括:备降燃油、等待燃油和应急燃油(按需)。额外携带但未使用的油包括:公司备份油、额外燃油。如图 2-28 所示。

对于国内航线,等待燃油为正常巡航 45 min 油耗,备降燃油为 200 n mile 备降油耗,无应急燃油。此时可估算落地油量为 1.5～2.0 h,取决于备降距离等因素,如表 2-33 所示。

表 2-33　A320-200 飞机国内航线落地油量

	备降距离/n mile	200	300	400
备降 LRC	备降巡航高度/ft	20 000	33 000	36 000
	等待 45 min 落地油量/h	1.53	1.75	1.95
	巡航 45 min 落地油量/h	1.57	1.79	1.98
备降 0.78 Ma	备降巡航高度/ft	33 000	36 000	38 000
	等待 45 min 落地油量/h	1.59	1.79	1.98
	巡航 45 min 落地油量/h	1.68	1.85	2.02

注:计算条件为 800 n mile 航程,与本节其他计算条件相同。

对于国际航线,等待燃油为备降机场上空 1500 ft 等待 30 min,备降燃油为 200 n mile 或实际备降距离备降油耗,应急燃油为飞行时间或飞行油耗的一定比值。此时可估算落地油量为 1.35～1.80 h,再加上主航段飞行时间的比例,可近似使用应急燃油是飞行时间或飞行油耗的比值,如表 2-34 所示。但当航程加长后,就应当适当减小该比值。

表 2-34　A320-200 飞机国际航线落地油量

	备降距离/n mile	200	300	400
备降 LRC	备降巡航高度/ft	20 000	33 000	36 000
	等待 30 min 和备降落地油量/h	1.35	1.60	1.80
	飞行时间/h		2.00	
	应急燃油落地油量/h		0.19	
备降 0.78 Ma	备降巡航高度/ft	33 000	36 000	38 000
	等待 30 min 和备降落地油量/h	1.41	1.61	1.80
	飞行时间/h		2.00	
	应急燃油落地油量/h		0.19	

注:计算条件为 800 n mile,10% 飞行时间应急油。

国际公认的落地油量水平为 1.25 h,这是一个相当高的水平。这取决于备降距离等各种因素的影响,若对于国际航线还取决于是否采用二次放行等的影响。

2. 数据间隔

根据分段线性插值的误差计算式(2-26),以及差商计算式(2-31)所示,可以计算出表 2-17 和表 2-18 的 A320-200 飞机轮挡油耗和时间数据理论误差,如表 2-35 所示。

表 2-35　A320-200 飞机轮挡油耗、时间分段线性拟合数据误差

航程距离 /n mile	轮挡油耗误差		轮挡时间误差		小时轮挡油耗误差	
	绝对值/kg	相对值	绝对值/h	相对值	绝对值/(kg/h)	相对值
500						
650	50.4	1.15%	0.00006	0.0027%	−104.6	−5.2%
800						
1 000	110.1	1.77%	0.00042	0.0144%	−100.9	−4.8%
1 200	111.0	1.53%	−0.00009	−0.0026%	−65.2	−3.0%
1 400	137.6	1.65%	0.00079	0.0207%	−39.1	−1.8%
1 600	121.5	1.29%	0.00001	0.0002%	−31.1	−1.4%
1 800	131.0	1.25%	0.00099	0.0209%	−21.6	−1.0%
2 000	137.7	1.19%	0.00022	0.0043%	−15.0	−0.7%
2 200	166.4	1.31%	0.00051	0.0091%	−7.1	−0.3%
2 400	172.4	1.25%	0.00047	0.0077%	−4.7	−0.2%
2 600						

其等效的误差公式可简化为式(2-58)所示,相对误差如式(2-59)所示。从中可以看出,为了降低误差尤其是相对误差时,最直接有效的方法就是减小 h,即缩短数据间隔。

$$\max_{x_k \leqslant x \leqslant x_{k+1}} |f(x) - P_1(x)| \leqslant \frac{M_2}{8} h^2$$

$$= \frac{\max\limits_{a \leqslant x \leqslant b} \left| \dfrac{f(x+h) - 2f(x) + f(x-h)}{2h} + O(h^2) \right|}{8} h^2$$

$$= \max_{a \leqslant x \leqslant b} \left| \frac{f(x+h) - 2f(x) + f(x-h)}{16} h + O(h^2) \right|$$

式(2-58)

$$\frac{\max\limits_{x_k \leqslant x \leqslant x_{k+1}} |f(x) - P_1(x)|}{f(x)} \leqslant \max_{a \leqslant x \leqslant b} \left| \frac{f(x+h) - 2f(x) + f(x-h)}{16 f(x)} h + O(h^2) \right|$$

式(2-59)

可以看出,在目前的数据间隔之下,即航程距离间隔为 200 n mile 时,轮挡时间的精准度远高于轮挡油耗的精准度。

进行不同数据间隔的理论误差分析,如表 2‐36 所示。可以看出,当航程距离间隔从 200 n mile 缩减到 50 n mile 后,轮挡油耗误差已经非常低。但当数据间隔缩短后,虽然可以大幅度提高精度,却降低了运算速度。因此,通常的做法是在误差相对较大的区域内缩小数据间隔,而在误差相对较小的区域内保持数据间隔,如图 2‐43 所示。为了同时提高数据精度和保证数据量不会太大,在 1500 n mile 以内的航线距离可选用更短的数据间隔,而在 1500 n mile 以上的航线距离则可选用较大的数据间隔。

表 2‐36 A320‐200 飞机不同航程距离间隔轮挡油耗、时间分段线性拟合理论误差

航程距离间隔 /n mile	轮挡油耗误差		轮挡时间误差	
	最大误差/%	平均误差/%	最大误差/%	平均误差/%
200	2.50	1.54	0.020 3	0.008 4
150	1.21	0.66	0.014 3	0.005 8
100	0.36	0.20	0.006 7	0.002 2
50	0.06	0.03	0.002 6	0.000 6

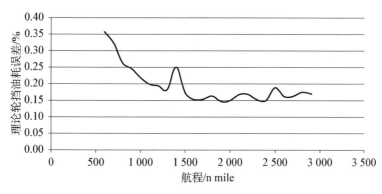

图 2‐43 A320‐200 飞机 100 n mile 航程距离间隔时分段线性拟合轮挡油耗理论误差

同时,使用飞行计划方法对比获取实际误差值,如表 2‐37 所示。可知实际误差比理论误差要小很多。在本案例中,我们所采用的是 800 n mile 以内选用 150 n mile 的航程距离间隔,800 n mile 以上选用 200 n mile 的航程距离间隔,基本可以满足精度要求。

表 2 - 37　A320 - 200 飞机不同航程距离间隔轮挡油耗、时间分段线性拟合实际误差

航程距离间隔 /n mile	轮挡油耗误差		轮挡时间误差	
	最大误差/%	平均误差/%	最大误差/%	平均误差/%
200	0.025 3	0.010 7	0.000 8	0.000 1
150	0.014 6	0.006 1	0.000 6	0.000 1
100	0.007 5	0.002 7	0.000 6	0.000 1
50	0.003 5	0.000 7	0.000 6	0.000 0

采用相同的方法分析可以获得风影响下的等效航程的数据间隔需求。即一般使用航程间隔为 500 n mile,风间隔为 50 kn。而且风的误差影响相较航程的误差影响更大一些。具体计算方法与轮挡油耗、轮挡时间数据间隔相同,就不再赘述。

3. 敏感性

航空公司实际运营时往往都不是处于我们所假设的标准剖面下,因而需要对航程和轮挡性能进行修正。实际上飞行手册上也往往采用修正的方法来考虑一些次要影响因素。下面就一些其他影响因素进行分析。上文中其实已对备降滑入时间进行了敏感性分析。

(1) 业载。

每减少 1 人(90 kg),轮挡油耗约降低 2~12 kg,即 0.06%~0.08% 之间。且随着航程增加,降低油耗值会线性增加(见表 2 - 38)。而轮挡时间虽也略有变化的变化,但不显著(见表 2 - 39),主要是由于航程影响起飞和着陆重量,进而影响爬升和下降时间,对定速巡航时间却不产生影响。

去除航程影响因素后,每 100 n mile 每减少 1 人(90 kg),轮挡油耗约降低 0.4 kg。

表 2 - 38　A320 - 200 飞机不同乘客数的轮挡油耗　　　　　　　　单位:kg

航程距离 /n mile	乘客数/人					
	150	140	130	120	110	100
500	3 625.0	3 604.3	3 582.6	3 560.4	3 538.8	3 517.3
650	4 394.1	4 368.5	4 341.7	4 314.9	4 287.7	4 261.4
800	5 168.6	5 136.9	5 104.8	5 072.9	5 041.1	5 009.1
1 000	6 209.0	6 169.4	6 128.9	6 089.8	6 051.3	6 012.9

（续表）

航程距离 /n mile	乘客数/人					
	150	140	130	120	110	100
1 200	7 258.3	7 210.9	7 161.8	7 114.2	7 068.5	7 023.3
1 400	8 316.4	8 261.2	8 203.8	8 147.6	8 093.2	8 040.7
1 600	9 385.4	9 320.4	9 254.6	9 190.1	9 127.0	9 065.6
1 800	10 464.3	10 390.8	10 314.3	10 241.2	10 169.7	10 099.7
2 000	11 553.5	11 470.8	11 385.3	11 301.4	11 221.3	11 142.8
2 200	12 653.6	12 561.3	12 465.8	12 372.9	12 281.7	12 194.6
2 400	13 767.1	13 663.0	13 556.9	13 453.9	13 353.7	13 255.3
2 600	14 894.2	14 778.0	14 659.3	14 545.5	14 435.1	14 327.7

表 2 - 39　A320 - 200 飞机不同乘客数的轮挡时间　　　　　单位:h

航程距离 /n mile	乘客数/人					
	150	140	130	120	110	100
500	1.83	1.83	1.83	1.83	1.83	1.83
650	2.17	2.16	2.16	2.16	2.16	2.16
800	2.50	2.50	2.50	2.50	2.49	2.49
1 000	2.94	2.94	2.94	2.94	2.94	2.94
1 200	3.39	3.39	3.39	3.39	3.39	3.38
1 400	3.84	3.83	3.83	3.83	3.83	3.83
1 600	4.28	4.28	4.28	4.28	4.28	4.28
1 800	4.73	4.73	4.72	4.72	4.72	4.72
2 000	5.17	5.17	5.17	5.17	5.17	5.17
2 200	5.62	5.62	5.62	5.61	5.61	5.61
2 400	6.06	6.06	6.06	6.06	6.06	6.06
2 600	6.51	6.51	6.51	6.51	6.50	6.50

（2）航路温度。

每增加 1℃，轮挡油耗的增加或减少是不确定的。当航程较短时，轮挡油耗降低；当航程较长时，轮挡油耗增加（见表 2 - 40）。因为，当温度增加时真空速将增加，即巡航时间将减少，但小时耗油率也增加。两者叠加后就可以发现轮挡油耗随温度的变化率与航程之间呈抛物线关系。

表 2 - 40　A320 - 200 飞机不同航路温度的轮挡油耗　　　　单位：kg

航程距离 /n mile	航路温度				
	ISA	ISA +5℃	ISA +10℃	ISA +15℃	ISA +20℃
500	3 625.0	3 624.43	3 622.31	3 620.18	3 619.60
650	4 394.1	4 395.97	4 395.84	4 395.54	4 397.23
800	5 168.6	5 172.89	5 174.74	5 176.41	5 180.34
1 000	6 209.0	6 216.51	6 220.93	6 225.34	6 232.41
1 200	7 258.3	7 268.96	7 275.99	7 283.06	7 293.40
1 400	8 316.4	8 330.32	8 339.98	8 349.87	8 363.42
1 600	9 385.4	9 402.76	9 415.12	9 427.98	9 444.70
1 800	10 464.3	10 485.04	10 500.23	10 515.96	10 536.02
2 000	11 553.5	11 577.85	11 595.88	11 614.70	11 638.50
2 200	12 653.6	12 681.89	12 703.01	12 725.31	12 752.96
2 400	13 767.1	13 799.31	13 823.54	13 849.35	13 881.06
2 600	14 894.2	14 930.78	14 958.40	14 987.70	15 023.58

每增加 1℃，轮挡时间约降低 0.1～0.7 min，即 0.09%～0.18% 之间（见表 2 - 41）。主要由于巡航等马赫飞行时，真空速随着温度的增加而增加。虽然爬升和下降时，随着温度的增加所需时间在增加。但其增加量相较巡航段的影响更小一些。且当航程越长，巡航段所占比重越大，则轮挡时间降低值越大。

表 2 - 41　A320 - 200 飞机不同航路温度的轮挡时间　　　　单位：h

航程距离 /n mile	航路温度				
	ISA	ISA +5℃	ISA +10℃	ISA +15℃	ISA +20℃
500	1.83	1.82	1.81	1.81	1.80
650	2.17	2.15	2.14	2.13	2.12
800	2.50	2.48	2.47	2.45	2.44
1 000	2.94	2.92	2.90	2.88	2.86
1 200	3.39	3.36	3.34	3.31	3.29
1 400	3.84	3.81	3.78	3.75	3.72
1 600	4.28	4.25	4.21	4.18	4.15
1 800	4.73	4.69	4.65	4.61	4.57
2 000	5.17	5.13	5.08	5.04	5.00
2 200	5.62	5.57	5.52	5.47	5.43
2 400	6.06	6.01	5.96	5.90	5.85
2 600	6.51	6.45	6.39	6.34	6.28

去除航程影响因素后,每100 n mile每增加1℃,轮挡时间约降低0.025 min。

(3) 飞行高度。

飞行高度每降低1 000 ft,轮挡油耗增加34～312 kg,即0.94%～2.10%之间,且随着航程的增加,轮挡油耗增加越多(见表2-42)。虽然由于飞行高度降低,在平流层以下等马赫数飞行时,温度增加,则真空速增加,但是耗油率也增加。因而,最终导致油耗增加。这也是为什么在非逆风情况下,飞机飞得越高越省油,即阶梯巡航或申请更高的巡航高度。

表 2-42 A320-200飞机不同飞行高度的轮挡油耗　　　　　　单位:kg

航程距离/n mile	飞行高度/ft					
	35 000	34 000	33 000	32 000	31 000	30 000
500	3 626.4	3 660.6	3 696.7	3 740.9	3 787.0	3 838.5
650	4 395.9	4 449.0	4 503.7	4 569.7	4 637.3	4 713.7
800	5 170.8	5 242.2	5 315.0	5 402.4	5 491.1	5 592.8
1 000	6 211.8	6 307.0	6 403.1	6 518.6	6 635.2	6 770.7
1 200	7 261.6	7 379.9	7 498.8	7 642.6	7 787.1	7 956.1
1 400	8 320.3	8 461.0	8 601.7	8 774.0	8 946.5	9 148.4
1 600	9 389.9	9 552.2	9 713.8	9 913.7	10 113.6	10 347.8
1 800	10 469.3	10 652.3	10 834.2	11 061.6	11 288.5	11 554.7
2 000	11 559.2	11 762.2	11 963.5	12 218.1	12 471.5	12 769.2
2 200	12 660.1	12 882.8	13 103.1	13 384.1	13 662.9	13 991.9
2 400	13 774.3	14 015.4	14 253.2	14 559.3	14 862.3	15 222.8
2 600	14 902.3	15 160.9	15 414.6	15 744.8	16 070.9	16 462.4

去除航程影响因素后,每100 n mile每降低1 000 ft,轮挡油耗约增加10 kg。

飞行高度每降低1 000 ft,轮挡时间降低0.2～1.4 min,即0.02%～0.04%之间,且随着航程的增加,轮挡时间降低越多(见表2-43)。虽然飞行高度降低后,爬升和下降时间也有所减少,但巡航所占比重更大,因而最终仍使得轮挡时间降低。且当航程增加后,巡航段所占比重增加,轮挡时间降低更加显著。

表 2-43 A320-200飞机不同飞行高度的轮挡时间　　　　　　单位:h

航程距离/n mile	飞行高度/ft					
	35 000	34 000	33 000	32 000	31 000	30 000
500	1.83	1.83	1.83	1.83	1.83	1.83
650	2.17	2.16	2.16	2.16	2.16	2.16

（续表）

航程距离 /n mile	飞行高度/ft					
	35 000	34 000	33 000	32 000	31 000	30 000
800	2.50	2.50	2.50	2.50	2.49	2.49
1 000	2.94	2.94	2.94	2.94	2.94	2.94
1 200	3.39	3.39	3.39	3.39	3.39	3.38
1 400	3.84	3.83	3.83	3.83	3.83	3.83
1 600	4.28	4.28	4.28	4.28	4.28	4.28
1 800	4.73	4.73	4.72	4.72	4.72	4.72
2 000	5.17	5.17	5.17	5.17	5.17	5.17
2 200	5.62	5.62	5.62	5.61	5.61	5.61
2 400	6.06	6.06	6.06	6.06	6.06	6.06
2 600	6.51	6.51	6.51	6.51	6.50	6.50

去除航程影响因素后，每 100 n mile 每降低 1 000 ft，轮挡时间约降低 0.05 min。

（4）飞行速度。

飞行速度每降低 $0.01\,Ma$，轮挡油耗降低 8～59 kg，即 1.69%～2.69% 之间，且随着航程的增加，轮挡油耗减少越多（见表 2 - 44）。当然这仅在一定速度范围内，当增加速度范围后将出现抛物线变化趋势。

表 2 - 44　　A320 - 200 飞机不同巡航速度的轮挡油耗　　　　　　单位：kg

航程距离 /n mile	巡航速度/Ma				
	0.78	0.77	0.76	0.75	0.74
500	3 625	3 615.2	3 604	3 596.4	3 591.2
650	4 394.1	4 379.6	4 362.9	4 351.4	4 343.9
800	5 168.6	5 149.6	5 127.7	5 112.5	5 102.6
1 000	6 209	6 184.3	6 156.1	6 136	6 122.9
1 200	7 258.3	7 228	7 193.8	7 168.7	7 152.9
1 400	8 316.4	8 281	8 241.2	8 210.9	8 192.8
1 600	9 385.4	9 345.7	9 300.7	9 265	9 245.5
1 800	10 464.3	10 421.2	10 371.5	10 331	10 311
2 000	11 553.5	11 508.1	11 453.5	11 409.3	11 390.1
2 200	12 653.6	12 606.9	12 546.9	12 500.3	12 483.2
2 400	13 767.1	13 720.3	13 654.3	13 606.2	13 592.4
2 600	14 894.2	14 849	14 775.7	14 728	14 717.6

去除航程影响因素后,每 100 n mile 每降低 $0.01Ma$,轮挡油耗约减少 2.3 kg。

飞行速度每降低 $0.01Ma$,轮挡时间增加 $0.6\sim4.2$ min,即 $0.46\%\sim1.16\%$ 之间,且随着航程的增加,轮挡时间增加越多(见表 2-45)。

表 2-45 A320-200 飞机不同巡航速度的轮挡时间   单位:h

航程距离 /n mile	巡航速度/Ma				
	0.78	0.77	0.76	0.75	0.74
500	1.83	1.84	1.85	1.86	1.87
650	2.17	2.18	2.19	2.2	2.22
800	2.5	2.52	2.53	2.55	2.57
1 000	2.94	2.97	2.99	3.01	3.04
1 200	3.39	3.42	3.45	3.48	3.51
1 400	3.84	3.87	3.9	3.94	3.98
1 600	4.28	4.32	4.36	4.4	4.45
1 800	4.73	4.77	4.82	4.87	4.92
2 000	5.17	5.22	5.28	5.33	5.39
2 200	5.62	5.68	5.73	5.79	5.85
2 400	6.06	6.13	6.19	6.26	6.32
2 600	6.51	6.58	6.65	6.72	6.79

去除航程影响因素后,每 100 n mile 每降低 $0.01Ma$,轮挡时间约增加 0.14 min。

(5) 备降距离。

备降距离每增加 100 n mile,轮挡油耗增加 $14\sim84$ kg,即 $0.4\%\sim0.6\%$ 之间,且随着航程的增加,轮挡油耗增加越多(见表 2-46)。轮挡时间变化不显著,原因与业载对轮挡时间影响类似(见表 2-47)。

表 2-46 A320-200 飞机不同备降距离的轮挡油耗   单位:kg

航程距离 /n mile	备降距离/n mile			
	200	300	400	500
500	3 625.0	3 640.3	3 654.6	3 669.6
650	4 394.1	4 413.9	4 432.3	4 451.1
800	5 168.6	5 192.6	5 214.9	5 237.5
1 000	6 209.0	6 238.8	6 266.0	6 293.8

（续表）

航程距离/n mile	备降距离/n mile			
	200	300	400	500
1 200	7 258.3	7 293.6	7 326.1	7 360.4
1 400	8 316.4	8 358.4	8 397.6	8 437.3
1 600	9 385.4	9 433.9	9 478.6	9 524.3
1 800	10 464.3	10 519.3	10 570.1	10 622.1
2 000	11 553.5	11 615.3	11 673.0	11 732.8
2 200	12 653.6	12 723.8	12 789.3	12 856.7
2 400	13 767.1	13 845.6	13 919.7	13 996.6
2 600	14 894.2	14 982.9	15 066.3	15 153.2

表 2 - 47 A320 - 200 飞机不同备降距离的轮挡时间   单位：h

航程距离/n mile	备降距离/n mile			
	200	300	400	500
500	1.83	1.83	1.83	1.83
650	2.17	2.17	2.17	2.17
800	2.50	2.50	2.50	2.50
1 000	2.94	2.94	2.95	2.95
1 200	3.39	3.39	3.39	3.39
1 400	3.84	3.84	3.84	3.84
1 600	4.28	4.28	4.28	4.28
1 800	4.73	4.73	4.73	4.73
2 000	5.17	5.17	5.17	5.17
2 200	5.62	5.62	5.62	5.62
2 400	6.06	6.06	6.07	6.07
2 600	6.51	6.51	6.51	6.51

去除航程影响因素后，每 100 n mile 每增加 100 n mile 备降距离，轮挡油耗约增加 2.8 kg。

除此之外，影响因素还有很多，包括 OEW 增加、机场标高、备降巡航速度、备降巡航高度、备降巡航温度、APU 地面使用时间等。这些影响都将一定程度上改变轮挡油耗和轮挡时间。因而，影响因素太多后一般采用飞行计划的方法进行测算。

2.5.5 备选航线轮挡性能

采用以上方法对各机型备选航线的轮挡性能进行计算,其中航线距离使用大圆航距增加 3%,温度使用 ISA,乘客数均为 160 人,结果如表 2-48~表 2-51 所示。各机型轮挡时间差异不显著,主要体现在轮挡油耗上的差异。轮挡油耗由高到低依次为波音 737-800 飞机、A320-200 飞机、A320neo 飞机和波音 737MAX8 飞机,如表 2-52 所示,且最大油耗差异达到 18% 以上。

表 2-48　A320-200 飞机轮挡性能

航程距离 /n mile	巡航距离 /n mile	非巡航距离/n mile	轮挡油耗/kg	轮挡时间/h	巡航时间/min	非巡航时间/min	巡航平均速度/kn	非巡航平均速度/kn
500	285.3	214.8	3 648.9	1.83	38.1	33.9	449.6	380.6
650	432.9	217.2	4 425.1	2.17	57.8	34.2	449.6	380.9
800	580.4	219.7	5 206.2	2.50	77.5	34.6	449.6	381.2
1 000	776.9	223.3	6 255.4	2.95	103.7	35.1	449.6	381.7
1 200	973.2	226.9	7 313.5	3.39	129.9	35.6	449.6	382.2
1 400	1 169.3	230.8	8 382.4	3.84	156.1	36.2	449.6	382.7
1 600	1 365.4	234.8	9 461.1	4.28	182.2	36.8	449.6	383.2
1 800	1 561.0	239.1	10 550.3	4.73	208.3	37.4	449.6	383.7
2 000	1 756.6	243.6	11 650.3	5.17	234.4	38.0	449.6	384.3
2 200	1 951.7	248.5	12 763.7	5.62	260.5	38.7	449.6	384.8
2 400	2 146.6	253.6	13 890.7	6.07	286.5	39.5	449.6	385.5
2 600	2 340.9	259.3	15 033.7	6.51	312.4	40.3	449.6	386.2

表 2-49　A320neo 飞机轮挡性能

航程距离 /n mile	巡航距离 /n mile	非巡航距离/n mile	轮挡油耗/kg	轮挡时间/h	巡航时间/min	非巡航时间/min	巡航平均速度/kn	非巡航平均速度/kn
500	302.8	197.3	3 244.5	1.83	40.4	31.5	449.6	376.3
650	451.1	199.0	3 922.5	2.17	60.2	31.7	449.6	376.6
800	599.3	200.7	4 604.2	2.50	80.0	32.0	449.6	376.8
1 000	796.9	203.1	5 519.1	2.94	106.4	32.3	449.6	377.2
1 200	994.4	205.7	6 440.8	3.39	132.7	32.7	449.6	377.6
1 400	1 191.8	208.3	7 369.8	3.84	159.0	33.1	449.6	378.0
1 600	1 389.1	211.0	8 307.1	4.28	185.4	33.5	449.6	378.3
1 800	1 586.3	213.7	9 252.3	4.73	211.7	33.9	449.6	378.7
2 000	1 783.3	216.7	10 205.9	5.17	238.0	34.3	449.6	379.2

（续表）

航程距离/n mile	巡航距离/n mile	非巡航距离/n mile	轮挡油耗/kg	轮挡时间/h	巡航时间/min	非巡航时间/min	巡航平均速度/kn	非巡航平均速度/kn
2 200	1 980.3	219.8	11 167.8	5.62	264.3	34.7	449.6	379.6
2 400	2 177.0	223.1	12 139.1	6.06	290.5	35.2	449.6	380.2
2 600	2 373.6	226.5	13 119.5	6.51	316.8	35.7	449.6	380.8

表 2-50　波音 737-800 飞机轮挡性能

航程距离/n mile	巡航距离/n mile	非巡航距离/n mile	轮挡油耗/kg	轮挡时间/h	巡航时间/min	非巡航时间/min	巡航平均速度/kn	非巡航平均速度/kn
500	296.2	203.8	3 778.5	1.85	39.0	35.7	455.4	342.6
650	444.2	205.8	4 603.7	2.18	58.5	36.0	455.4	342.8
800	591.9	208.1	5 433.3	2.51	78.0	36.4	455.4	343.5
1 000	788.8	211.3	6 548.7	2.95	103.9	36.8	455.4	344.4
1 200	985.6	214.4	7 676.6	3.39	129.9	37.3	455.4	345.4
1 400	1 182.4	217.6	8 817.1	3.82	155.6	37.7	455.4	346.3
1 600	1 378.9	221.1	9 975.3	4.26	181.7	38.2	455.4	347.6
1 800	1 575.0	225.1	11 151.1	4.70	207.5	38.6	455.4	349.5
2 000	1 771.0	229.1	12 342.1	5.14	233.3	39.1	455.4	351.4
2 200	1 966.9	233.1	13 551.5	5.58	259.1	39.6	455.4	353.4
2 400	2 162.6	237.5	14 778.3	6.02	284.9	40.1	455.4	355.0
2 600	2 356.9	243.2	16 016.4	6.46	310.5	41.1	455.4	354.7

表 2-51　波音 737MAX8 飞机轮挡性能

航程距离/n mile	巡航距离/n mile	非巡航距离/n mile	轮挡油耗/kg	轮挡时间/h	巡航时间/min	非巡航时间/min	巡航平均速度/kn	非巡航平均速度/kn
500	286.9	213.2	3 091.4	1.85	38.3	37.0	449.6	345.5
650	435.2	214.9	3 769.0	2.18	58.1	37.3	449.6	345.8
800	583.4	216.7	4 451.0	2.51	77.9	37.6	449.6	346.1
1 000	780.9	219.1	5 367.1	2.96	104.2	37.9	449.6	346.5
1 200	978.4	221.7	6 291.2	3.41	130.6	38.3	449.6	346.9
1 400	1 175.7	224.4	7 223.8	3.85	156.9	38.8	449.6	347.4
1 600	1 373.0	227.1	8 165.0	4.30	183.2	39.2	449.6	347.9
1 800	1 570.0	230.1	9 116.0	4.75	209.5	39.6	449.6	348.4
2 000	1 767.0	233.1	10 076.6	5.19	235.8	40.1	449.6	348.9

（续表）

航程距离 /n mile	巡航距离 /n mile	非巡航距离/n mile	轮挡油耗/kg	轮挡时间/h	巡航时间/min	非巡航时间/min	巡航平均速度/kn	非巡航平均速度/kn
2 200	1 963.7	236.4	11 048.5	5.64	262.1	40.6	449.6	349.4
2 400	2 160.4	239.8	12 030.7	6.08	288.3	41.1	449.6	350.0
2 600	2 356.7	243.5	13 024.8	6.53	314.5	41.7	449.6	350.6

表 2-52　5 架单通道飞机上海浦东备选航线各机型轮挡油耗　　　　单位：kg

序号	航线	大圆航距+3%/n mile	风/kn	A320-200	A320neo	波音737-800	波音737MAX8
1	上海浦东—西安	707	-106	5 770.8	5 106.0	6 060.4	4 973.4
			30	4 506.6	3 991.8	4 685.2	3 835.2
2	上海浦东—成都双流	947	-111	7 517.6	6 629.4	7 916.6	6 502.3
			24	5 738.4	5 066.7	5 995.6	4 911.4
3	上海浦东—沈阳	654	-22	4 608.8	4 084.0	4 802.7	3 933.5
			-43	4 779.1	4 234.2	4 988.4	4 087.0
4	上海浦东—大连	483	-34	3 745.4	3 330.8	3 888.5	3 182.3
			-34	3 745.4	3 330.8	3 888.5	3 182.3
5	上海浦东—武汉	403	-121	3 806.2	3 392.8	3 987.4	3 263.2
			23	3 056.8	2 726.1	3 144.2	2 570.8
6	上海浦东—重庆	812	-116	6 646.8	5 871.4	6 993.5	5 743.4
			21	5 091.1	4 502.4	5 307.6	4 346.8
7	上海浦东—福州	342	-72	3 118.5	2 786.3	3 235.3	2 644.7
			-8	2 859.4	2 555.4	2 940.7	2 403.6
8	上海浦东—哈尔滨	920	-14	5 983.2	5 282.5	6 261.0	5 132.1
			-45	6 343.8	5 599.2	6 649.9	5 454.2
9	上海浦东—海口	936	-81	6 941.2	6 123.4	7 294.1	5 986.8
			-2	5 941.1	5 244.9	6 214.4	5 092.9
10	上海浦东—桂林	736	-108	5 996.4	5 303.2	6 300.2	5 171.4
			7	4 818.4	4 265.1	5 019.9	4 111.1
11	上海浦东—长沙	495	-118	4 429.4	3 936.9	4 645.9	3 806.5
			15	3 548.2	3 155.7	3 668.3	3 000.9
12	上海浦东—厦门	454	-77	3 840.8	3 417.7	4 003.4	3 277.0
			-5	3 435.0	3 057.9	3 551.9	2 905.5
13	上海浦东　昆明	1 092	-109	8 503.7	7 486.4	8 965.4	7 362.6
			9	6 634.3	5 848.4	6 951.1	5 696.2

（续表）

序号	航线	大圆航距 +3%/n mile	风/kn	A320-200	A320neo	波音 737-800	波音 737MAX8
14	上海浦东—青岛	324	−50	2 916.5	2 608.0	3 013.0	2 462.4
			−21	2 808.9	2 512.0	2 890.2	2 361.9
15	上海浦东—北京首都	610	−64	4 699.8	4 166.7	4 910.1	4 023.3
			−1	4 225.1	3 747.7	4 390.9	3 594.5
16	上海浦东—济南	423	−76	3 641.3	3 243.3	3 791.4	3 102.4
			6	3 225.1	2 873.9	3 326.4	2 720.3
17	上海浦东—广州	667	−93	5 346.0	4 733.8	5 605.1	4 597.3
			1	4 507.0	3 993.7	4 690.1	3 840.2
18	上海浦东—郑州	462	−105	4 093.5	3 641.6	4 283.3	3 507.5
			26	3 334.2	2 968.3	3 438.9	2 812.5
19	上海浦东—深圳	685	−87	5 396.8	4 777.5	5 656.8	4 639.6
			−1	4 615.3	4 088.4	4 805.5	3 935.1
20	上海浦东—三亚	1 053	−75	7 596.0	6 692.7	7 989.4	6 556.8
			−4	6 584.1	5 805.5	6 899.1	5 654.8

各机型轮挡性能的数据将在第 3 章说明如何获取。

此时，A320-200 飞机轮挡性能计算拟合公式如式(2-60)～式(2-62)：

$$D_{equ(A320\text{-}200)} = (0.979 \times D - 202.6) \times \frac{499.6}{499.6 + \bar{v}_{cruwind}}$$

$$+ (0.021 \times D + 202.6) \times \frac{0.003 \times D + 379.1}{0.003 \times D + 379.1 + k \times \bar{v}_{cruwind}}$$

式(2-60)

$$\text{BlockFuel(kg)}_{A320\text{-}200} = 5.41 \times \text{Distance(n mile)} + 862.4 \quad 式(2-61)$$

$$\text{BlockTime(h)}_{A320\text{-}200} = 0.002\,23 \times \text{Distance(n mile)} + 0.718$$

式(2-62)

A320neo 飞机轮挡性能计算拟合公式如式(2-63)～式(2-65)：

$$D_{equ(A320neo)} = (0.986 \times D - 189.5) \times \frac{499.6}{499.6 + \bar{v}_{cruwind}}$$

$$+ (0.014 \times D + 189.5) \times \frac{0.002 \times D + 375.1}{0.002 \times D + 375.1 + k \times \bar{v}_{cruwind}}$$

式(2-63)

$$\text{BlockFuel(kg)}_{\text{A320neo}} = 4.50 \times \text{Distance(n mile)} + 836.5 \quad 式(2-64)$$

$$\text{BlockTime(h)}_{\text{A320neo}} = 0.00222 \times \text{Distance(n mile)} + 0.718$$
$$式(2-65)$$

波音737-800飞机轮挡性能计算拟合公式如式(2-66)~式(2-68):

$$D_{\text{equ(B737-800)}} = (0.982 \times D - 193.1) \times \frac{455.4}{455.4 + \bar{v}_{\text{cruwind}}}$$
$$+ (0.018 \times D + 193.1) \times \frac{0.006 \times D + 338.2}{0.006 \times D + 338.2 + k \times \bar{v}_{\text{cruwind}}}$$
$$式(2-66)$$

$$\text{BlockFuel(kg)}_{\text{B737-800}} = 5.82 \times \text{Distance(n mile)} + 758.1 \quad 式(2-67)$$

$$\text{BlockTime(h)}_{\text{B737-800}} = 0.00220 \times \text{Distance(n mile)} + 0.748$$
$$式(2-68)$$

波音737MAX8飞机轮挡性能计算拟合公式如式(2-69)~式(2-71):

$$D_{\text{equ(B737MAX8)}} = (0.986 \times D - 205.0) \times \frac{449.6}{449.6 + \bar{v}_{\text{cruwind}}}$$
$$+ (0.014 \times D + 205.0) \times \frac{0.003 \times D + 344.1}{0.003 \times D + 344.1 + k \times \bar{v}_{\text{cruwind}}}$$
$$式(2-69)$$

$$\text{BlockFuel(kg)}_{\text{B737MAX8}} = 4.72 \times \text{Distance(n mile)} + 660.4 \quad 式(2-70)$$

$$\text{BlockTime(h)}_{\text{B737MAX8}} = 0.00223 \times \text{Distance(n mile)} + 0.730$$
$$式(2-71)$$

2.6 小结

本章旨在用最简化也最常用的典型轮挡来描述飞行计划,并获得业载、航程、时间和油耗等主要参数,足够应对绝大多数市场相关的性能分析工作尤其是飞行计划方面,而且还补充了一些业载航程图等经典性能描述图表的说明和应用。与此同时,这里所提及的飞行剖面、相邻内插和轮挡等知识,在后续的飞行计划中也将用到,是非常重要的基础。

【本章思考】

（1）座级航程图、业载航程图和航程圈图是用于展示飞机整体性能最常用的几种图。

（2）以"以直代曲"理论为基础的相邻数据内插值是轮挡性能计算的最主要方法。

（3）轮挡性能其实就是简化的典型飞行计划。

3 进阶:飞行计划

3.1 概述

3.1.1 飞行计划定义

飞行计划最基本的内容是针对每一个航班算出允许的最大业载、轮挡油量、备份油量、起飞总油量、轮挡时间等各项数据,详细的飞行计划还应算出达到各航路点的时间,所消耗油量(或剩余油量),在各航路点的速度、航向等。飞行计划不同于飞机设计时的航程性能计算。飞行计划用于日常运营,需要与气象条件、空管条件紧密结合,且需要快速运算。飞机设计的航程性能计算则用于飞机性能评估,需要与飞机设计参数的变化紧密结合,一般没有很强的时效性要求。

制订合理的飞行计划不仅可以帮助航空公司提高航班经济效益,改善航线适应性,还可以提高运行的安全裕度。与此同时,飞行计划也是飞机制造商进行飞机产品的航线适应性分析、与竞争机型比较分析的重要途径之一,是运营经济性和航线网络规划等的重要输入,有助于飞机制造商确定飞机性能、支援市场营销和指导航空公司运营。

中国民用航空华东地区空中交通管理局(下文简称华东空管局)飞行服务中心设计与应用了基于分布式数据库的飞行计划系统,该飞行计划系统考虑了多种因素的影响,包括天气、场地、机型、航线距离等等,缩短了飞行计划系统工作的耗时,提高了工作效率。[17]华东空管局通过对现在华东地区的飞行计划管理运行模式进行梳理,并参考国内外的飞行计划管理模式的成功做法,结合华东地区的运行特点,探讨了如何建立完善的华东地区新的飞行计划管理运行模式,为未来华东地区的空中交通管理打下扎实基础。[18]民航数据通信有限责任公司和北京航空航天大学公开一种 ADS-B 航迹与飞行计划的相关处理系统。[19]中国民航大学公开一种适用于通用航空飞行的飞行计划评估系统级实现方法,包括微型计算机、至少一个数据库服务器,其中数据库服务器通过数字网络与微型计算机相连,用以分析地形、机型、飞行员资质、配载、燃油、起飞越障、禁飞区、机场以及航线周边气象条件等影响通用航空飞行的主要因素。[20]国内仅春秋航空采用基于 VB 开发的飞行计划系统,该系统仅适用于 A320 飞机,且已引进 Jetplanner 系统。另外,厦门航空使用三盈伟业(文思海辉)开发的飞行计划系统,该系统仅适用于波音 737 飞机国内运营,且引进了 Navteck 用于波音 787 飞机国际航线运营并考虑逐步取代自开发飞行计划系统。飞机设计时的航程性能计算则研究更为丰富。

从现有研究来看,国内目前的飞行计划相关系统,多由空管局、高校以及部分航空公司使用,但缺乏制造商研究和应用的先例。目前国内基本上都使用波音旗下的 Jeppesen 公司的飞行计划系统 Jetplanner。空客公司拥有另一个飞行计划系统的公司 Navteck。这使得波音、空客可以获得所有使用其飞行计划系统的机型性能数据。

3.1.2　对航空公司的作用

飞行计划对于飞机制造商和市场营销的作用已经在第 1 章中进行了介绍,简而言之就是获取更为准确的业载、航程、油耗和时间等数据。而对于航空公司的日常工作,飞行计划更是有显著的作用。这里简单描述几个典型的作用。

1. 支持精细化预售

随着航空公司的航线布局精细化,航班可供载量受限的问题也表现得越来越明显。以昆明、兰州、西宁等特殊机场起飞的长航线为例,飞机性能日差异幅度较大。以往公司预售的数据只区分冬春航季(11 月到次年 3 月)和夏秋航季(4 月到 10 月),也就是说一年只有两套预售数据,但即使同是夏秋季,机场和航路的风温条件都有很大的差异,从而导致航班预售载量与当日可供载量之间存在明显差异。比如波音 737 - 800 机型执行的兰州至深圳航线,4 月和 7 月的载量差异可高达 3 t。当该航班可供载量超过预售载量,会造成航班业载的虚耗,当该航班可供载量低于预售载量时,会造成航班超售的情况,影响公司的服务和效益,全服务型航空公司通常会为整个航季制定一个保守的预售载量,从而导致部分时段可供业载浪费,因此,尽可能更早更细致地对预售载量进行预估可以提高公司的收益。

通过采集、统计、分析公司运行积累的大量数据,包括航班起降时刻的参考温度、航班历史载运率、乘客行李重量等信息,按照起降时刻温度精确计算航班载量数据,可以充分利用同一季节中不同月份、每月中各周的温度差异,以及每天不同时刻的温度差异,从而获得更为精准的起飞性能限制,最终实现按月或周提供航班预售载量。海航通过优化工作流程、研发航线载量控制系统等精细化的航班载量管理措施,有效增加公司航班销售收益、提高航班业载利用率,2014年累计提升波音 737 机型可销售座位数达 7 万个,折算增收 3 000 万元,除了提升客运销售座位,全年还提升了货运可供载量近 700 t,折算增收 500 万元。

2. **充分利用性能衰减监控结果**

随着飞机和发动机使用时间的增大,飞机整体的燃油性能也会出现明显衰减,新飞机运营五年后,其衰减最高可达 5%,对于波音 737 机型来说,意味着一年将多耗 500 t 燃油。另外,飞机本身也存在个体差异,通常在标准性能的 ±2% 以内。

国内部分大中型航空公司都会开展性能衰减的监控工作,但该工作的目的往往只是从安全的角度修正计划耗油量。实际上,对每架飞机实施性能监控,并将其变化与飞机维护工作综合分析,可以发现一些非正常的恶化趋势,从而避免飞机形成不可逆的高衰减。比如通过对波音 787 飞机实施性能监控,及时发现了性能衰减持续恶化的趋势,并通过加频发动机水洗等工作预防性能恶化,对于一架波音 787 飞机,每阻止 1% 的衰减,可每年节油 200 t。

此外,将性能衰减的监控结果与飞机排班相结合,每天根据飞机性能衰减的差异,对航班串进行飞机调整,尽可能使性能衰减较多的飞机执行飞行时间短的航班串,从而实现利用不同飞机的性能衰减差节约燃油。如性能衰减相差 3% 的两架波音 737 - 800 飞机,日利用时间相差 1 h,全年可节油 30 t。

3. **通过性能电子化计算减低运行限制**

起飞性能是影响航班可供载量和实施减推力起飞的主要因素。以往飞机起飞性能数据通常是以数据表的形式提供给签派员和飞行员,该数据表的计算结果本身就相对保守,同时因需要手工翻阅并人工计算插值,当出现数据表不能直接查到的条件(如无该温度或风)时,一般都会使用表中条件更为严格的结果,在起飞性能受限的机场,就会导致减载更多,在普通机场,也会降低减推力使用的量。

在不同的机场条件下,最优的起飞构型条件存在差异,以襟翼构型为例,在不同的跑道距离与机场净空条件下,使用不同的襟翼构型可以获得不同的起飞性能限制重量,如当跑道较短、净空条件较好时,选择大的襟翼构型可以提高起飞限制重量。在传统的数据表形式下,一张数据表只能提供一种条件下的起飞性能,手工查阅的方式对选择最优构型产生了严重的制约,通过开发电子飞行包、实时起降系统等手段,在电子化实时性能计算的模式下,可以在运行中最大限度地利用飞机的性能,避免性能浪费。

4. 通过数据分析支持航空公司节油运行

节能环保是未来经济发展的重要指标,而持续的节能工作必将以采集、获取、分析每个航班的耗油及关键影响因素为基础。例如,降低载量虚高、减少计划距离、控制飞机备份油量等措施是运行中重要的管理节油手段,这些措施的采用都要丰富的数据积累。

数据分析在性能监控和管理方面一直扮演着非常重要的角色。通过数据分析模拟,发现载运率与吨公里耗油的相关性高达 96%,航空公司如按照吨公里耗油进行燃油效率和节油工作监控,则燃油效率和节油工作的结果会被载运率的影响完全覆盖。因此,在吨公里耗油的基础上,消除载运率的影响,制订修正吨公里耗油指标,以反映实际运行的燃油效率变化情况。同时,将飞机使用重量、载量、航路距离、飞行高度、重心位置、发动机和飞机维护状态等关键影响因素与耗油之间的关系提炼成数据模型,与修正吨公里耗油组成燃油效率指标监控体系。基于修正吨公里耗油的指标体系,监测每个机型、每条航线的变化趋势,就可以发现影响耗油的关键因素的变化。例如,通过数据监测分析,成功发现北京至北美航线存在计划距离偏多、波音 787 机型有性能衰减变差的趋势、计划业载严重偏高、部分国际航线飞行高度航班间明显差异等问题,为持续的监控和针对性改进提升奠定了数据基础。

3.2　气压高度与温度

飞机的性能与气压高度和温度有关。飞行计划中所使用的高度和温度是标准大气条件下的气压高度和标准大气偏离温度。机上气压高度表给出的是气压高度,飞行手册和使用手册中关于飞机、发动机性能的数据与曲线也是按气压高度及 ISA$+\Delta T$ 形式给出的。在标准大气条件下,气压高度与几何高度是一致的,但实际上极少有符合标准大气的情况,因而有时需要对气压高度和几何高度进行转换,如飞机巡航时一发故障后开始飘降,飞行手册按气压高度给出飘降曲线和改平高度,而航路上的高山则是按几何高度给出,就需要将气压高度转换为几何高度,才能判断能否飞越这些高山。有时则需要将几何高度转换为气压高度,如越障的起飞飞行航迹计算中,使用高度是飞机距地面的几何高度,但为飞行员操纵方便起见,必须把有关高度转换为气压高度。

气压高度是指根据气压式高度表实际测得的飞行高度上的大气压强，按照与标准大气压强相等的原则确定的高度。例如，当飞机测得的实际飞行高度上的大气压强为 238 hPa，而该值等于标准大气 35 000 ft 高度的压强，则说该飞行高度的气压高度为 35 000 ft。

为了得到气压高度与几何高度的关系，假设几何高度 h 上测得的实际大气压强为 p_h，实际的温度和密度分别为 T_h 和 ρ_h，则 $p_h = \rho_h \cdot R \cdot T_h$，因此 $\rho_h = p_h/(R \cdot T_h)$，将其代入大气静力学方程 $\mathrm{d}p = -\rho g \mathrm{d}h$，可得

$$\mathrm{d}h = -\frac{RT_h}{g} \cdot \frac{\mathrm{d}p_h}{p_h} \qquad 式(3-1)$$

记所假设的几何高度 h 对应的气压高度为 H_p，该气压高度上的标准大气的温度和密度分别是 T_S 和 ρ_S，则大气静力学方程可写作

$$\mathrm{d}P_h = -\rho_S g \mathrm{d}H_p \qquad 式(3-2)$$

同样由 $p_h = \rho_S \cdot R \cdot T_S$，可得 $\rho_S = p_h/(R \cdot T_S)$，并将其代入式(3-2)，可得

$$\frac{\mathrm{d}p_h}{p_h} = -\frac{g}{RT_S} \cdot \mathrm{d}H_P \qquad 式(3-3)$$

将式(3-3)代入式(3-1)中可得，几何高度与气压高度之间的关系

$$\mathrm{d}h = \frac{T_h}{T_I} \cdot \mathrm{d}H_p = \frac{T_I + \Delta T}{T_I} \cdot \mathrm{d}H_p \qquad 式(3-4)$$

式中：

$\mathrm{d}h$ ——几何高度增量；

T_h ——实际温度；

T_I ——标准大气温度；

$\mathrm{d}H_p$ ——气压高度增量；

ΔT ——标准大气偏离温度。

标准大气偏离温度的计算如式(3-5)：

$$T_h = T_I + \Delta T \qquad 式(3-5)$$

上述公式对任意高度都成立，也没有用温度、密度等参数和高度有关的表达式。从式(3-4)可看出，当实际大气的温度高(低)于标准大气的温度时，几何高

度增量大(小)于气压高度增量。这是因为温度越高密度越小的缘故。

由于对流层和平流层温度变化率是不同的,因而气压高度与几何高度之间的关系也不相同。

(1) 对流层 ($H_p \leqslant 11\,000$ m)。

对式(3-4)两边积分,并将温度变化率公式

$$T_I = T_0 + \lambda H_p \qquad\qquad 式(3-6)$$

式中:

T_0——海平面标准大气温度,15℃或 288.15 K;

λ ——温度随气压高度变化率,−0.006 5 K/m。

代入,可获得

$$\int_0^h \mathrm{d}h = \int_0^{H_p} \frac{T_I + \Delta T}{T_I} \cdot \mathrm{d}H_p$$

$$\Rightarrow \quad h = \int_0^{H_p} \left(1 + \frac{\Delta T}{T_0 + \lambda H_p}\right) \cdot \mathrm{d}H_p$$

$$= H_p + \int_0^{H_p} \frac{\Delta T}{T_0 + \lambda H_p} \cdot \mathrm{d}H_p$$

将 $x = T_0 + \lambda H_p$ 代入

$$h = H_p + \int_{T_0}^{T_0 + \lambda H_p} \frac{\Delta T}{x} \cdot \mathrm{d}\left(\frac{x - T_0}{\lambda}\right)$$

$$= H_p + \frac{\Delta T}{\lambda} \cdot \int_{T_0}^{T_0 + \lambda H_p} \frac{\mathrm{d}x}{x}$$

$$= H_p + \frac{\Delta T}{\lambda} \cdot \ln x \Big|_{T_0}^{T_0 + \lambda H_p}$$

$$= H_p + \frac{\Delta T}{\lambda} \cdot \left[\ln(T_0 + \lambda H_p) - \ln T_0\right]$$

$$= H_p + \frac{\Delta T}{\lambda} \cdot \ln \frac{T_0 + \lambda H_p}{T_0}$$

$$= H_p + \frac{\Delta T}{\lambda} \cdot \ln\left(1 + \frac{\lambda H_p}{T_0}\right)$$

$$h = H_p + \frac{\Delta T}{\lambda}\ln\left(1 + \frac{\lambda}{T_0}H_p\right) = H_p - 153.846 \Delta T \ln(1 - 2.255\,77 \times 10^{-5} H_p)$$

$$式(3-7)$$

值得注意的是式(3-7)是气压高度 H_p 的隐函数，即几何高度 h 无法直接通过函数一次求解获取气压高度 H_p，可以用迭代法计算。

(2) 平流层 $(H_p > 11\,000\,\text{m})$。

同样对式(3-4)两边积分，并将温度变化率公式

$$T_{11} = -56.5\,\text{℃} = 216.65\,\text{K} \qquad \text{式}(3-8)$$

式中：

T_{11}——平流层底或对流层顶温度。

代入，可获得

$$\int_{h_{11}}^{h} \mathrm{d}h = \int_{H_{p11}}^{H_p} \frac{T_I + \Delta T}{T_I} \cdot \mathrm{d}H_p$$

$$\Rightarrow \qquad h - h_{11} = \frac{T_{11} + \Delta T}{T_{11}} \int_{H_{p11}}^{H_p} \mathrm{d}H_p = \frac{T_{11} + \Delta T}{T_{11}} (H_p - H_{p11}) \quad \text{式}(3-9)$$

式中：

h_{11}——平流层底或对流层顶几何高度，可使用式(3-7)计算获得，即 $h_{11} = 11\,000 + 43.877 \cdot \Delta T$；

H_{p11}——平流层底或对流层顶气压高度，即 $11\,000\,\text{m}$。

式(3-9)可转换为：

$$
\begin{aligned}
h &= \frac{T_{11} + \Delta T}{T_{11}} (H_p - H_{p11}) + h_{11} \\
&= \frac{T_{11} + \Delta T}{T_{11}} (H_p - H_{p11}) + H_{p11} + \frac{\Delta T}{\lambda} \ln\left(1 + \frac{\lambda}{T_0} H_{p11}\right) \\
&= \left(1 + \frac{\Delta T}{T_{11}}\right) H_p - \frac{\Delta T}{T_{11}} H_{p11} + \frac{\Delta T}{\lambda} \ln\left(1 + \frac{\lambda}{T_0} H_{p11}\right) \\
&= \left(1 + \frac{\Delta T}{216.65}\right) H_p - 6.897\,1 \Delta T \quad (\text{m})
\end{aligned}
$$

$$\text{式}(3-10)$$

可以看出，当实际大气的温度高(低)于标准大气温度时，几何高度大(小)于气压高度。高度越高或 $|\Delta T|$ 越大，则几何高度与气压高度相差越大。

3.3 理论基础与方法

制定飞行计划的基本方法是：以飞机爬升、巡航、下降和等待等各阶段累积

和点性能数据,航路以及风、温度等数据为输入,采用分段线性内插值(即以直代曲,详见第 2 章描述)和迭代逼近(即逐次逼近)的思想完成各航班业载、油量和时间等计算,形成各航路点的详细飞行计划。

3.3.1 迭代法

迭代法也称辗转法,是一种不断用变量的旧值递推新值的过程,跟迭代法相对应的是直接法(或者称为一次解法),即一次性解决问题。

利用迭代算法解决问题,需要做好以下三个方面的工作:

(1) 确定迭代变量。

在可以用迭代算法解决的问题中,至少存在一个直接或间接地不断由旧值递推出新值的变量,这个变量就是迭代变量。

(2) 建立迭代关系式。

所谓迭代关系式,指如何从变量的前一个值推出其下一个值的公式(或关系)。迭代关系式的建立是解决迭代问题的关键,通常以顺推或倒推的方法来完成。

(3) 对迭代过程进行控制。

在什么时候结束迭代过程? 这是编写迭代程序必须考虑的问题。不能让迭代过程无休止地重复执行下去。迭代过程的控制通常可分为两种情况:一种是所需的迭代次数是个确定的值,可以计算出来;另一种是所需的迭代次数无法确定。对于前一种情况,可以构建一个固定次数的循环来实现对迭代过程的控制;对于后一种情况,需要进一步分析出用来结束迭代过程的条件。

对于形如 $x = \varphi(x)$ 的方程,可以通过迭代求解。

集合 A 上的映射 $\varphi: A \rightarrow A$,A 上两个点 x_1、x_2 之间的距离记为 $d(x_1, x_2)$,如映射满足下面条件,称为压缩映射。

$$\forall x_1, x_2 \in A, \quad \exists k \in (0, 1), \quad \text{s. t.}$$
$$d(\varphi(x_1), \varphi(x_2)) \leqslant kd(x_1, x_2) \qquad \text{式}(3-11)$$

$\varphi(x)$ 满足下面条件时,为压缩映射:

(1) 当 $x \in [a, b]$ 时,$\varphi(x) \in [a, b]$;

(2) 存在正数 $L < 1$,使得

$$\forall x \in [a, b], \ |\varphi'(x)| \leqslant L < 1;$$

则方程在区间上有唯一解 x^*,且解可以用下面迭代得到。

$$\forall x_0 \in [a,b], \quad x_{k+1} = \varphi(x_k) \qquad (k=0,1,2,\cdots)$$

$$\lim_{k \to \infty} x_k = x^*, \quad \varphi(x^*) = x^* \qquad \qquad 式(3-12)$$

使用迭代法求解方程值得注意的事项如下：

（1）将要求解的方程化成 $x = \varphi(x)$ 的形式。

（2）该迭代法第一个条件不宜验证。因此，实际使用时，总在根的附近区间内进行迭代计算，以保证每次迭代的值都在迭代区间内。

（3）L 很小时迭代收敛非常快，但如果 L 与 1 很接近，则收敛相当慢。

还有很多迭代的方法和加速迭代的方法，这里就不逐一介绍了。

在飞行计划中也存在隐函数求解问题，或者称为相连状态交联隐含求解问题。例如自后向前计算时爬升顶点的确定即涉及爬升和巡航阶段交联，自前向后计算时下降顶点的确定即主航段巡航和下降阶段交联，备降航段巡航、下降和等待三个阶段的交联，此时均需要采用逐次逼近即迭代法来求解。

3.3.2 分阶段求解

飞行计划计算时采用分段计算，分别对飞行剖面分为爬升、巡航、下降和等待等阶段展开计算。其原因在于不同阶段飞行状态差异较大，对数据的需求也存在较大差异，需要采用不同计算方法。若从最优控制的角度来看，是一种动态规划中分步骤求解的思路。尤其是成本指数等特殊飞行计划求解时，思路就更加接近动态规划了。第 4 章中所提到的飞行计划本质是实现一种动态最优控制问题的求解就更加说明了该问题。[21]

动态规划，从本质上讲是一种非线性规划方法，其核心是贝尔曼最优性原理。这个原理可归结为一个基本递推关系式，使决策过程连续地转移，将一个多步最优控制问题转化为多个一步最优控制问题，简化求解过程。而多级决策过程，是指把一个过程分成若干阶段，每一阶段都做出决策，以使整个过程取得最优效果。

多级决策过程的最优策略具有这样的性质：不论初始状态和初始决策如何，当把其中的任何一级和状态再作为初始级和初始状态时，其余的决策对比必定也是一个最优策略。这一原理为动态规划的基本方法奠定了理论基础。动态规划的基本方法如下：从最优化原理可以导出动态规划的基本方法，即由最后一个阶段的优化开始，按逆向顺序逐步向前一阶段扩展，并将后一阶段的优化结果带到扩展后的阶段中去，依次逐步向前推进，直到得到全过程的优化结果。

为一个实际问题建立动态规划模型时,关键是要分析实际问题的特点能否满足动态规划模型的基本要求:

第一,所研究的问题必须能够分成几个相互联系的阶段,而且在每一个阶段都具有需要进行决策的问题。例如飞行计划划分为爬升、巡航、下降和等待,每个阶段需要计算状态即重量,而此时需要一定决策变量,一般是速度和高度等,但也有速度和高度指定的情况。

而在很多其他类型的决策问题中,问题的阶段性可能不太明显,这时要仔细地识别。一般采用时间为阶段划分的较多,但也有例外。例如飞行计划划分中,就有将时间和状态点相结合的划分方式,即爬升结束后进入巡航,巡航结束后进入下降,但等待是 45 min 或其他时间,而巡航过程中也会换分为若干时间阶段或距离阶段。

第二,在每一个阶段都必须有若干个与该阶段相关的状态,识别每一个阶段的状态是建立动态规划模型的关键内容。一般情况下,状态是所研究系统在该阶段可能处于的情况或条件。状态的选取必须注意:①在所研究问题的各阶段,都能直接或间接确定状态变量的数值。②状态的无后效性。所谓状态的无后效性,是指后续状态所对应的后部子过程的最优策略与之前的过程无关。

对于飞行计划而言,各阶段的状态一般用重量、时间进行表征。

第三,具有明确的指标函数,而且各阶段指标值可以计算。能正确列出最优指标函数的递推公式和边界条件。

在飞行计划中的指标函数,一般选取为燃油即重量最小,有时也会选取时间最短或时间-燃油最优即成本指数最优。这又将该问题某种程度上转化为最优控制中使用极小值原理进行求解的时间最优控制、燃料最优控制和时间-燃料最优控制问题。

3.3.3　自后向前法

自后向前法,即由备降场停机坪开始往回分段求解推算。以备降场停机坪为已知阶段,一步一步向前求解。

如果知道实际业载重量 PL(乘客加货物重,其中乘客含随身和托运行李),则在备降场停机坪,ZFW＝OEW＋PL,飞机重量 W＝ZFW＋公司备份油(＋国际航线的航线应急油,即假设应急油正常情况下不被消耗)。如果想算一下最大允许业载是多少,则设在备降场停机坪,ZFW＝MZFW,于是飞机重量 W＝

MZFW+公司备份油,最大业载 MPL=MZFW−OEW。然后由此 W 开始往回推算,加上各阶段消耗油量,一直算到起飞机场停机坪,在计算中

$$ZFW \leqslant MZFW$$
$$LWA \leqslant MLWA$$
$$LWD \leqslant MLWD$$
$$TOW \leqslant MTOW$$
$$TAXW \leqslant MTAXW$$
$$总油量 \leqslant 油箱容量$$

式中:

MLWA——备降场最大允许着陆重量;

MLWD——目标机场最大允许着陆重量;

MTOW——起飞机场最大允许起飞重量;

MTAXW——起飞机场最大允许滑行重量;

LWA——飞行计划计算出的备降场着陆重量;

LWD——飞行计划计算出的目标机场着陆重量;

TOW——飞行计划计算出的起飞机场起飞重量;

TAXW——飞行计划计算出的起飞机场滑行重量。

如有一个条件不满足应减少业载重新计算直到满足条件为止,计算结束就得到了所允许的业载(有可能实际业载被减少了)及起飞总重量等数据。

详细的自后向前制作飞行计划步骤如下:

1. 改航进近和滑入阶段

(1)若主航段或备降航段分段,则先算出它们的当量风和当量气温($V_{mainwind}$、$V_{altwind}$、T_{main}、T_{alt}),即在该高度和航向上的风和温度。

(2)计算业载 PL=PAX+Cargo。

(3)计算零油重量 ZFW=OEW+PL(检查 MZFW)。

(4)计算在备降场停机坪重量 W_{stop}=OEW+PL+COF=ZFW+COF(国际航线还要加上航线应急油 F_{10},当然 F_{10} 在此时是未知的,可进行逐次迭代逼近的方法求解。初始值可按一定重量时 ISA、无风条件下备降机场上空等待 15 min 进行考虑,这样可满足 CCAR - 121 - R6 及后续版本的应急油要求),其中 COF 是公司备份油。

(5)计算在备降场滑入油耗 $F_{alttaxiin}$=滑行耗油率×滑入时间。

（6）在备降场着陆重量 LWA＝W_{stop}＋$F_{alttaxiin}$（检查 MLWA）。

（7）计算在备降场进近油耗 F_{altapp}＝进近耗油率×进近时间。

2. 等待阶段

（8）计算等待结束重量 $W_{holdend}$＝LWA＋F_{altapp}。

（9）因为等待过程中燃油流量是个变量，因此要计算等待油量必须算出平均燃油流量。先根据 $W_{holdend}$、等待速度、等待高度和等待温度（由于等待时按时间计算，因而无须考虑风的影响）查等待油量表，得到单发燃油流量 FFI_{hold}，这是一个粗略的平均燃油流量，再根据它计算等待油量 F_{hold_1}＝$2×FFI_{hold}×t_{hold}$，这也是一个粗略值。然后计算等待中的平均重量 $W_{holdavg}$＝$(W_{holdend}+W_{holdbegin})/2$＝$W_{holdend}+1/2×F_{hold_1}$，之后根据 $W_{holdavg}$ 查等待油量表，得到单发燃油流量 FF_{hold}，这就是等待中的平均燃油流量。最后计算等待油量 F_{hold}＝$2×FF_{hold}×t_{hold}$。 若需要精准结果，则可进行 2～3 次迭代计算。

（10）计算等待开始重量 $W_{holdbegin}$＝$W_{holdend}$＋F_{hold}。

3. 改航下降阶段

（11）根据备降场着陆重量 LWA［有时可能是改航下降起始重量（即改航下降顶点重量），此时也需要迭代计算，方法与等待阶段重量和油耗计算相同。一般认为机型手册给出依据着陆重量的下降数据时，则意味着默认推荐使用"自备降机场往回计算"方法］、改航下降高度、改航下降速度、改航下降温度（影响较小，因而有些时候没有该参数）查下降性能数据表格（若 CI 计算时，则需要考虑风对经济速度的影响，即提前完成风影响的计算查表），得到改航下降油量 F_{altdes}、时间 t_{altdes} 和空中距离 $D_{altdesair}$。 此时需要考虑风和温度的影响，由于下降阶段飞行高度、真空速都在变化，因而采取近似方法计算。一般来说爬升、下降阶段风是巡航阶段风的 $2/3$ 或 70%，爬升、下降阶段温度与巡航阶段温度相同，则改航下降地面距离 $D_{altdesground}$＝$D_{altdesair}+\dfrac{2}{3}$（或 70%）$V_{altwind}×t_{altdes}$，顺风时 $V_{altwind}$ 为正值，逆风为负值。

（12）计算改航下降顶点重量 W_{altTOD}＝$W_{holdbegin}$＋F_{altdes}。

4. 改航巡航阶段

（13）根据改航下降顶点重量 W_{altTOD}、改航巡航高度、改航巡航温度 T_{alt} 和改航巡航速度（仅定速巡航时使用）查巡航性能数据表格，得到改航下降顶点重量所对应的单发燃油流量 FF_{altcru} 和真空速 V_{altcru}（若使用定速巡航，则该空速为已知值，可采用第 1 章中的真空速计算方法获取更为准确；若采用 LRC 或 CI

飞行时则需要查表获得该值。同样在 LRC 和 CI 飞行时也需要考虑风对经济速度的影响)。令改航爬升地面距离 $D_{\text{altclimground}_1} = D_{\text{altdesground}}$ 或 $D_{\text{altclimground}_1} = 0$,改航初始巡航地面距离 $D_{\text{altcruground}_1} = D_{\text{alt}} - D_{\text{altclimground}_1} - D_{\text{altdesground}}$,获得改航巡航时间 $t_{\text{altcru}} = D_{\text{altcruground}_1}/(V_{\text{altcru}} + V_{\text{altwind}})$,获得改航巡航油耗 $F_{\text{altcru}} = \text{FF}_{\text{altcru}} \times t_{\text{altcru}}$,顺风时 V_{altwind} 为正值,逆风是为负值。因为改航巡航过程中燃油流量是个变量,因此要计算改航巡航油量必须算出平均燃油流量。若非初始迭代计算,且将整个改航巡航段当成一段来处理,则使用改航巡航中间点的燃油流率和真空速作为改航巡航段平均燃油流率和真空速(该方法适用于人工计算和定速巡航,若采用编程计算则需要将改航巡航段分成若干小段,且对于非定速巡航,如 LRC 和 CI 飞行时误差稍大)。即根据改航巡航中间点重量 $W_{\text{altmid}} = W_{\text{altTOD}} + F_{\text{altcru}}/2$ 查巡航性能数据表格(改航巡航油耗 F_{altcru} 来源于上一轮迭代计算),得到改航巡航中间点重量所对应的单发燃油流率和真空速。

(14) 计算改航爬升顶点重量 $W_{\text{altTOC}} = W_{\text{altTOD}} + F_{\text{altcru}}$。

5. 改航爬升阶段

(15) 根据改航起飞重量[有时可能是改航爬升结束重量(即改航爬升顶点重量),若为改航起飞重量则在初始迭代计算时使用已知的改航爬升顶点重量 W_{altTOC} 替代,非初始迭代计算时改航起飞重量则使用上一轮迭代数值]、改航爬升高度(即改航初始巡航高度)、改航爬升速度、改航爬升温度查爬升性能数据表格(同样 CI 飞行时需要考虑风对经济速度的影响),得到改航爬升油量 F_{altclim}、时间 t_{altclim} 和空中距离 $D_{\text{altclimair}}$。风和温度考虑方法与改航爬升阶段相同。则,改航爬升地面距离 $D_{\text{altclimground}} = D_{\text{altclimair}} + \dfrac{2}{3}$(或 70%)$V_{\text{altwind}} \times t_{\text{altclim}}$,顺风时 V_{altwind} 为正值,逆风是为负值。

(16) 比较改航爬升地面距离与(13)中初始设置的地面距离,若 $|D_{\text{altclimground}} - D_{\text{altclimground}_1}| \leqslant \xi$,则停止迭代,否则将此改航爬升地面距离代入(13)重复。ξ 为一个小量,一般可设置为 1 km 或更小。也可以采用其他判断值,如改航爬升顶点重量、改航起飞重量、改航巡航油量、改航爬升油量等参数,此时可将阈值设置为 1 kg 或更小。一般来说,3~4 次迭代就可以达到预计的精度,若为提高运算速率还可以将改航爬升地面距离设置为改航下降地面距离的倍数,对于巡航高度较低的改航飞行,一般为 0.5~1 倍(如表 3-1 所示),因而一般设置为 1 倍。

表 3 - 1　波音 737 - 800 飞机不同改航航程和飞行高度爬升地面与下降地面距离比值

改航航程/n mile	改航飞行高度/ft						
	10 000	15 000	20 000	25 000	30 000	35 000	39 000
200	0.42	0.44	0.51	0.60	0.74	0.90	1.09
250	0.43	0.45	0.51	0.60	0.74	0.91	1.10
300	0.43	0.45	0.52	0.61	0.75	0.91	1.11
350	0.43	0.45	0.52	0.61	0.75	0.92	1.12
400	0.44	0.46	0.53	0.62	0.76	0.92	1.13
450	0.44	0.46	0.53	0.62	0.76	0.93	1.14
500	0.44	0.46	0.54	0.63	0.77	0.94	1.15

注：160@90 kg、滑入时间 10 min、备降场上空 1 500 ft 等待 45 min、改航巡航速度 LRC、爬升速度 250 kn/280 kn/0.78 Ma、下降速度 0.78 Ma/280 kn/250 kn、ISA、无风。

6. 改航复飞阶段

（17）计算在目标机场复飞油耗 $F_{alttakeoff}$ ＝复飞耗油率×复飞时间。

（18）计算改航起飞重量 $W_{alttakeoff} = W_{altTOD} + F_{altcru} + F_{altclim} + F_{alttakeoff}$。

7. 主航段进近阶段

（计算方法与改航相同）

（19）在目标机场着陆重量 LWD＝$W_{alttakeoff}$（检查 MLWD）。

（20）计算在目标机场进近油耗 $F_{mainapp}$ ＝进近耗油率×进近时间。

（21）在目标机场进近前重量 $W_{desbeforemainapp} = LWD + F_{mainapp}$。

8. 主航段下降阶段

（计算方法与改航相同）

（22）根据目标机场着陆重量 LWD［有时可能是主航段下降起始重量（即主航段下降顶点重量），此时也需要迭代计算，方法与等待阶段重量和油耗计算相同］、主航段下降高度、主航段下降速度、主航段下降温度（影响较小，因而有些时候没有该参数）查下降性能数据表格（CI 飞行时也需要考虑风对经济速度的影响），得到主航段下降油量 $F_{maindes}$、时间 $t_{maindes}$ 和空中距离 $D_{maindesair}$。 风和温度的考虑方法与改航段相同，则主航段下降地面距离 $D_{maindesground} = D_{maindesair} + \dfrac{2}{3}$（或 70%）$V_{mainwind} \times t_{maindes}$，顺风时 $V_{mainwind}$ 为正值，逆风是为负值。

（23）计算主航段下降顶点重量 $W_{mainTOD} = W_{desbeforemainapp} + F_{maindes}$。

9. 主航段巡航阶段

（计算方法与改航相同）

（24）根据主航段下降顶点重量 $W_{mainTOD}$、主航段巡航高度、主航段巡航温度 T_{main} 和主航段巡航速度（仅定速巡航时使用）查巡航性能数据表格，得到主航段下降顶点重量所对应的单发燃油流量 $FF_{maincru}$ 和真空速 $V_{maincru}$（若使用定速巡航，则该空速为已知值，可采用第 1 章中的真空速计算方法获取更为准确；若采用 LRC 或 CI 飞行时则需要查表获得该值，LRC 或 CI 飞行时需要考虑风对经济速度的影响）。令主航段爬升地面距离 $D_{mainclimground_1} = 2 \times D_{maindesground}$ 或 $D_{mainclimground_1} = 0$，主航段初始巡航地面距离 $D_{maincruground_1} = D_{main} - D_{mainclimground_1} - D_{maindesground}$，获得主航段巡航时间 $t_{maincru} = D_{maincruground_1}/(V_{maincru} + V_{mainwind})$，获得主航段巡航油耗 $F_{maincru} = FF_{maincru} \times t_{maincru}$，顺风时 $V_{mainwind}$ 为正值，逆风是为负值。因为主航段巡航过程中燃油流量是个变量，因此要计算主航段巡航油量必须算出平均燃油流量。若非初始迭代计算，且将整个主航段巡航段当成一段来处理，则使用主航段巡航中间点的燃油流率和真空速作为主航段巡航段平均燃油流率和真空速（该方法适用于人工计算和定速巡航，若采用编程计算则需要将主航段巡航段分成若干小段，且对于非定速巡航，如 LRC 和 CI 飞行时误差稍大）。即根据主航段巡航中间点重量 $W_{mainmid} = W_{mainTOD} + F_{maincru}/2$ 查巡航性能数据表格（主航段巡航油耗 $F_{maincru}$ 来源于上一轮迭代计算），得到主航段巡航中间点重量所对应的单发燃油流率和真空速。

（25）计算主航段爬升顶点重量 $W_{mainTOC} = W_{mainTOD} + F_{maincru}$。

10. 主航段爬升阶段

（计算方法与改航相同）

（26）根据主航段起飞重量［有时可能是主航段爬升结束重量（即主航段爬升顶点重量），若为主航段起飞重量则在初始迭代计算时使用已知的主航段爬升顶点重量 $W_{mainTOC}$ 替代，非初始迭代计算时主航段起飞重量则使用上一轮迭代数值］、主航段爬升高度（即主航段初始巡航高度）、主航段爬升速度、主航段爬升温度查爬升性能数据表格（CI 飞行时需要考虑风对经济速度的影响），得到主航段爬升油量 $F_{mainclim}$、时间 $t_{mainclim}$ 和空中距离 $D_{mainclimair}$。风和温度考虑方法与主航段爬升阶段相同。则，主航段爬升地面距离 $D_{mainclimground} = D_{mainclimair} + \dfrac{2}{3}$（或 70%）$V_{mainwind} \times t_{mainclim}$，顺风时 $V_{mainwind}$ 为正值，逆风是为负值。

（27）比较主航段爬升地面距离与（24）中初始设置的地面距离，若 $|D_{mainclimground} - D_{mainclimground_1}| \leqslant \xi$，则停止迭代，否则将此主航段爬升地面距离代入（24）重复。ξ 为一个小量，一般可设置为 1 km 或更小。也可以采用其他判断

值,如主航段爬升顶点重量、主航段起飞重量、主航段巡航重量、主航段爬升重量等参数,此时可将阈值设置为 1 kg 或更小。一般来说,4～5 次迭代就可以达到预计的精度,若为提高运算速率还可以将主航段爬升地面距离设置为主航段下降地面距离的倍数,对于巡航高度较高的主航段飞行,一般为 1～1.5 倍(如表 3 - 2 所示),因而一般设置为 1.5 或 2 倍。

表 3 - 2　波音 737 - 800 飞机不同主航段航程和飞行高度爬升地面与下降地面距离比值

主航段航程/n mile	主航段飞行高度/ft					
	25 000	30 000	35 000	37 000	38 000	39 000
300	0.65	0.79	0.97	1.05	1.12	1.21
500	0.67	0.81	1.00	1.08	1.16	1.25
700	0.69	0.83	1.03	1.12	1.20	1.31
900	0.71	0.86	1.06	1.16	1.24	1.39
1 100	0.72	0.88	1.09	1.20	—	—
1 300	0.74	0.90	1.12	1.24	—	—
1 500	0.77	0.93	1.15	1.28	—	—
1 700	0.79	0.95	1.19	1.34	—	—
1 900	0.81	0.98	1.23	—	—	—
2 100	0.83	1.00	1.28	—	—	—
2 300	0.86	1.03	1.32	—	—	—
2 500	0.88	1.07	1.37	—	—	—

注:160@90 kg、滑出/滑入时间 20/10 min、航程巡航速度 0.79 Ma、200 n mile 改航、改航巡航高度 25 000 ft、改航巡航速度 LRC、备降场上空 1 500 ft 等待 45 min、爬升速度 250 kn/280 kn/0.78 Ma、下降速度 0.78 Ma/280 kn/250 kn、ISA、无风。

11. 主航段起飞和滑出阶段

(28) 计算在起飞机场起飞油耗 $F_{\text{maintakeoff}}$ =起飞耗油率×起飞时间。

(29) 计算主航段起飞重量 $\text{TOW} = W_{\text{mainTOD}} + F_{\text{maincru}} + F_{\text{mainclim}} + F_{\text{maintakeoff}}$ (检查 MTOW)。

(30) 计算在起飞机场滑出耗油 F_{taxiout} =滑行耗油率×滑出时间。

(31) 计算在起飞机场停机坪重量 $\text{TAXW} = \text{TOW} + F_{\text{taxiout}}$ (检查 MTAXW,但一般不作为强约束)。

12. 总结计算

(32) 下面是根据定义汇总及验算过程:

改航油量 $= W_{\text{altapp}} + F_{\text{altdes}} + F_{\text{altcru}} + F_{\text{altclim}} + F_{\text{alttakeoff}}$;

改航时间 $= t_{altapp} + t_{altdes} + t_{altcru} + t_{altclim} + t_{alttakeoff}$；

备份油量 = 改航油量 + 等待油量 + 公司备份油（COF）（对国际航线还要加上航线应急油 F_{10}）；

航程油量 $= W_{mainapp} + F_{maindes} + F_{maincru} + F_{mainclim} + F_{maintakeoff}$；

航程时间 $= t_{mainapp} + t_{maindes} + t_{maincru} + t_{mainclim} + t_{maintakeoff}$；

轮挡油量 = 航程油量 + 滑出耗油 + 滑入耗油；

轮挡时间 = 航程时间 + 滑出时间 + 滑入时间；

起飞总油量 = 轮挡油量（准确说应该是航程油量、目标机场滑出油量和备降机场滑入油量之和，但往往目标机场滑入时间与备降机场滑入时间相当，且滑行油量影响较小，往往用轮挡油量来替代） + 备份油量（检查油箱容量）。

（33）验算：看 TAXW － ZFW 是否等于起飞总油量。等于表明求和无误；不等于表明某一步运算错误，返回检查。

13. 高度检查

（34）根据 $W_{mainTOD}$ 查飞机高度能力表和机动能力表，得 TOD 点 HOPT，H_{MCR}，$H_{1.3g}$。其中：HOPT 为最佳巡航高度，H_{MCR} 为最大巡航推力限制高度，$H_{1.3g}$ 为 1.3g 过载限制高度。

（35）根据 $W_{mainTOC}$ 查飞机高度能力表和机动能力表，得 TOC 点 HOPT，H_{MCR}，$H_{1.3g}$。

【知识点 3－1：1.3g 过载限制高度】

机翼抖振是机翼结构对气流分离所引起的压力脉动的随机激振响应。飞机作低速大迎角飞行时，升力面上气流分离达一定程度后就会出现抖振，这类抖振称为升力型抖振。

抖振起始迎角所对应的升力系数随马赫数的变化曲线，称为抖振边界。抖振边界越高，飞机的最小平飞速度越低，飞行中的机动性和安全性越好。

当超过抖振边界值时，通常在机翼上分离气流的尾流（紊流）会作用到尾翼上，引起不可接受的机体抖振。

抖振边界通常对应于机翼上出现"一定面积"的气流分离，由于客机最大巡航升力系数受抖振开始发生边界达到 1.3g 过载（驾驶员近似压 40°坡度机动或遇到严重阵风时）的限制。

抖振边界的峰值决定了在给定翼载时飞机能飞行的最大高度。若抖振边界较低，则为在巡航升力系数与抖振边界之间保持 0.3g 的过载余量，必须减小所希望的巡航升力系数,导致巡航高度降低。由于喷气发动机的耗油率随飞行高度的降低而增加,因此燃油效率也会随之降低。另外,还会造成不能充分利用空中交通管制系统分配给的巡航高度范围,有可能损失巡航性能的问题。

现代客机被设计成当空速降到失速速度的107%时,作为警报机体会发生抖振。失速速度随机体重量和高度而增大。也就是说在同样速度下,更重的飞机,飞得更高的飞机其失速速度更大。

失速速度的指标指的是飞机在水平飞行条件下的速度,但是飞机在转弯等倾斜时,随着 g 的增大失速速度也会增大。

因此以抖振发生速度附近的速度飞行时,如果由于受到气流的影响飞机体机发生倾斜,这时很有可能飞机就会失速。

g 可以按照 $1/\cos\theta$ 来计算(θ 为倾斜坡度角)。比如 $60°$ 时为 $2g$,$40°$ 为 $1.3g$。

$1.3g$ 抖振边界即为 $40°$ 坡度飞行时会产生抖振的速度。因此以 $1.3g$ 的抖振边界的速度飞行时,即使发生 $40°$ 的倾斜抖振也不会发生。

一般来说客机会以 $1.3g$ 的抖振边界以上的速度飞行,而且转弯坡度不会超过 $30°$,因此安全边界是可以得到保证的。但是在遇到乱气流时规定又有所不同,在轻度颠簸时要求 $1.3g$ 的抖振边界,但是在中强度时要求 $1.5g$ 的抖振边界。

此时,受力示意图如图 3-1 所示,受力分析如下:

$$L \times \cos\phi = W$$

$$\frac{L}{W} = N = \frac{1}{\cos\phi}$$

$$\cos\phi = \frac{1}{N}$$

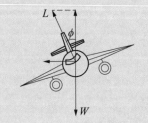

即 $1.3g$ 过载对应坡度角为 $39°$。　　　　　　图 3-1　飞机转弯受力示意图

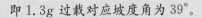

【知识点 3-2:最佳高度、最大高度】

最佳高度:飞机每消耗一公斤(磅)燃油能飞的距离最远时对应的高度[单位航程(即燃油里程)最大的高度]。它取决于实际重量以及与 ISA 的偏

离，也与速度有关。

最大高度定义为以下高度中的最低的一个：

（1）用最大巡航推力能平飞的最大高度；

（2）用最大爬升推力爬升垂直速度（即爬升率）减少到 300 ft/min（有时也放宽至 100 ft/min）的最大高度。

LRC 巡航马赫数：$Ma_{LRC}=f(w/\delta)$，与温度无关。在最佳高度上 w/δ 是常数，Ma_{LRC} 也是常数。对于波音 737 - 300 飞机以 LRC 速度沿最佳高度飞行时是 $0.745\,Ma$，波音 737 - 700 飞机是 $0.780\,4\,Ma$，波音 737 - 800 飞机是 $0.788\,6\,Ma$。其中，$\delta=P/P_0$，仅与气压高度有关。

3.3.4 自前向后法

自前向后法，即由最大允许起飞重量往后分段求解推算。即以最大允许起飞重量为已知阶段，一步一步向后求解。

在计算之前应加油量不知道，所以实际起飞重量是未知的，只能由最大允许起飞重量 MTOW 开始计算，向后逐步推算出各阶段的耗油量及到达目标机场及备降场之重量，若它们大于 MLWD 或 MLWA 则减少起飞重量重新计算，当全部算完得出总油量之后，若总油量超过了油箱容量，则应减少起飞重量重新计算，直到总油量刚好等于油箱容量。由起飞重量减去总油量（含滑行油量）得 ZFW，它应小于等于 MZFW 或小于等于（OEW＋PL）（如果给定了实际业载 PL），否则减少 TOW 重新计算，可以从 TOW 减去（ZFW－MZFW）或[ZFW－（OEW＋PL）]。再次计算，直到算出 ZFW 近似等于 MZFW 或（OEW＋PL）为止。最后得到的 ZFW 减去 OEW 即能带的业载。

详细的自前往后制作飞行计划步骤如下：

1. 主航段滑出和起飞阶段

（1）若主航段或备降航段分段，则先算出它们的当量风和当量气温（$V_{mainwind}$、$V_{altwind}$、T_{main}、T_{alt}），即在该高度和航向上的风和温度。

（2）令 TOW＝MTOW。

（3）计算在起飞机场滑出耗油 $F_{taxiout}$ ＝滑行耗油率×滑出时间。

（4）计算在起飞机场停机坪重量 TAXW＝TOW＋$F_{taxiout}$（检查 MTAXW）。

（5）计算在起飞机场起飞油耗 $F_{maintakeoff}$ ＝起飞耗油率×起飞时间。

2. 主航段爬升阶段

（6）根据起飞机场起飞重量 TOW[有时可能是主航段爬升结束重量（即主

航段爬升顶点重量),此时也需要迭代计算,方法与自后向前的等待阶段重量和油耗计算相同],主航段爬升高度(即主航段初始巡航高度)、主航段爬升速度、主航段爬升温度查爬升性能数据表格(CI 飞行时需考虑风对经济速度的影响),得到主航段爬升油量 $F_{mainclim}$、时间 $t_{mainclim}$ 和空中距离 $D_{mainclimair}$。 风和温度的考虑方法与自后向前的改航段相同,则主航段爬升地面距离 $D_{mainclimground} = D_{mainclimair} + \frac{2}{3}$(或 70%)$V_{mainwind} \times t_{mainclim}$,$V_{mainwind}$ 顺风时为负值,逆风时为负值。

(7) 计算主航段爬升顶点重量 $W_{mainTOC} = TOW - F_{maintakeoff} - F_{mainclim}$。

3. 主航段巡航阶段

(8) 根据主航段爬升顶点重量 $W_{mainTOC}$、主航段巡航高度、主航段巡航温度 T_{main} 和主航段巡航速度(仅定速巡航时使用)查巡航性能数据表格,得到主航段爬升顶点重量所对应的单发燃油流量 $FF_{maincru}$ 和真空速 $V_{maincru}$(若使用定速巡航,则该空速为已知值,可采用第 1 章中的真空速计算方法获取更为准确;若采用 LRC 或 CI 飞行时则需要查表获得该值,LRC 或 CI 飞行时需考虑风对经济速度的影响)。令主航段下降地面距离 $D_{maindesground_1} = D_{mainclimground}$ 或 $D_{maindesground_1} = 0$,主航段初始巡航地面距离 $D_{maincruground_1} = D_{main} - D_{maindesground_1} - D_{mainclimground}$,获得主航段巡航时间 $t_{maincru} = D_{maincruground_1}/(V_{maincru} + V_{mainwind})$,获得主航段巡航油耗 $F_{maincru} = FF_{maincru} \times t_{maincru}$,$V_{mainwind}$ 顺风时为负值,逆风时为负值。因为主航段巡航过程中燃油流量是个变量,因此要计算主航段巡航油量必须算出平均燃油流量。若非初始迭代计算,可将整个主航段巡航段当成一段来处理,则使用主航段巡航中间点的燃油流量和真空速作为主航段巡航段平均燃油流量和真空速(该方法适用于人工计算和定速巡航,若采用编程计算则需要将主航段巡航段分成若干小段,且对于非定速巡航,如 LRC 和 CI 飞行时误差稍大)。即根据主航段巡航中间点重量 $W_{mainmid} = W_{mainTOC} - F_{maincru}/2$ 查巡航性能数据表格(主航段巡航油耗 $F_{maincru}$ 来源于上一轮迭代计算),得到主航段巡航中间点重量所对应的单发燃油流量和真空速。

(9) 计算主航段下降顶点重量 $W_{mainTOD} = W_{mainTOC} - F_{maincru}$。

4. 主航段下降阶段

(10) 根据主航段着陆重量[有时可能是主航段下降开始重量(即主航段下降顶点重量),若为主航段着陆重量则在初始迭代计算时使用已知的主航段下降顶点重量 $W_{mainTOD}$ 替代,非初始迭代计算时主航段着陆重量则使用上一轮迭代数值]、主航段下降高度、主航段下降速度、主航段下降温度(温度影响较小,一般可忽略)查爬升性能数据表格(CI 飞行时需考虑风对经济速度的影响)，得到主航段下降油量 F_{maindes}、时间 t_{maindes} 和空中距离 $D_{\text{maindesair}}$。风和温度考虑方法与主航段爬升阶段相同，则主航段下降地面距离 $D_{\text{maindesground}} = D_{\text{maindesair}} + \dfrac{2}{3}$（或 70%）$V_{\text{mainwind}} \times t_{\text{maindes}}$，$V_{\text{mainwind}}$ 顺风时为负值，逆风时为负值。

(11) 比较主航段下降地面距离与(8)中初始设置的地面距离，若 $|D_{\text{maindesground}} - D_{\text{maindesground}_1}| \leqslant \xi$，则停止迭代，否则将此主航段下降地面距离代入(8)重复。ξ 为一个小量，一般可设置为 1 km 或更小。也可以采用其他判断值，如主航段下降顶点重量、主航段着陆重量、主航段巡航油量、主航段下降油量等参数，此时可将阈值设置为 1 kg 或更小。

5. 主航段进近和改航复飞阶段

(12) 计算在目标机场进近油耗 $F_{\text{mainapp}} = $ 进近耗油率×进近时间。

(13) 在目标机场着陆重量 LWD $= W_{\text{mainTOC}} - F_{\text{maincru}} - F_{\text{maindes}} - F_{\text{mainapp}}$（检查 MLWD）。

(14) 计算在目标机场复飞油耗 $F_{\text{alttakeoff}} = $ 复飞耗油率×复飞时间。

6. 改航爬升阶段

(15) 根据改航起飞重量(即目标机场着陆重量 LWD)〔有时可能是改航爬升结束重量(即改航爬升顶点重量)，此时也需要迭代计算，方法与自后向前的等待阶段重量和油耗计算相同〕、改航爬升高度(即改航初始巡航高度)、改航爬升速度、改航爬升温度查爬升性能数据表格，得到改航爬升油量 F_{altclim}、时间 t_{altclim} 和空中距离 $D_{\text{altclimair}}$。风和温度的考虑方法与自后向前的改航段相同，则主航段爬升地面距离 $D_{\text{altclimground}} = D_{\text{altclimair}} + \dfrac{2}{3}$（或 70%）$V_{\text{altwind}} \times t_{\text{altclim}}$。

(16) 计算改航爬升顶点重量 $W_{\text{altTOC}} = \text{LWD} - F_{\text{alttakeoff}} - F_{\text{altclim}}$。

7. 改航巡航阶段

(17) 根据改航爬升顶点重量 W_{altTOC}、改航巡航高度、改航巡航温度 T_{alt} 和改航巡航速度(仅定速巡航时使用)查巡航性能数据表格，得到改航爬升顶点重量所对应的单发燃油流量 $\text{FF}_{\text{altcru}}$ 和真空速 V_{altcru}（若使用定速巡航，则该空速为已知值，可采用第 1 章中的真空速计算方法获取更为准确；若采用 LRC 或 CI 飞行时则需要查表获得该值）。令改航下降地面距离 $D_{\text{altdesground}_1} = 2 \times D_{\text{altclimground}}$ 或 $D_{\text{altdesground}_1} = 0$，改航初始巡航地面距离 $D_{\text{altcruground}_1} = D_{\text{alt}} - D_{\text{altdesground}_1} - D_{\text{altclimground}}$，获得改航巡航时间 $t_{\text{altcru}} = D_{\text{altcruground}_1} / (V_{\text{altcru}} + V_{\text{altwind}})$，改航巡航油耗

$F_{altcru} = FF_{altcru} \times t_{altcru}$。因为改航巡航过程中燃油流量是个变量,因此要计算改航巡航油量必须算出平均燃油流量。若非初始迭代计算,可将整个改航巡航段当成一段来处理,则使用改航巡航中间点的燃油流率和真空速作为改航巡航段平均燃油流率和真空速(该方法适用于人工计算和定速巡航,若采用编程计算则需要将改航巡航段分成若干小段,且对于非定速巡航,如 LRC 和 CI 飞行时误差稍大)。即根据改航巡航中间点重量 $W_{altmid} = W_{altTOC} - F_{altcru}/2$ 查巡航性能数据表格(改航巡航油耗 F_{altcru} 来源于上一轮迭代计算),得到改航巡航中间点重量所对应的单发燃油流量和真空速。

(18)计算改航下降顶点重量 $W_{altTOD} = W_{altTOC} - F_{altcru}$。

8. 改航下降阶段

(19)根据改航着陆重量[有时可能是改航下降开始重量(即改航下降顶点重量),若为改航着陆重量则在初始迭代计算时使用已知的改航下降顶点重量 W_{altTOD} 替代,非初始迭代计算时改航着陆重量则使用上一轮迭代数值]、改航下降高度、改航下降速度、改航下降温度查爬升性能数据表格,得到改航下降油量 F_{altdes}、时间 t_{altdes} 和空中距离 $D_{altdesair}$。风和温度考虑方法与改航爬升阶段相同,则改航下降地面距离 $D_{altdesground} = D_{altdesair} + \dfrac{2}{3}$(或 70%)$V_{altwind} \times t_{altdes}$。

(20)计算等待开始重量 $W_{holdbegin} = W_{altTOD} - F_{altdes}$。

9. 等待阶段

(21)因为等待过程中燃油流量是个变量,因此要计算等待油量必须算出平均燃油流量。先根据 $W_{holdbegin}$、等待速度、等待高度和等待温度查等待油量表,得到单发燃油流量 FFI_{hold},这是一个粗略的平均燃油流量,接着根据它计算等待油量 $F_{hold_1} = 2 \times FFI_{hold} \times t_{hold}$,这也是一个粗略值。然后计算等待中的平均重量 $W_{holdavg} = (W_{holdend} + W_{holdbegin})/2 = W_{holdbegin} - 1/2 \times F_{hold_1}$,再根据 $W_{holdavg}$ 查等待油量表,得到单发燃油流量 FF_{hold},这就是等待中的平均燃油流量。最后计算等待油量 $F_{hold} = 2 \times FF_{hold} \times t_{hold}$。若需要精准计算,则可进行 2～3 次迭代计算。

(22)比较改航下降地面距离与(17)中初始设置的地面距离,若 $|D_{altdesground} - D_{altdesground_1}| \leqslant \xi$,则停止迭代,否则将此改航下降地面距离代入(17)重复。ξ 为一个小量,一般可设置为 1 km 或更小,也可以采用其他判断值,如改航下降顶点重量、改航着陆重量、改航巡航油量、改航下降油量等参数,此时可将阈值设置为 1 kg 或更小。

(23)计算等待结束重量 $W_{holdend} = W_{altTOC} - F_{altcru} - F_{altdes} - F_{hold}$。

10. 改航进近、着陆和滑入阶段

（24）计算在备降场进近油耗 F_{altapp} ＝进近耗油率×进近时间。

（25）计算在备降场着陆重量 LWA ＝$W_{holdend}$ － F_{altapp}（检查 MLWA）。

（26）计算在备降场滑入油耗 $F_{alttaxiin}$ ＝滑行耗油率×滑入时间。

（27）计算在备降场停机坪重量 W_{stop} ＝LWA － W_{taxiin}。

（28）计算 ZFW ＝W_{stop} － COF（国际航线还要减去航线应急油 F_{10}）（检查 MZFW）。

（29）计算最大业载 PL ＝ZFW － OEW。

11. 总结计算

（30）下面是根据定义汇总及验算过程：

改航油量 ＝W_{altapp} ＋ F_{altdes} ＋ F_{altcru} ＋ $F_{altclim}$ ＋ $F_{alttakeoff}$；

改航时间 ＝t_{altapp} ＋ t_{altdes} ＋ t_{altcru} ＋ $t_{altclim}$ ＋ $t_{alttakeoff}$；

备份油量＝改航油量＋等待油量＋公司备份油（COF）（对国际航线还要加上航线应急油 F_{10}）；

航程油量＝$W_{mainapp}$ ＋ $F_{maindes}$ ＋ $F_{maincru}$ ＋ $F_{mainclim}$ ＋ $F_{maintakeoff}$；

航程时间＝$t_{mainapp}$ ＋ $t_{maindes}$ ＋ $t_{maincru}$ ＋ $t_{mainclim}$ ＋ $t_{maintakeoff}$；

轮挡油量＝航程油量＋滑出耗油＋滑入耗油；

轮挡时间＝航程时间＋滑出时间＋滑入时间；

起飞总油量＝轮挡油量＋备份油量（检查油箱容量）。

（31）验算 TAXW － ZFW 的值是否等于起飞总油量。等于表明求和无误；不等于表明某一步运算错误，返回检查。

12. 高度检查

（32）根据 $W_{mainTOC}$ 查飞机高度能力表和机动能力表，得 TOC 点 HOPT，H_{MCR}，$H_{1.3g}$。

（33）根据 $W_{mainTOD}$ 查飞机高度能力表和机动能力表，得 TOD 点 HOPT，H_{MCR}，$H_{1.3g}$。

对于较短的航线采用自后向前的方法较好，一般计算出来的起飞重量不会超过最大允许起飞重量，可以避免迭代计算，手册上所给出的简化飞行计划的图表适合于自后向前法。对于长航线则采用自前向后的方法较好，计算出来的着陆重量一般不会超过最大允许着陆重量，可以避免迭代计算，手册上所给出的阶梯巡航的简化飞行计划图表适合于自前向后法。如果编制飞行计划计算机程序，可以只按一种方法来编制程序，一般来说自后向前法较为方便。

如通过人工手算做飞行计划,自后向前算出的起飞重量超过最大允许起飞重量,可改为自前向后计算;反之,如自前向后算出的着陆重量超过最大允许着陆重量,可改为自后向前计算,以避免迭代计算。

3.3.5　分段计算

飞行计划制订的指导思想是爬升、下降和等待段采用近似计算,巡航段分小段积分。对飞行而言,飞行时间 2 min 或飞行距离 20~50 km 是可接受的步长,这与分段插值间隔需求基本一致,即采用时序离散、航程离散均可完成计算。一般来说,支线机巡航段最长分为 100~150 段,单通道飞机巡航段最长分为 150~200 段,双通道飞机巡航段最长分为 300~350 段,备降巡航段最长分为 10~20 段。

当然,如果爬升和下降段不进行分段计算,不会影响爬升和下降油量计算,仅影响爬升顶点(TOC)和下降顶点(TOD)位置。某些情况下,爬升和下降段也会进行分段计算,以便于获得准确的 TOC 和 TOD 位置。在已知初始重量、速度或速度剖面(针对爬升和下降)、高度、航路距离(仅针对巡航段)、温度和风速的条件下,可分别计算巡航段的燃油流量、真空速(仅针对非定速巡航,如 LRC,CI 等),其他阶段的油耗、时间和距离。

有时为了快速计算,也可采用巡航不分段的方式完成算法设计。以 A320 - 200 飞机为例,巡航不分段和分段的小时飞行油耗差异不显著,最大仅 0.25%,如图 3 - 2 所示,长航程影响略为显著。当然对于不同的条件、不同的机型影响会不一样,尤其是对于宽体客机长航线、非定速巡航即经济飞行或 LRC 巡航时影响将加大。

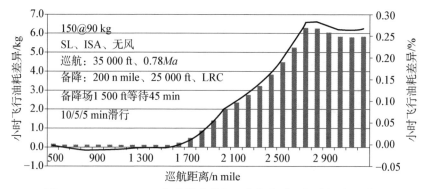

图 3 - 2　A320 - 200 飞机巡航分段与不分段小时飞行油耗差异对比

对于按照自后向前计算的思路,等待剖面和下降剖面的计算方法与自后向前和自前向后计算相同,巡航和爬升阶段的程序设计简化思路如下:

巡航距离=航线距离-下降距离-爬升距离(初始可设置为0或等于下降距离)

巡航油耗(1)=1000 kg(初始值)

巡航油耗(2)=2000 kg(初始值)

Do while(第 N 次循环巡航油耗-第 N-1 次循环巡航油耗)的绝对值≥10 kg(门限值)

初始巡航重量=巡航结束点(下降顶点)重量

已计算巡航距离=0(初始值)

地速=初始巡航重量(及相应的高度、温度)对应的真空速+风速(初始值)

Do while   (巡航距离-已计算巡航距离)/地速≥2 min

    1. 初始巡航重量(及相应的高度、温度):燃油流量

    2. 初始 2 min 后巡航重量=初始巡航重量对应的燃油流量×2 min(步长)

    3. 中间点巡航重量=(初始巡航重量+初始 2 min 巡航重量)÷2

    中间点巡航重量(及相应的高度、温度):真空速、燃油流量

    4. 2 min 后巡航重量=中间点巡航重量对应的燃油流量×2 min

    2 min 后巡航重量(及相应的高度、温度):真空速、燃油流量

已计算巡航距离=已计算巡航距离+(中间点巡航重量对应的真空速+风速)×2 min

地速=2 min 后巡航重量(及相应的高度、温度)对应的真空速+风速

初始巡航重量=2 min 后巡航重量

LOOP

(未考虑非定速巡航时重量对于速度的影响,即对最后一段小于 2 min 的飞行时间的影响)

1. 循环结束时初始巡航重量(及相应的高度、温度):真空速、燃油流量

最后一段巡航时间 n=(巡航距离-已计算巡航距离)/(循环结束时初始巡航重量对应的真空速+风速)

2. 循环结束时初始 $n(n<2)$ min 后巡航重量=循环结束时初始巡航重量对应的燃油流量×n min

3. 循环结束时中间点巡航重量=(循环结束时初始巡航重量+循环结束时初始

n min 巡航重量)÷2

循环结束时中间点巡航重量(及相应的高度、温度):燃油流量

4. 循环结束时 n min 后巡航重量=循环结束时中间点巡航重量对应的燃油流量×n min

巡航开始点(爬升顶点)重量=循环结束时 n min 后巡航重量

巡航油耗、巡航真空速、巡航时间计算

巡航油耗(i)= 巡航油耗(i>2)

i = i + 1

根据巡航开始点(爬升顶点)计算爬升重量、油耗、时间、距离

巡航距离=航线距离-下降距离-爬升距离

LOOP

当步长选择较小时,也可以采用初始点替代中间点进行积分计算,计算误差在可接受范围内,且可以提升运算效率。实际算法设计时也可以采用 FOR - NEXT 固定循环次数的方式,但需要根据机型航程设置较小的步长。这样在 EXCEL 中也便于实现。

初始值设置可以选择非 0 数据,如爬升距离可设置等于下降距离等,以此增强收敛速度,减少迭代次数,提高运算速度。

采用固定设置航程离散分析的方法替换传统的时序离散分析方法,有助于规避最后一段完整分段的判断,进而简化程序的循环逻辑。这在市场开拓所需的工具开发中作用非常显著。

3.4 数据需求

3.4.1 飞机性能

飞行计划制订一般需要爬升、巡航、下降、等待和升限等五组飞机性能主要数据,以及滑出、起飞、进近、复飞、滑入等阶段特征参数。各数据的步长设置采取常用数据缩短步长的原则,即常用速度、重量、高度和温度,均采用较小步长,不常用速度、重量、高度和温度,则采用较大步长。[22]

飞机性能分析主要根据性能数据进行线性内插值,鉴于分段线性内插值的特点是节点处数据最准确,因此需尽量增加节点处数据直接使用频率。这对于重量和温度等(尤其是重量)往往较难实现,因为其变化是连续的。但对于高度

和速度等是可实现的，其变化是离散的。因此高度的节点通常选择为飞行高度层，国际航线使用 1 000 ft 的整数倍，国内航线存在数据单位的公英制转换问题，则应按国内标准选择对应的高度层，如 35 100 ft、36 100 ft 等，若航线涉及国内和国际航段则各高度层都应设置为节点。速度的节点通常选择常用的飞行马赫数，如 $0.74\,Ma$，$0.75\,Ma$，$0.76\,Ma$，$0.78\,Ma$，$0.79\,Ma$ 等。

以 A320 - 271 飞机（A320neo，安装 PW1500G 发动机）为例进行分段内插值误差分析说明。数据计算条件如下：机型 A320 - 271、巡航重量 80 000 kg、飞行高度 35 000 ft、飞行速度 0.78 Ma、空调开、防冰关闭、重心 27%、无风。A320 - 271 飞机在不同温度和重量条件下的典型巡航数据分别见表 3 - 3 和表 3 - 4。

表 3 - 3　A320 - 271 飞机不同温度下的典型巡航数据

ΔISA/℃	FF/(kg/h)	ΔISA/℃	FF/(kg/h)
−10	2 256	3	2 358
−9	2 264	4	2 366
−8	2 272	5	2 374
−7	2 280	6	2 382
−6	2 288	7	2 390
−5	2 295	8	2 398
−4	2 303	9	2 405
−3	2 311	10	2 413
−2	2 319	11	2 421
−1	2 327	12	2 429
0	2 335	13	2 436
1	2 342	14	2 444
2	2 350	15	2 452

当温度间隔为 1℃ 时，最大理论误差为 0.062 5 kg/h，最大理论相对误差 0.002 8%。当温度间隔为 5℃ 时，最大理论误差为 0.312 5 kg/h，最大理论相对误差 0.013 9%。

表 3 - 4　A320 - 271 飞机不同重量下的典型巡航数据

巡航重量/kg	FF/(kg/h)	巡航重量/kg	FF/(kg/h)
60 000	1 928	63 000	1 971
61 000	1 942	64 000	1 987
62 000	1 956	65 000	2 003
66 000	2 020	76 000	2 222

（续表）

巡航重量/kg	FF/(kg/h)	巡航重量/kg	FF/(kg/h)
67 000	2 037	77 000	2 248
68 000	2 054	78 000	2 274
69 000	2 072	79 000	2 303
70 000	2 091	80 000	2 335
71 000	2 111	81 000	2 369
72 000	2 131	82 000	2 405
73 000	2 152	83 000	2 442
74 000	2 174	84 000	2 482
75 000	2 197		

当重量间隔为 1 000 kg 时，最大理论误差为 187.5 kg/h，但最大二阶差分仅为 0.001 5。当重量间隔为 2 000 kg 时，最大理论误差为 1 125 kg/h，但最大二阶差分仅为 0.002 25。如图 3-3 所示，其油耗随重量变化的曲线较为光滑。且只有巡航重量较大时最大理论误差变大，其他情况下最大理论误差仅为目前的 1/3。

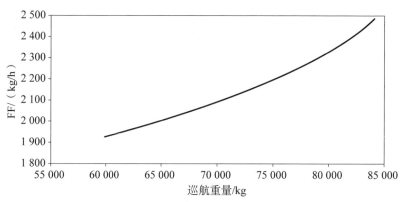

图 3-3 A320-271 飞机典型巡航油耗

而实际上，巡航重量的使用一般不是以 1 kg 为间隔的，一般使用 2 min，以 A320-271 飞机为例，其重量约 66 kg 左右，相当于巡航重量间隔缩短为 1 000/66 kg 或 2 000/66 kg，此时最大理论误差降低为 0.043 kg/h 和 0.258 kg/h。而 A330-200 飞机，间隔为 1 000/183 kg、5 000/183 kg 时的最大理论误差为 0.005 61 kg/h 和 0.214 6 kg/h。

用相同的方法可分析出爬升、下降和等待阶段的温度、重量分段间隔需求。温度的间隔一般选择为 5℃ 或 10℃，不宜超过 10℃，而温度较高时油耗等参数变化较快，则需要减小间隔。重量的间隔因机型而定，一般与小时耗油率数值接近为宜，而重量较大时油耗等参数变化较快，则需要减小间隔，例如降为耗油率数值的一半甚至三分之一。

由于巡航参数对于油耗的影响较为显著，可以通过缩短巡航参数步长的方法提高飞行计划计算精度，即缩短速度、重量、高度和温度等参数的步长。对于下降参数，重量的敏感性差异较小，故可通过增大速度、重量、高度、温度等下降参数步长的方法提高飞行计划计算的速度。对于飞行状态参数变化较多的爬升、下降过程，其中重量、速度、高度等均发生变化，则可使用积分数据，该数据类似于概率论中的概率分布函数。对于飞行状态变化较少的巡航、等待过程，主要为重量和速度发生变化，则可使用点数据，该数据类似于概率论中的概率密度函数。爬升、下降过程也可以使用类似于巡航、等待过程的点数据，即一定高度、一定爬升（或下降）速度、一定重量、一定温度下的耗油率和真空速。这样虽然可以较为准确地计算，但对于数据量的要求太高。所以爬升、下降过程一般采用近似的积分计算完成。[23]

1. 特征参数

性能特征数据除了包含重量相关数据，还包括滑入/滑出耗油率、起飞/进近/复飞时间和耗油率、APU 耗油率和引气防冰耗油率，如表 3-5 所示。

表 3-5　性能特征数据种类

序号	种　类	序号	种　类
1	滑出耗油率	12	最大滑行重量
2	滑入耗油率	13	最大起飞重量
3	起飞时间	14	最大着陆重量
4	起飞耗油率	15	最大零燃油重量
5	进近耗油率	16	最大油箱容量
6	目标机场进近时间	17	使用空重
7	备降机场进近时间	18	标准乘客重量
8	复飞时间	19	最大滑行重量
9	复飞耗油率	20	发动机引气防冰耗油率
10	APU 地面耗油率	21	机翼引气防冰耗油率
11	APU 空中耗油率		

2. 爬升数据

提供的爬升数据为飞机从海平面机场（标高为 0）按照给定爬升速度规律或 CI 爬升速度规律，爬升至某一高度的累计的时间、油量、距离和速度参数（见

表 3 - 6),具体要求如下:

表 3 - 6　爬升数据所包含项目及样例

数据项目	ΔISA /℃	初始重量(或爬升结束重量)/kg	爬升结束气压高度/ft	爬升时间/min	油耗/kg	距离/n mile
样例	10	67 000	33 000	18	1 500	125

(1) 爬升剖面;

(2) ΔISA 范围:通常为 0 到 20℃,温度间隔为 5℃,可以将范围适当扩充,例如 -10℃~30℃,并将常用温度的间隔缩短,不常用温度的间隔加大;

(3) 初始重量范围:覆盖爬升允许的最大至最小重量,支线机的重量间隔可为 1 000 kg 或 2 000 lb,窄体机可为 2 000~5 000 kg 或 4 000~10 000 lb,宽体机可为 10 000 kg~20 000 kg 或 20 000 lb~40 000 lb,部分特征重量数据可单独标出,针对常用重量可将间隔适当缩短;

(4) 气压高度范围:初始爬升高度 1 500 ft 至升限,包括 1 500 ft、5 000 ft、10 000 ft(存在平飞加速时需区分表示),10 000 ft 以上间隔可为 1 000 ft 或者 2 000 ft,部分特殊气压高度可单独标出(例如转换高度);

(5) 引气防冰、空调功率和机场标高对燃油流量的影响。

当按 CI 爬升速度规律给出数据时,还需增加考虑风的影响因素,可考虑以 50 kn 为步长,需先根据给定 CI 值、风速采用相邻数据内插值的方法构建所需爬升数据表格。

3. 巡航数据

提供的巡航数据为飞机爬升阶段结束时刻到开始下降时刻直接在给定巡航方式下,某一高度、某一温度偏差、某一重量时刻的巡航指示空速、瞬时马赫数、燃油流量和巡航真空速(见表 3 - 7),具体要求如下:

表 3 - 7　巡航数据所包含项目及样例

数据项目	气压高度/ft	ΔISA/℃	巡航重量/kg	巡航真空速/kn	燃油流量 /[kg/(h·eng)[①]]
样例	33 000	10	63 000	458	1 238

(1) 发动机推力;

---

① eng 为发动机。

（2）巡航方式,通常为 LRC、定速巡航和 CI 巡航,支线机通常为 $0.7\,Ma\sim$ 最大使用限制速度,窄体机通常为 $0.7\,Ma\sim$ 最大使用限制速度,宽体机通常为 $0.8\,Ma\sim$ 最大使用限制速度,可适度补充低速度,速度间隔为 $0.02\,Ma$ 或 $0.01\,Ma$;

（3）气压高度范围:通常为 10 000 ft 至升限,间隔通常为 $1\,000\sim2\,000$ ft,部分特殊气压高度可单独标出;

（4）ΔISA 范围:可以直接标出(参照爬升数据要求),以 ISA 为基准,标出温度偏离对燃油流量、发动机推力、巡航速度的影响;

（5）巡航重量范围:覆盖巡航允许的最大至最小重量,支线机的重量间隔可为 1 000 kg 或 2 000 lb,窄体机可为 $2\,000\sim5\,000$ kg 或 $4\,000\sim10\,000$ lb,宽体机可为 10 000 kg 或 20 000 lb,部分特征重量数据可单独标出,针对常用重量可将间隔适当缩短;

（6）引气防冰对燃油流量的影响。

当按 CI 巡航给出数据时,还需增加考虑风的影响因素,可考虑以 50 kn 为步长,需先根据给定 CI 值、风速采用相邻数据内插值的方法构建所需巡航数据表格。

4. 等待数据

提供的等待数据为飞机在某一等待方式下,某一高度、某一温度偏差、某一重量时刻的瞬时表速与燃油流量(见表 3 - 8),具体要求如下:

表 3 - 8 等待数据所包含项目及样例

数据项目	等待重量/kg	气压高度/ft	ΔISA/℃	燃油流量/[kg/(h・eng)]
样例	57 000	3 000	3	953

（1）等待速度;

（2）气压高度范围:通常为 1 500 ft 至升限,包括 1 500 ft、5 000 ft、10 000 ft,10 000 ft 以上间隔可为 $2\,000\sim5\,000$ ft,较巡航阶段间隔更大;

（3）ΔISA:可以直接标出(参照爬升数据要求),也可以标注温度偏离 1℃对燃油流量的影响;

（4）等待重量范围:覆盖等待允许的最大至最小重量,支线机的重量间隔可为 1 000 kg 或 2 000 lb,窄体机可为 $2\,000\sim5\,000$ kg,宽体机可为 10 000 kg 或 20 000 lb,部分特征重量数据可单独标出,针对常用重量可将间隔适当缩短;

（5）引气防冰、等待路径对燃油流量的影响。

5. 下降数据

提供的下降数据为飞机在某一着陆重量的情况下(着陆终止飞机在跑道上

的重量,而非开始下降的重量,需迭代计算)以一定下降速度规律或 CI 下降速度规律,从某一高度下降至另一高度(通常为海平面机场或 1 500 ft)的累计时间、油量、距离参数(见表 3 - 9),具体要求如下:

表 3 - 9　下降数据所包含项目及样例

数据项目	ΔISA /℃	初始重量(或着陆重量)/kg	下降起始气压高度/ft	下降时间/min	油耗/kg	距离/n mile
样例	10	60 866	33 000	14.5	113	86.5

(1) 下降剖面;

(2) 初始重量范围:范围跨度较爬升重量范围更窄,且间隔也更大,例如 A320 - 200 飞机仅显示了 45 000 kg 和 65 000 kg 两个重量,A330 - 200 飞机仅显示了 150 000 kg 和 200 000 kg 两个重量;

(3) 气压高度范围:升限至 1 500 ft,包括 1 500 ft、5 000 ft、10 000 ft(平飞减速时需区分表示),10 000 ft 以上间隔可为 1 000 ft 或者 2 000 ft,部分特殊气压高度可单独标出(例如转换高度);

(4) ΔISA:可以直接标出(参照爬升数据要求),也可以标注温度偏离对燃油流量和距离的影响;

(5) 引气防冰对时间、燃油流量和距离的影响。

当按 CI 下降速度规律给出数据时,还需增加考虑风的影响因素,可考虑以 50 kn 为步长,需先根据给定 CI 值、风速采用相邻数据内插值的方法构建所需下降数据表格。

6. 升限数据

提供给定巡航方式下,某一温度偏差情况下的不同重量条件下飞机的最佳高度、最大高度数据(考虑 1.3g 抖振与最大巡航推力限制)(见表 3 - 10),具体要求如下:

表 3 - 10　升限数据所包含内容及样例

数据项目	ΔISA/℃	巡航速度	巡航重量/kg	巡航升限/ft	最佳巡航高度/ft
样例	10	0.78 Ma	63 000	39 000	39 000

(1) 发动机推力、过载系数;

(2) ΔISA:通常为 0～20℃,温度间隔为 5℃,可以将范围适当扩充,例如 −10℃～30℃,并将常用温度的间隔缩短;

（3）巡航速度范围:建议为 $0.6\,Ma$ 至最大使用限制速度,速度间隔可为 $0.02\,Ma$ 或 $0.01\,Ma$;

（4）巡航重量范围:覆盖巡航允许的最大至最小重量,支线机的重量间隔可为 $1\,000\,kg$ 或 $2\,000\,lb$,窄体机可为 $2\,000\,kg\sim5\,000\,kg$ 或 $4\,000\sim10\,000\,lb$,宽体机可为 $10\,000\,kg$ 或 $20\,000\,lb$,部分特征重量数据可单独标出,针对常用重量可将间隔适当缩短。

3.4.2　公司航线

飞行计划所需的公司航线数据如下:出发机场及标高、出发机场滑出时间、主航路距离、主航路飞行高度、目标机场及标高、目标机场滑入时间、备降航路距离、备降飞行高度、备降机场及标高、备降机场滑入时间、APU 地面工作时间、等待高度、特殊离场时间(若有)、特殊进近时间(若有)、公司备份油(若有)、二次放行距离(若有)。航空公司航线设计流程见图 3-4。[24]

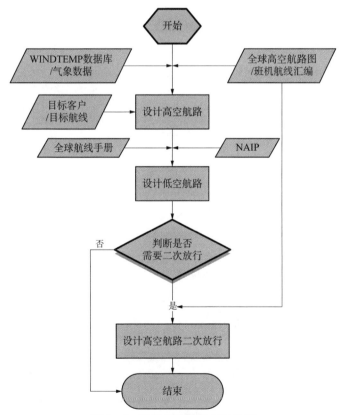

图 3-4　航空公司航线设计流程

3.4.3 气象

飞行计划所需的气象数据,包括不同季节不同概率条件下的风、温度。可采用气象预报或统计数据。

开航前的航线分析、特别是飞机选型时的航线分析,是飞机制造商在营销时最为关注的环节,一般都是按冬季或夏季85%可靠性的风和温度计算。

$XX\%$可靠性的风或温度是指:在指定的时间(季或年)内,风或温度不大于该值或者说是风或温度≤该值的概率为$XX\%$。

可靠性$XX\%$的温度Txx,即温度≤Txx的概率为$XX\%$的温度:

$$Txx = 航路50\%可靠性的温度\mu + K \times 航路温度标准差\sigma$$

表 3 - 11   可靠性对应 K 值

可靠性 $XX\%$	K
50	0
55	0.125
60	0.253
65	0.385
70	0.524
75	0.674
80	0.842
85	1.037
90	1.282
95	1.645
96	1.751
97	1.881
98	2.054
99	2.327

可靠性$XX\%$的温度Wxx,即顶风≤∣Wxx∣(顺风≥∣Wxx∣)的概率为$XX\%$的航路风:

$$Wxx = 航路50\%可靠性的当量风\mu - K \times 航路当量风标准差\sigma$$

中间高度的风和温度可以用曲线拟合或二次插值方法计算。

不能认为使用可靠性(概率)越大的风速(气温)计算出的结果越准确。下面举个简单的例子说明这一点。假设一年中对某一航线的风测量了1000次,测量结果如下:

表 3 - 12　航路风统计案例

次数	顶风/kn
300	70
150	90
50	95
50	96
150	100
100	120
50	140
50	141
50	150
40	170
10	180

从表中可看出:顶风不大于 95 kn 的次数为 500 次,即概率为 50%,所以 50% 可靠性年度风＝95 kn(顶风),同理,85%、95%、99%、100% 的可靠性年风分别为 140、150、170、180 kn。按可靠性 99% 的顶风 170 kn 算出的飞行时间、油量够用的可能性为 99%,但是,很显然,在大多数情况下这个油量与时间比实际所用的大很多,不能理解为准确性是 99%。

3.4.4　经验参数

一般近似认为飞行计划计算相关的经验参数如下:

(1) 风。

爬升、下降中的风速为巡航高度上风速的 2/3 或 70%。

(2) 温度。

爬升、下降使用与巡航相同的温度。

(3) 耗油率。

滑行耗油率是巡航耗油率的 1/4。

起飞耗油率是巡航耗油率的 2.5～3 倍。

爬升耗油率是巡航耗油率的 2～3 倍。

爬升 ΔISA 每增加 10℃,耗油率增加 5%～8%(一般在 ISA−10℃～ISA＋15℃ 之间)。

巡航 TAT(总温度)每增加 10℃,耗油率增加 3%(一般在 ISA−10℃～ISA＋15℃ 之间)。

下降耗油率是巡航耗油率的 1/3。

进近和着陆耗油率是巡航耗油率的 1/2。

复飞油耗是起飞油耗的 80%。

重量每增加 1 kg,油耗增加 2%~7%[见式(3-13)]。

$$FF = T \times SFC = D \times SFC = \frac{L}{K} \times SFC = \frac{W}{K} \times SFC$$

$$\Delta FF = \frac{\Delta W}{K} \times \overline{SFC} \qquad\qquad 式(3-13)$$

$$if: SFC = 0.526, \ K = 20, \ \Delta W = 1$$

$$\Delta FF = 2.6\%$$

每 1%平均气动弦长(MAC)的重心改变会产生 0.05%~0.125%的油耗变化。

重心对于油耗的影响,概要分析如下。根据力矩平衡方程,可以得到两组平衡方程

$$L_{CP} \times Y_{CP} = L_{THS} \times Y_{THS} \qquad\qquad 式(3-14)$$

$$(L_{CP} + \Delta L) \times (Y_{CP} + \Delta MAC) = (L_{THS} + \Delta L) \times (Y_{THS} + \Delta MAC)$$
$$式(3-15)$$

式中,

L_{CP} ——升力;

Y_{CP} ——升力力矩;

L_{THS} ——负升力;

Y_{THS} ——负升力力矩;

ΔL ——升力变化量;

ΔMAC ——重心变化量。

对式(3-15)展开后得到:

$$L_{CP} \times Y_{CP} + \Delta L \times Y_{CP} + L_{CP} \times \Delta MAC + \Delta L \times \Delta MAC =$$
$$L_{THS} \times Y_{THS} + \Delta L \times Y_{THS} + L_{THS} \times \Delta MAC + \Delta L \times \Delta MAC$$
$$式(3-16)$$

将式(3-14)代入式(3-16)可得到

$$\Delta L \times Y_{CP} + L_{CP} \times \Delta MAC = \Delta L \times Y_{THS} + L_{THS} \times \Delta MAC \qquad 式(3-17)$$

$$\Delta L = \frac{L_{CP} - L_{THS}}{Y_{THS} - Y_{CP}} \times \Delta MAC = \frac{G}{Y_{THS} - Y_{CP}} \times \Delta MAC \qquad 式(3-18)$$

再根据油耗的计算公式,可获得重心对油耗的影响如下：

$$\Delta FF = SFC \times \Delta T = SFC \times \Delta D$$

$$= SFC \times \frac{\Delta D}{\Delta L} \times \Delta L = \frac{SFC}{k} \times \frac{G}{Y_{THS} - Y_{CP}} \times \Delta MAC \qquad 式(3-19)$$

$$FF = SFC \times T = SFC \times D = SFC \times \frac{D}{L} \times L = \frac{SFC}{k} \times G \qquad 式(3-20)$$

$$\Delta FF\% = \frac{\Delta FF}{FF} \times 100\% = \frac{\Delta MAC}{Y_{THS} - Y_{CP}} \times 100\% \qquad 式(3-21)$$

若 $1\%\Delta MAC = 40\,mm$，$Y_{THS} - Y_{CP} = 25\,000\,m$，则 $\Delta FF\% = 0.16\%$。

(4) 距离。

每爬升、下降 $1\,000\,ft$ 需 $3\,n\,mile$。

爬升坡度、下降坡度 $3°\sim5°$。

下滑时

$$\begin{cases} L = W\cos\gamma \\ D = T + W\sin\gamma \end{cases} \qquad 式(3-22)$$

式中：

　L ——推力；

　D ——阻力；

　W ——重力；

　T ——推力；

　γ ——下滑角。

下滑时一般认为推力较小,可忽略,则下滑角为：

$$\tan\gamma = \frac{D}{L} = \frac{1}{K} = \frac{h}{l_{des}} \qquad 式(3-23)$$

式中：

　h　　下降高度；

　l_{des} ——下降距离。

一般认为 K 在 $16\sim22$ 之间,则根据式(3-23),可推算出下滑角为 $2.6°\sim3.6°$ 之间,每 $1\,000\,\text{ft}$ 下降距离在 $2.6\sim3.6\,\text{n mile}$ 之间。其实飞行中常根据滑翔比的大小估计下降距离的长短。滑翔比是下降距离与下降高度之比,在无风和零推力(或推力忽略时),滑翔比就等于飞机的升阻比。

(5) 时间。

起飞、复飞时间为 $1\sim2\,\text{min}$。

进近和着陆时间为 $4\sim6\,\text{min}$。

每爬升、下降 $1\,000\,\text{ft}$ 需 $0.5\,\text{min}$。

爬升、下降率 $1\,000\sim2\,500\,\text{ft/min}$。

(6) 速度。

总温度(TAT)每增加 $1℃$,真空速增加 $1\,\text{kn}$。

若按 $0.78\,Ma$,$35\,000\,\text{ft}$,TAT 从 $10℃$ 增加到 $11℃$ 计算,真空速增加 $0.91\,\text{kn}$。当马赫数降低、巡航高度降低、温度绝对值增加后真空速随 TAT 增加量都会降低。例如上述条件不变,当马赫数降低至 $0.7\,Ma$ 时,真空速增加 $0.82\,\text{kn}$。

$$TAT = T \times (1 + 0.2Ma^2) \qquad\qquad 式(3-24)$$

式中:

　TAT——总温度;

　T——静温;

　Ma——马赫数。

$100\,\text{kn}$ 风影响最佳爬升指示空速约 $5\,\text{kn}$。通常,典型的风速只改变最佳爬升速度 $0.5\sim1\,\text{km/h}$,即风的影响在一般情况下是可以忽略不计的。

3.5　计算模型

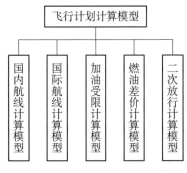

图 3-5　飞行计划计算模型

根据 CCAR-121-R4 与航空公司实际运行要求,经过深入研究确定建立如下飞行计划计算模型(见图3-5),可满足目前 CCAR-121-R5/R6 以及 FAR、EASA 相关需求。[15]

3.5.1　国内航线

根据 CCAR-121-R4 第 121.657 条关于"国内定期载客运行的燃油量要求",结合飞机性能数据优化处理模型中的爬升、巡航、下降、等待等计算,按照国内航线飞行剖面(见图 3-6)计算起飞油量及计算航路各点经纬度、速度、航向、剩余油量等状态参数。

图 3-6 国内航线飞行剖面

3.5.2 国外航线

根据 CCAR-121-R4 第 121.661 条关于"除涡轮螺旋桨发动机飞机之外的涡轮发动机飞机国际定期载客运行、补充运行的燃油量"的要求,结合飞机性能数据优化处理模型中爬升、巡航、下降、等待等计算,按照除涡轮螺旋桨发动机飞机之外的涡轮发动机飞机国际航线飞行剖面(见图 3-7)计算起飞油量及计算航路各点经纬度、速度、航向、剩余油量等状态参数。但 CCAR-121-R5 中将国内、国外飞行剖面统一,均使用国际航线飞行剖面。同时将不可预期燃油由 10% 航程飞行时间改为 10% 航程燃油。

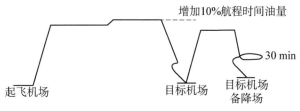

图 3-7 国际航线飞行剖面

3.5.3 目标机场不能加油

在我国国内个别机场(如日喀则机场),由于特殊原因在某些情况下不能为飞机加油,飞到此类机场的航班必须带上回程或下一航段所需的油量,目标机场不能加油的飞行剖面如图 3-8 所示。在此极端条件下通过最优化模型算法确定最低起飞加油量,并计算各航路点的状态参数和业载限制。

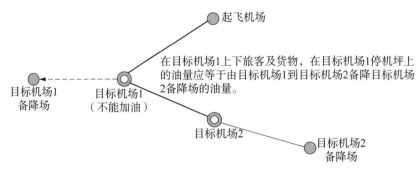

图3‑8 目标机场不能加油的飞行剖面

3.5.4 目标机场部分加油

在一些燃油紧张的机场对在该机场着陆的飞机只能补充少量燃油、不能提供所需的全部燃油,目标机场只能部分加油的飞行剖面如图3‑9所示。在此情况下,满足所有条件下的最低起飞油量和业载限制,并计算各航路点的状态参数。

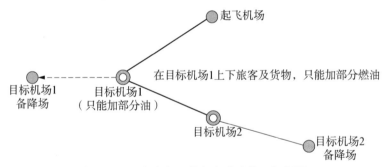

图3‑9 目标机场只能加部分油的飞行剖面

3.5.5 燃油差价

目前世界各地燃油价格都不一样。当航班从油价低的机场飞往油价高的机场时,如果能够多带油使得在目标机场不加油或少加油,则能节省燃油费用。当两地油价相差很大时,会带来巨大的经济效益。利用燃油差价获得经济效益,需要解决三个问题:一是如果一个航班能多带油,确定需多带的油量;二是通过计算保本油价,确定多带油是否合算;三是确定最佳多带油量(即多带多少油量最合算、节省的燃油费最多)。需要注意的是,在这种情况中,最佳起飞重量包括了为多带油而多耗的油量,是能获得最大收益的起飞重量。最佳多带油量是最佳起飞重量与不多带油的计划起飞重量之间的差值。

3.5.6 二次放行

根据 CCAR - 121 - R4 第 121.661 条关于"除涡轮螺旋桨发动机飞机之外的涡轮发动机飞机国际定期载客运行、补充运行的燃油量要求"的要求，起飞总油量由以下四部分组成：

（1）从起飞机场到目标机场的油量（包括进近、着陆用油）；

（2）按 TOD 点的重量和燃油流量计算的能再飞行 10% 航程时间的油量；

（3）从目标机场到签派制定的最远备降场的油量；

（4）在备降场上空 1500 ft 等待 30 min 的油量。

利用二次放行可以通过选择初始目标机场和二次放行点，有效地减少起飞油量，提高经济效益。CCAR - 121 - R5 统一了国内、国际备份油规则，原则上国内航线也可使用二次放行，且由于 10% 航程时间变为 10% 航程油量，二次放行效果将更显著。二次放行的飞行剖面如图 3 - 10 所示。

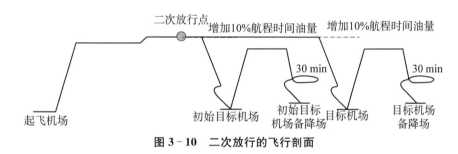

图 3 - 10　二次放行的飞行剖面

确定在多个备选初始目标机场的前提下的，各初始目标机场的二次放行点的最优化位置计算，并确定各方案下的起飞油量，综合各种限制条件选取最佳初始目标机场和二次放行点、确定起飞业载和各航路点与关键位置的状态参数。

3.5.7 其他模型

（1）成本指数。

成本指数或最小成本飞行计划基本方法与国内、国际航线计算模型相同。区别仅在于，确定了成本指数后，获得相应成本指数的各种数据值表即爬升、下降、巡航、等待、升限等，然后进行计算。

值得注意的是，成本指数计算时各阶段的数据不像定速巡航那样仅是重量、高度、温度的函数,还将受风的影响,即当顶风时对应速度会增加、顺风时对应速度会减少。这与 LRC、MRC 在不同风速时速度值不同是一样的。其实 MRC 对应于 CI＝0;LRC 也一般对应一定的 CI 值,例如 A320 在一定的重量、高度范围时,CI 会是 8 或 17 或 30。

(2) 阶梯巡航。

阶梯巡航时需要实时计算最佳巡航高度,当巡航高度低于最佳巡航高度 1 000 ft[针对最小垂直间隔(reduced vertical separation minimum, RVSM)]时,即进行阶梯爬升。使用航路爬升数据进行计算,如图 3-11 所示。

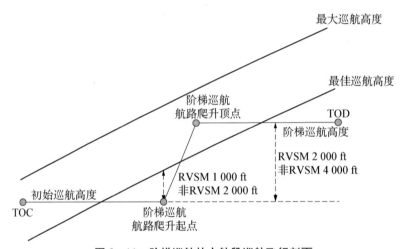

图 3-11 阶梯巡航的主航段巡航飞行剖面

采用自前向后的方法从起飞往着陆方向计算来解决这个问题有些困难,例如,按巡航高度在最佳高度±2 000 ft 的原则来确定巡航高度时,对有些情况就难以确定,可能爬升到新高度后很快就要下降,保持原高度巡航可能更省油。解决这个问题的方法是采用自后向前的方法即由着陆向起飞方向计算,并掌握在 TOD 点的巡航高度选择比最佳高度低的最高可用高度层这样一个原则,就可以比较容易地确定最后巡航段的高度,然后向回推算何时阶梯爬升。

对于主航段看成是一段的阶梯巡航的巡航段分段需要基于时间,而不是距离。对于主航段分为若干航段,且阶梯巡航只能在航点上,则巡航分段可基于时间,也可基于距离。

(3) 公务机。

在 FAR 的第 135 部 209 和 223 款中给出了加油量和备降场的相关规定。

CCAR-135-R3《小型商业运输和空中游览运营人运行合格审定规则》,在347条和351条中做出了与FAR类似的有关备降场和加油量的规定。

但有些公务机飞行手册所提供的飞行剖面,会稍做修订。例如等待位置放在目标机场进行计算,则目标机场无进近部分,而是将其视为附加备份油量中的二次进近油量,在目标机场等待开始重量处,自主选择加或不加。而通过分析,这样细微的变化对计算方法无影响,对计算结果也影响甚微。

其主要分析方法与普通飞行计划基本相同。

将等待放在目标机场计算时,等待飞行时飞机重量包含改航油量,耗油增加;而在改航巡航时飞机重量不含等待油量,耗油减少。相反,将等待放在备降机场计算时,改航巡航时飞机重量包含等待油量,耗油增加;而等待飞行时飞行重量重不包含改航油量,耗油减少。可见,按两种飞行计划飞行剖面计算油量时,耗油量均有增有减,总结果差别不大。所以两种飞行剖面都是合理可行的。

3.5.8　客户化剖面

不同的客户对于剖面的要求是不尽相同的,下面给出了一些航空公司的客户化剖面样例。

1. 易飞航空

平均风:85%;

航路温度:国际标准大气温度+20℃;

滑出时间:10 min;

起飞:根据飞机的起飞性能;

滑入时间:5 min;

巡航:根据航程距离选用最佳经济性能;

乘客和行李的重量:95 kg;

航路误差余量:3%;

年使用轮挡小时:4 012 h;

飞行小时:占轮挡小时的82%;

平均航程:每个起落循环1.2飞行小时(必要时可使用航路的特定数据)。

2. Avianca

温度:爬升和下降ISA+15℃,巡航ISA+10℃;

滑出时间:10 min,滑行2 800 m的时间;

滑入时间：5 min，滑行 1 800 m 的时间①；

进近和着陆时间：5 min 或 4.5 min；

航路风：85％年度风；

爬升下降：85％或 70％航路风，ISA＋15℃；

巡航：最小巡航时间 5 min，阶梯巡航至少维持 10 min，ISA＋10℃；

备降：LRC、ISA＋10℃。

3. ICF SH&E

性能计算假设条件如下：

乘客重量：95 kg；

滑行：20 min（含滑出和滑入）；

客座率：90％；

货运：90％客座率后的 90％货邮载运率；

等待：备降机场上空 1 500 ft 等待 30 min，增加 5％；

备降距离：100 n mile；

应急油量：①应急燃料和额外燃料的总和不小于 20 min 巡航燃料；②备用燃料和额外燃料的总和不应少于等待燃料，确保在到达目的地剩余时大约 1 h 的巡航燃料；

巡航温度（用于业载航程图计算）：ISA＋15℃；

巡航风和温度：冬季、夏季 85％航路风和温度；

跑道（用于业载航程图计算）：海平面 12 500 ft 跑道长度；

燃油密度：6.5 lb/USG②。

4. 埃塞俄比亚航空公司

巡航温度：ISA＋10℃；

---

① 不同机型和机场所限制的滑行速度有差异：
　Q400 飞机最大滑行速度 30 kn，90°转弯滑行速度 10 kn，污染跑道滑行速度 10 kn。
　ARJ21 飞机最大滑行速度 25 kn，一般平均滑行速度 10～15 kn。
　E190 飞机污染跑道滑行速度小于 10 kn。
　A320 飞机 76 t 时转弯滑行速度不得超过 20 kn。
　MD11 飞机湿滑跑道直线滑行速度 10 kn，湿滑跑道转弯滑行速度 5 kn。
　波音 787 飞机最大滑行速度 45 kn，低能见度滑行速度不得超过 10 kn。
　波音 777 飞机正常直线滑行速度不超过 25 kn，干跑道转弯滑行速度 8～10 kn，避免长滑行道上滑行速度超过 30 kn。
　不同机场对滑行速度要求不一样，例如国内机场一般在 10～15 kn，希斯罗机场则 20～25 kn 避免拥挤。
② USG（加仑）为美制体积单位，1 USG＝0.003 785 4 m³。

巡航速度：LRC；

巡航风：冬季、夏季 85% 航路风；

爬升和下降风：巡航风的 70%；

发动机启动和滑出时间：10 min；

进近和着陆时间：8 min；

滑入时间：10 min；

复飞时间：5 min，目标机场和备降机场各一次复飞；

应急油：航路油耗的 5% 和 3%；

等待油：备降机场上空 1 500 ft 等待 30 min；

客座率：50%，70%，85% 和满客；

燃油密度：3.04 kg/USG；

货物密度：12.5 lbs/ft³；

乘客行李密度：9 lbs/ft³；

每客重量：75 kg＋7 kg（手提行李重量）＋30 kg（乘客行李）；

飞行员重量：77 kg（含手提行李重量）＋20 kg（机组行李重量）；

客舱机组重量：69 kg＋20 kg（机组行李重量）＋7 kg（机组手提行李重量）。

5. FedEx（货运）

航路距离：大圆航距增加 2%；

主航路风：年度概率 69%；

主航路、备降温度：ISA；

主航路、备降巡航速度：LRC，其中主航路含阶梯巡航；

主航路爬升、下降速度：250 kn/LRC；

国内航线备份油：150 n mile 备降＋45 min 巡航＋备降场上空 1 500 ft 等待 30 min；

国际航线备份油：200 n mile 备降＋主航路飞行时间 5% 的应急油＋备降场上空 1 500 ft 等待 60 min；

备降航路风：无风；

滑出时间：宽体 15 min，单通道 10 min；

滑入时间：5 min；

货物密度：7.5 lbs/ft³ 或 6.5 lbs/ft³；

燃油密度：6.7 lb/USG；

新飞机较名义值油耗增加 2%，旧飞机较名义值油耗增加 5%。

另外,不同机场所规定的滑行时间也不相同。中国民航局对部分繁忙机场做出了滑行时间的规定,用于飞行计划制订和航班编排等工作,如表 3 - 13 所示。

表 3 - 13　中国机场地面滑行时间标准

机场名称	地面滑出时间标准/min
北京首都、上海浦东、上海虹桥、广州白云、成都双流、深圳宝安、昆明长水、西安咸阳	30
重庆江北、杭州萧山、南京禄口、厦门高崎、乌鲁木齐地窝堡、长沙黄花、武汉天河、郑州新郑、青岛流亭、天津滨海、海口美兰	20
三亚凤凰、哈尔滨太平、大连周子水、贵州龙洞堡、沈阳桃仙、济南遥墙、福州长乐、南宁吴圩、兰州中川、太原武宿、长春龙嘉、呼和浩特白塔、南昌昌北	20
其他	15

而且民航局还会根据吞吐量情况对这一标准进行调整,《关于调整部分机场地面滑行时间统计标准的通知(局发明电[2018]661 号)》规定:

(1) 将西安咸阳机场地面滑行时间统计标准调整为 30 min。

(2) 将海口美兰机场地面滑行时间统计标准调整为 25 min。

(3) 将太原武宿、长春龙嘉、南昌昌北、呼和浩特白塔机场地面滑行时间统计标准调整为 20 min。

上述局方的规定及不同的客户要求对于飞行计划工具软件的开发提出了更高的要求,客户化剖面和参数一定是可输入参数,包括滑行时间、OEW、燃油流率变化、滑行时间、巡航速度等。

3.6　工具开发

3.6.1　主要方法

上文中提到,不同客户对飞行剖面要求不一样,因此飞行计划工具需要将参数设置为可输入的形式,以满足客户化需要。可输入的参数包括乘客和行李重量、货邮、客座率或载运率、燃油密度、滑行/起飞/复飞/进近时间、风、温度、速度、航程和应急油等。同时,市场开拓过程中还需要快速批量计算大量航线,这与航空公司生产运营中所使用的条件和要求不同,即不是根据预报风和温度单条计算,而是根据统计风和温度批量计算。

基于适航规章要求所构建的国内、国际、不加油、部分加油、燃油差价、二次放行、成本指数、阶梯巡航、公务机、货机等多种情况下的飞行计划计算模型,在传统的时序离散分析基础上,针对市场营销所需飞行计划工具开发需求采用航程固定离散分析的方法,工程化解决飞行计划问题。以使用 EXCEL 为例概要介绍自后向前飞行计划工具开发方法。各页面主要架构如图 3-12 所示。

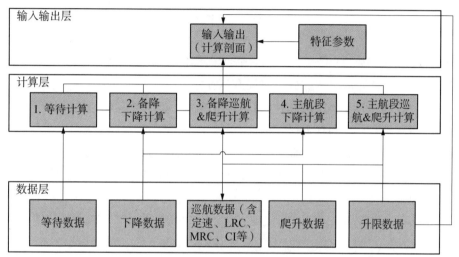

图 3-12   由备降场停机坪自后向前飞行计划工具的主要架构

其中数据层包括等待、下降、巡航、爬升和升限等数据,数据要求详见 3.4.1 节,计算方法详见 3.3.3 节。

飞行计划计算采用的主要数学方法是相邻数据内插值,所使用语句为查找和插值语句,包括 INDEX-MATCH 语句和 FORECAST 或 TREND 语句。其他语句如数据计算、判断等按需使用。由于 EXCEL 在不使用 VBA 的情况下难以实现循环计算功能,因此采用固定分段的方式实现循环计算。这里重点介绍一下巡航段固定航程离散的实现过程。[16]

第 1 步,将初始巡航段即 D_{TOC_i-TOD} 离散为若干相等的航程 D_i,如图 3-13 所示。一般以 2 min 飞行时间为宜。详见 3.3.5 节。

选取自后向前算法予以描述。由于此时仅知道 TOD 位置,不知道 TOC 位置,继而不知道巡航距离。因而需要迭代计算才能获取准确的巡航距离。为了使程序不重复计算,故将初始设置的爬升距离稍大于实际爬升距离,一般设置为 1~2 倍的下降距离。这样在第一次迭代计算时已将各次迭代的重复部分计算

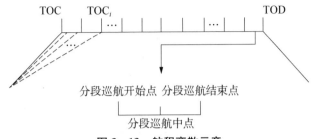

分段巡航开始点　分段巡航结束点

分段巡航中点

图 3 - 13　航程离散示意

了,即 TOD 至初始 TOC 点(TOC$_i$),后续迭代仅需要对 TOC 和 TOC$_i$ 之间的巡航距离进行计算即可。这样可以提升运算效率。

第 2 步,根据每个分段巡航结束点重量 W_{end_i} 采用相邻数据内插值计算其对应的燃油流量 FF$_{end_i}$ 和真空速 TAS$_{end_i}$。

值得一提的是,一般手册中都会给出真空速的两种单位形式:马赫数和节数。推荐使用马赫数以及对应的气压高度、温度和声速公式来计算节数,这样会更加准确。

第 3 步,根据分段航距 D_i、风 V_{wind_i},并结合分段结束点燃油流量 FF$_{end_i}$ 和真空速 TAS$_{end_i}$,计算获得巡航中点重量 W_{mid_i}。

$$W_{mid_i} = W_{end_i} + FF_{end_i} \times \frac{D_i}{(TAS_{end_i} + V_{wind_i})} \times \frac{1}{2} \qquad 式(3-25)$$

第 4 步,根据每个分段巡航中点重量 W_{mid_i} 采用相邻数据内插值计算其对应的燃油流量 FF$_{mid_i}$ 和真空速 TAS$_{mid_i}$,再根据分段航距 D_i、风 V_{wind_i},计算获得分段巡航时间 T_i、油耗 F_i、分段巡航开始点重量 W_{begin_i}。

$$T_i = \frac{D_i}{(TAS_{mid_i} + V_{wind_i})} \qquad 式(3-26)$$

$$F_i = FF_{mid_i} \times \frac{D_i}{(TAS_{mid_i} + V_{wind_i})} \qquad 式(3-27)$$

$$W_{begin_i} = W_{end_i} + FF_{mid_i} \times \frac{D_i}{(TAS_{mid_i} + V_{wind_i})} \qquad 式(3-28)$$

第 5 步,重复第 2～4 步,此时用上一分段巡航开始点重量 W_{begin_i} 作为下一分段巡航结束重量 $W_{end_{i+1}}$。

第 6 步,累加各巡航分段时间 T_i 和油耗 F_i,获得一次迭代的巡航时间 T 和

油耗 F。

$$T = \sum_{i=1}^{n} T_i \qquad\qquad 式(3-29)$$

$$F = \sum_{i=1}^{n} F_i \qquad\qquad 式(3-30)$$

第 2 次或之后的巡航迭代计算时,则从 TOC_i 点开始向 TOC 点计算。其方法和步骤与上述完全相同。

下面以波音 737-800 飞机为例来说明其应用。

假设 TOD 点重量为 59000 kg,巡航距离为 200 n mile(备降),下降距离为 70 n mile,巡航速度 0.79 Ma,巡航高度为 27600 ft,巡航温度为 ISA+8℃,航路平均逆风−30 kn。具体计算过程见表 3-14。

表 3-14 波音 737-800 飞机 0.79 Ma 不同重量巡航单发燃油流量

单位:kg/(h·eng)

高度/ft	重量/kg									
	40 000	45 000	50 000	55 000	60 000	65 000	70 000	75 000	80 000	85 000
25 000	1 576	1 577	1 582	1 591	1 606	1 629	1 659	1 692	1 726	1 764
26 000	1 511	1 513	1 520	1 531	1 550	1 577	1 610	1 643	1 679	1 722
27 000	1 449	1 453	1 461	1 476	1 499	1 530	1 563	1 597	1 638	1 686
28 000	1 389	1 395	1 406	1 424	1 452	1 484	1 518	1 556	1 602	1 654
29 000	1 332	1 340	1 354	1 377	1 407	1 440	1 476	1 519	1 570	1 627
30 000	1 277	1 287	1 305	1 332	1 364	1 398	1 437	1 486	1 540	1 604
31 000	1 225	1 237	1 259	1 289	1 322	1 358	1 403	1 455	1 516	1 589
32 000	1 174	1 190	1 216	1 248	1 282	1 323	1 373	1 429	1 498	1 585
33 000	1 127	1 147	1 176	1 209	1 245	1 292	1 345	1 410	1 491	1 606
34 000	1 082	1 106	1 138	1 171	1 213	1 263	1 323	1 398	1 501	—
35 000	1 041	1 069	1 101	1 138	1 185	1 240	1 309	1 400	1 554	—

注:TAT(总温)每升高或下降 10℃ 增加或降低 3% 燃油流量。

第 1 步,计算 2 min 内,ISA 条件下 27600 ft 时静风巡航距离为 29 km 左右。

$$0.79 \times \sqrt{1.4 \times 287.06 \times (273.15 + 15 - 1.98 \times 27600 \div 1000)}$$
$$\times 2 \times 60 = 29.0 \text{ km} \qquad\qquad 式(3-31)$$

假设初始爬升距离为 1 倍的下降距离,则巡航分段数可设置为 4~5。为了简化计算,选择分段数为 4。

$$\frac{200-70\times2}{29/1.852}=3.8 \qquad\qquad 式(3-32)$$

TAT 的温度为 ISA+9℃。

$$TAT = OAT \times \left(1+\frac{k-1}{2}\times Ma^2\right)=8\times(1+0.2\times0.79^2)=9.00$$
$$式(3-33)$$

ISA+8℃,27 600 ft,0.79 Ma 真空速为 478.41 kn。

$$0.79\times\sqrt{1.4\times287.06\times(273.15+15+8-1.98\times27\,600\div1\,000)}$$
$$\times3\,600\div1\,852=478.41(\text{kn}) \qquad 式(3-34)$$

第 2 步,巡航第 1 次迭代分段计算。

(1) 巡航第 1 分段。

根据 TOD 重量 59 000 kg、高度 27 600 ft 时查表 3-14 的单台发动机燃油流量为 1 465.60 kg/(h・eng)。当 TAT 温度为 ISA+9℃时单台发动机燃油流量为 1 505.17 kg/(h・eng)。

则巡航第 1 分段中点重量为 59 050.35 kg。

$$W_{\text{mid}_1}=59\,000+1\,505.17\times\frac{(200-70\times2)/4}{480.41-30}=59\,050.35\,\text{kg}$$
$$式(3-35)$$

根据 W_{mid_1} 重量 59 050.35 kg、高度 27 600 ft 时查表 3-14 的单台发动机燃油流量为 1 465.86 kg/(h・eng)。当 TAT 温度为 ISA+9℃时单台发动机燃油流量为 1 505.44 kg/(h・eng)。

则巡航第 1 分段油耗为 100.72 kg,时间为 2.007 min,开始点重量为 59 100.72 kg;

$$F_1=1\,505.44\times\frac{(200-70\times2)/4}{478.41-30}\times2=100.72\,\text{kg} \qquad 式(3-36)$$

$$T_1=\frac{(200-70\times2)/4}{478.41-30}=2.007\,\text{min} \qquad 式(3-37)$$

$$W_{\text{begin}_1}=59\,000+1\,505.44\times\frac{(200-70\times2)/4}{478.41-30}\times2=59\,100.72\,\text{kg}$$
$$式(3-38)$$

(2) 巡航第 2 分段。

根据巡航第 1 分段开始(即巡航第 2 分段结束)重量 59 100.72 kg、高度 27 600 ft 时查表 3 - 14 的单台发动机燃油流量为 1 466.12 kg/(h • eng)。当 TAT 温度为 ISA+9℃时单台发动机燃油流量为 1 505.71 kg/(h • eng)。

巡航第 2 分段中点重量为 59 151.09 kg。

$$W_{mid_2} = 59\,100.72 + 1\,505.71 \times \frac{(200 - 70 \times 2)/4}{480.41 - 30} = 59\,151.09\,kg$$

式(3 - 39)

根据 W_{mid_2} 重量 59 151.09 kg、高度 27 600 ft 时查表 3 - 14 的单台发动机燃油流量为 1 466.39 kg/(h • eng)。当 TAT 温度为 ISA+9℃时单台发动机燃油流量为 1 505.98 kg/(h • eng)。

则巡航第 2 分段油耗为 100.75 kg,时间为 2.007 min,开始点重量为 59 201.47 kg;

$$F_2 = 1\,505.98 \times \frac{(200 - 70 \times 2)/4}{478.41 - 30} \times 2 = 100.75\,kg \quad 式(3 - 40)$$

$$T_2 = \frac{(200 - 70 \times 2)/4}{478.41 - 30} = 2.007\,min \qquad 式(3 - 41)$$

$$W_{begin_2} = 59\,100.72 + 1\,505.98 \times \frac{(200 - 70 \times 2)/4}{478.41 - 30} \times 2 = 59\,201.47\,kg$$

式(3 - 42)

(3) 巡航第 3 分段。

根据巡航第 2 分段开始(即巡航第 3 分段结束)重量 59 201.47 kg、高度 27 600 ft 时查表 3 - 14 的单台发动机燃油流量为 1 466.65 kg/(h • eng)。当 TAT 温度为 ISA+9℃时单台发动机燃油流量为 1 506.25 kg/(h • eng)。

巡航第 3 分段中点重量为 59 251.85 kg。

$$W_{mid_3} = 59\,201.47 + 1\,506.25 \times \frac{(200 - 70 \times 2)/4}{480.41 - 30} = 59\,251.86\,kg$$

式(3 - 43)

根据 W_{mid_3} 重量 59 251.86 kg、高度 27 600 ft 时查表 3 - 14 的单台发动机燃油流量为 1 466.91 kg/(h • eng)。当 TAT 温度为 ISA+9℃时单台发动机燃油

流量为 $1\,506.52\,\text{kg}/(\text{h}\cdot\text{eng})$。

则巡航第 3 分段油耗为 $100.79\,\text{kg}$,时间为 $2.007\,\text{min}$,开始点重量为 $59\,302.26\,\text{kg}$;

$$F_3 = 1\,506.52 \times \frac{(200-70\times2)/4}{478.41-30} \times 2 = 100.79\,\text{kg} \qquad 式(3-44)$$

$$T_3 = \frac{(200-70\times2)/4}{478.41-30} = 2.007\,\text{min} \qquad 式(3-45)$$

$$W_{\text{begin}_3} = 59\,201.47 + 1\,506.52 \times \frac{(200-70\times2)/4}{478.41-30} \times 2 = 59\,302.26\,\text{kg}$$
$$式(3-46)$$

(4) 巡航第 4 分段。

根据巡航第 3 分段开始(即巡航第 4 分段结束)重量 $59\,302.26\,\text{kg}$、高度 $27\,600\,\text{ft}$ 时查表 3 - 14 的单台发动机燃油流量为 $1\,467.17\,\text{kg}/(\text{h}\cdot\text{eng})$。当 TAT 温度为 ISA+9℃时单台发动机燃油流量为 $1\,506.79\,\text{kg}/(\text{h}\cdot\text{eng})$。

巡航第 4 分段中点重量为 $59\,352.66\,\text{kg}$。

$$W_{\text{mid}_3} = 59\,302.26 + 1\,506.79 \times \frac{(200-70\times2)/4}{480.41-30} = 59\,352.66\,\text{kg}$$
$$式(3-47)$$

根据 W_{mid_3} 重量 $59\,352.66\,\text{kg}$、高度 $27\,600\,\text{ft}$ 时查表 3 - 14 的单台发动机燃油流量为 $1\,467.43\,\text{kg}/(\text{h}\cdot\text{eng})$。当 TAT 温度为 ISA+9℃时单台发动机燃油流量为 $1\,507.05\,\text{kg}/(\text{h}\cdot\text{eng})$。

则巡航第 4 分段油耗为 $100.83\,\text{kg}$,时间为 $2.007\,\text{min}$,开始点重量为 $59\,403.09\,\text{kg}$;

$$F_4 = 1\,507.05 \times \frac{(200-70\times2)/4}{478.41-30} \times 2 = 100.83\,\text{kg} \qquad 式(3-48)$$

$$T_4 = \frac{(200-70\times2)/4}{478.41-30} = 2.007\,\text{min} \qquad 式(3-49)$$

$$W_{\text{begin}_4} = 59\,302.26 + 1\,507.05 \times \frac{(200-70\times2)/4}{478.41-30} \times 2 = 59\,403.09\,\text{kg}$$
$$式(3-50)$$

因而，巡航段总油耗为 403.10 kg，总时间为 8.028 min。

$$F = \sum_{i=1}^{4} F_i = F_1 + F_2 + F_3 + F_4 = 403.09 \text{ kg} \qquad \text{式}(3-51)$$

$$T = \sum_{i=1}^{4} T_i = T_1 + T_2 + T_3 + T_4 = 8.028 \text{ min} \qquad \text{式}(3-52)$$

再次，巡航第 2～N 次迭代计算。

此时所获得的初始 TOC_i 点重量即巡航第一次迭代的最后一个分段开始重量 W_{begin_4}，可根据该重量查爬升表 3-15，获取爬升距离为 54.21 n mile。

表 3-15　波音 737-800 飞机 280 kn/0.78 Ma 速度下不同重量爬升距离

单位：n mile

高度/ ft	ΔISA/ ℃	重量/kg									
		40 000	45 000	50 000	55 000	60 000	65 000	70 000	75 000	80 000	85 000
1 500	0	0	0	0	0	0	0	0	0	0	0
26 000	0	29	33	37	42	47	52	58	64	71	79
26 000	10	31	35	39	44	49	55	61	67	74	82
26 000	15	34	38	43	49	55	61	68	75	83	93
26 000	20	38	43	49	55	62	69	77	86	96	108
27 000	0	31	36	40	45	51	56	62	69	77	86
27 000	10	33	37	42	47	53	59	66	73	81	90
27 000	15	36	41	47	53	59	66	73	82	91	102
27 000	20	41	47	53	59	67	75	83	93	105	118

则巡航第 2 次迭代时，巡航距离为 75.79 n mile，而非第 1 次的 60 n mile。但由于巡航第 1 次迭代时已计算了后 60 n mile，后续迭代只需要计算增加的航程即可，即 15.79 n mile。由于该距离一般不会太长，因而可不分段计算。当然，若进行分段计算，方法与上述相同。本书中的案例，为了简化，暂不分段。

根据巡航第 4 分段开始重量 59 403.09 kg、高度 27 600 ft 时查表 3-14 的单台发动机燃油流量为 1 467.70 kg/(h·eng)。当 TAT 温度为 ISA+9℃时单台发动机燃油流量为 1 507.32 kg/(h·eng)。

第 2 次迭代巡航剩余距离中点重量为 59 456.20 kg。

$$W_{(\text{TOC-TOC}_i)\text{mid}_2} = 59\,403.09 + 1\,507.32 \times \frac{70 - 54.21}{480.41 - 30} = 59\,456.17 \text{ kg}$$

式(3-53)

根据 $W_{(\text{TOC-TOC}_i)\text{mid}_2}$ 重量 59 456.17 kg，27 600 ft 时查表 3-14 的单台发动机燃油流量为 1 467.97 kg/(h·eng)。当 TAT 温度为 ISA+9℃时单台发动机燃油流量为 1 507.61 kg/(h·eng)。

则第 2 次迭代巡航剩余距离油耗为 106.18 kg，时间为 2.114 min，开始点重量为 59 509.27 kg；

$$F_{(\text{TOC-TOC}_i)_2} = 1\,507.61 \times \frac{70 - 54.21}{478.41 - 30} \times 2 = 106.18\,\text{kg} \quad \text{式}(3-54)$$

$$T_{(\text{TOC-TOC}_i)_2} = \frac{70 - 54.21}{478.41 - 30} = 2.113\,\text{min} \qquad \text{式}(3-55)$$

$$W_{\text{TOC}_2} = 59\,403.09 + 1\,507.61 \times \frac{70 - 54.21}{478.41 - 30} \times 2 = 59\,509.27\,\text{kg}$$

$$\text{式}(3-56)$$

再根据此时 TOC 点重量 59 509.27 kg 查表 3-15，获得爬升距离为 54.35 n mile。与上一次所查的 54.21 n mile 已经非常接近，可近似认为无误差。若希望更精准，可再进行一轮或多轮迭代。

此时巡航的总油量为 509.27 kg，总时间为 10.141 min。

若进行第 3 次迭代，则第 3 次迭代巡航剩余距离中点重量为 59 455.87 kg。

$$W_{(\text{TOC-TOC}_i)\text{mid}_3} = 59\,403.09 + 1\,507.32 \times \frac{70 - 54.35}{480.41 - 30} = 59\,455.70\,\text{kg}$$

$$\text{式}(3-57)$$

根据 $W_{(\text{TOC-TOC}_i)\text{mid}_3}$ 重量 59 455.70 kg、高度 27 600 ft 时查表 3-14 的单台发动机燃油流量为 1 467.97 kg/(h·eng)。当 TAT 温度为 ISA+9℃时单台发动机燃油流量为 1 507.60 kg/(h·eng)。

则第 2 次迭代巡航剩余距离油耗为 105.23 kg，时间为 2.094 min，开始点重量为 59 508.32 kg；

$$F_{(\text{TOC-TOC}_i)_3} = 1\,507.60 \times \frac{70 - 54.35}{478.41 - 30} \times 2 = 105.23\,\text{kg} \quad \text{式}(3-58)$$

$$T_{(\text{TOC-TOC}_i)_3} = \frac{70 - 54.35}{478.41 - 30} = 2.094\,\text{min} \qquad \text{式}(3-59)$$

$$W_{\text{TOC}_3} = 59\,403.09 + 1\,507.60 \times \frac{70 - 54.35}{478.41 - 30} \times 2 = 59\,508.32\,\text{kg}$$

式（3-60）

再根据此时 TOC 点重量 59 508.32 kg 查表 3-15，获得爬升距离为 54.35 n mile。

此时巡航的总油量为 508.32 kg，总时间为 10.122 min。相对第 2 次巡航迭代时，距离误差已很小，油耗和时间的误差也控制在 0.2% 以内。

下面对上述巡航分段与不分段算法和案例进行讨论。

在 3.3.5 节中已经描述了是否分段的误差。这里以该案例进行误差对比。

以下给出巡航不分段的计算过程。

根据 TOD 重量 59 000 kg、高度 27 600 ft 时查表 3-14 的单台发动机燃油流量为 1 465.60 kg/(h·eng)。当 TAT 温度为 ISA+9℃ 时单台发动机燃油流量为 1 505.17 kg/(h·eng)。

则巡航中点重量为 59 201.40 kg。

$$W_{\text{mid}} = 59\,000 + 1\,505.17 \times \frac{200 - 70 \times 2}{480.41 - 30} = 59\,201.40\,\text{kg}$$

式（3-61）

根据 W_{mid} 重量 59 201.40 kg、高度 27 600 ft 时查表 3-14 的单台发动机燃油流量为 1 466.65 kg/(h·eng)。当 TAT 温度为 ISA+9℃ 时单台发动机燃油流量为 1 506.25 kg/(h·eng)。

则巡航油耗为 403.09 kg，时间为 8.028 min，开始点重量为 59 403.09 kg；

$$F = 1\,506.25 \times \frac{200 - 70 \times 2}{478.41 - 30} \times 2 = 403.09\,\text{kg} \qquad 式（3-62）$$

$$T = \frac{200 - 70 \times 2}{478.41 - 30} = 8.028\,\text{min} \qquad 式（3-63）$$

$$W_{\text{begin}} = 59\,000 + 1\,506.25 \times \frac{200 - 70 \times 2}{478.41 - 30} \times 2 = 59\,403.09\,\text{kg}$$

式（3-64）

可根据 W_{begin} 重量 59 403.09 kg 查爬升表 3-15，获取爬升距离为 54.21 n mile。

则巡航第 2 次迭代巡航中点重量为 58 254.40 kg。

$$W_{\text{mid}} = 59\,000 + 1\,505.17 \times \frac{200 - 70 - 54.21}{480.41 - 30} = 59\,254.40\,\text{kg}$$

式（3-65）

根据 W_{mid} 重量 59 254.40 kg、高度 27 600 ft 时查表 3-14 的单台发动机燃油流量为 1 466.92 kg/(h·eng)。当 TAT 温度为 ISA+9℃时单台发动机燃油流量为 1 506.53 kg/(h·eng)。

则巡航油耗为 509.27 kg,时间为 10.141 min,开始点重量为 59 509.27 kg;

$$F = 1\,506.53 \times \frac{200 - 70 - 54.21}{478.41 - 30} \times 2 = 509.27 \text{ kg} \qquad 式(3-66)$$

$$T = \frac{200 - 70 - 54.21}{478.41 - 30} = 10.141 \text{ min} \qquad 式(3-67)$$

$$W_{begin} = 59\,000 + 1\,506.53 \times \frac{200 - 70 - 54.21}{478.41 - 30} \times 2 = 59\,509.27 \text{ kg}$$

$$式(3-68)$$

可根据 W_{begin} 重量 59 509.27 kg 查爬升表 3-15,获取爬升距离为 54.35 n mile。

则巡航第 3 次迭代巡航中点重量为 59 254.16 kg。

$$W_{mid} = 59\,000 + 1\,505.17 \times \frac{200 - 70 - 54.35}{478.41 - 30} = 59\,254.16 \text{ kg}$$

$$式(3-69)$$

根据 W_{mid} 重量 59 254.16 kg、高度 27 600 ft 时查表 3-14 的单台发动机燃油流量为 1 466.92 kg/(h·eng)。当 TAT 温度为 ISA+9℃时单台发动机燃油流量为 1 506.53 kg/(h·eng)。

则巡航油耗为 508.32 kg,时间为 10.122 min,开始点重量为 59 508.32 kg。

$$F = 1\,506.53 \times \frac{200 - 70 - 54.35}{478.41 - 30} \times 2 = 508.32 \text{ kg} \qquad 式(3-70)$$

$$T = \frac{200 - 70 - 54.35}{478.41 - 30} = 10.122 \text{ min} \qquad 式(3-71)$$

$$W_{begin} = 59\,000 + 1\,506.53 \times \frac{200 - 70 - 54.35}{478.41 - 30} \times 2 = 59\,508.32 \text{ kg}$$

$$式(3-72)$$

可根据 W_{begin} 重量 59 509.27 kg 查爬升表 3-15,获取爬升距离为 54.35 n mile。

不分段计算结果与分段差异不大,主要原因在于定速巡航、重量处于中间状态,即巡航等数据均近似线性,且航段距离短误差累计也会小。

　　如果巡航更改为 LRC,其他条件不变时,燃油流量和真空速如表 3 - 16 和表 3 - 17 所示。

表 3 - 16　波音 737 - 800 飞机 LRC 不同重量巡航单台发动机燃油流量

单位: kg/(h · eng)

高度/ft	重量/kg									
	40 000	45 000	50 000	55 000	60 000	65 000	70 000	75 000	80 000	85 000
25 000	809	895	976	1 050	1 130	1 216	1 316	1 419	1 526	1 625
26 000	806	890	967	1 044	1 126	1 219	1 323	1 429	1 532	1 622
27 000	820	885	959	1 040	1 126	1 227	1 331	1 437	1 530	1 616
28 000	816	879	955	1 037	1 131	1 234	1 341	1 439	1 527	1 604
29 000	811	871	951	1 037	1 138	1 243	1 347	1 436	1 516	1 597
30 000	805	866	947	1 040	1 144	1 250	1 344	1 427	1 505	1 593
31 000	797	862	946	1 046	1 151	1 252	1 338	1 414	1 499	1 596
32 000	790	857	948	1 050	1 157	1 247	1 326	1 406	1 500	1 605
33 000	784	854	952	1 057	1 156	1 239	1 315	1 405	1 507	1 623
34 000	779	854	956	1 061	1 150	1 226	1 311	1 410	1 519	—
35 000	774	858	962	1 060	1 140	1 218	1 313	1 419	1 562	—

注:TAT(总温)每升高或下降 10℃增加或降低 3%燃油流量。

表 3 - 17　波音 737 - 800 飞机 LRC 不同重量真空速　　　　单位:kn

高度/ft	重量/kg									
	40 000	45 000	50 000	55 000	60 000	65 000	70 000	75 000	80 000	85 000
25 000	328	346	362	374	385	396	410	425	441	453
26 000	333	352	366	378	389	402	418	434	448	457
27 000	339	357	370	382	394	410	426	442	453	460
28 000	344	361	374	386	401	418	435	448	456	461
29 000	349	365	378	391	409	427	442	452	458	463
30 000	354	368	382	398	417	435	447	455	460	464
31 000	358	373	387	406	425	441	451	456	461	465
32 000	362	377	394	414	433	446	453	458	462	464
33 000	366	382	402	423	439	449	454	459	462	462
34 000	370	388	410	431	443	450	455	459	460	—
35 000	375	396	419	436	446	451	456	458	456	—

注:TAT(总温)每升高或下降 1℃增加或降低 1 kn 真空速。

两种计算方法差异如表 3-18 和表 3-19 所示。可见此时略有差异，但由于航程距离较短差异仍较小。这里值得一提的是，真空速随温度的变化使用公式计算，而并非近似计算，即表 3-17 中所提"TAT（总温）每升高或下降 1℃增加或降低 1 kn 真空速。"

$$\text{TAS}_{\Delta\text{ISA}} = \text{TAS}_{\text{ISA}} \times \sqrt{\frac{\text{ISA} + \Delta\text{ISA}}{\text{ISA}}} \qquad \text{式}(3-73)$$

式中：

　　$\text{TAS}_{\Delta\text{ISA}}$ ——标准大气偏离温度下的真空速；

　　TAS_{ISA} ——标准大气温度下的真空速；

　　ISA ——标准大气温度；

　　ΔISA ——标准大气偏离温度值。

另外，值得一提的是，在使用分段计算时，当各巡航分段较小时，往往也可以使用巡航结束点燃油流量和真空速替代巡航中点燃油流量和真空速，计算过程如表 3-20 所示。可见误差也不太大。当然，航程较短也是误差较小的因素之一。

从图 3-14 中可以看出巡航中点与巡航结束点算法的差异，若不考虑首尾两段，两种算法基本相同，仅将每个分段前移了半个分段的而已，如图 3-14 中实线所示。误差主要出现在巡航结束分段与巡航开始分段，即用 TOD 燃油流量替代了 TOC 燃油流量，如图 3-14 中虚线所示。

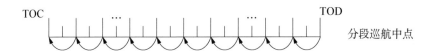

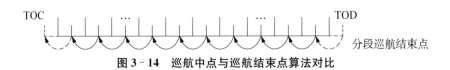

图 3-14　巡航中点与巡航结束点算法对比

$$\Delta F = \text{FF}_{\text{TOD}} \times \frac{D/n}{\text{TAS}_{\text{TOD}} + V_{\text{windTOD}}} - \text{FF}_{\text{TOC}} \times \frac{D/n}{\text{TAS}_{\text{TOC}} + V_{\text{windTOC}}}$$

$$\text{式}(3-74)$$

表 3 - 18　LRC 巡航分段中点计算过程

| 巡航分段 | 巡航结束点 | | | 巡航中点 | | | 巡航开始点 | 油耗 | 时间 | 爬升距离 |
	重量/kg	单发FF/[kg/(h·eng)]	TAS/kn	重量/kg	单发FF/[kg/(h·eng)]	TAS/kn	重量/kg	/kg	/min	/n mile
1	59 000	1139.85	402.16	59 045.94	1140.71	402.29	59 091.92	91.92	2.417	
2	59 091.92	1141.57	402.42	59 137.90	1142.43	402.54	59 183.92	92.00	2.416	54.17
3	59 183.92	1143.28	402.67	59 229.94	1144.14	402.80	59 275.99	92.07	2.414	
4	59 275.99	1145.00	402.93	59 322.04	1145.86	403.06	59 368.14	92.15	2.412	
$(\text{TOC}-\text{TOC}_i)_2$	59 368.14	1146.72	403.19	59 416.78	1147.63	403.33	59 465.46	97.32	2.544	54.29
$(\text{TOC}-\text{TOC}_i)_3$	59 368.14	1146.72	403.19	59 416.43	1147.63	403.33	59 464.73	96.59	2.525	54.29
合计	/	/	/	/	/	/	/	464.73	12.184	

表 3 - 19　LRC 巡航不分段计算过程

| 巡航分段 | 巡航结束点 | | | 巡航中点 | | | 巡航开始点 | 油耗 | 时间 | 爬升距离 |
	重量/kg	单发FF/[kg/(h·eng)]	TAS/kn	重量/kg	单发FF/[kg/(h·eng)]	TAS/kn	重量/kg	/kg	/min	/n mile
$(\text{TOC}-\text{TOD})_1$	59 000	1139.85	402.16	59 183.77	1143.28	402.67	59 368.13	368.13	9.660	54.17
$(\text{TOC}-\text{TOD})_2$	59 368.13	1146.72	403.19	59 416.77	1147.63	403.33	59 465.45	97.32	2.544	54.29
$(\text{TOC}-\text{TOD})_3$	59 368.13	1146.72	403.19	59 416.42	1147.63	403.33	59 464.72	96.59	2.525	54.29
合计	/	/	/	/	/	/	/	464.72	12.185	

表 3 - 20　LRC 巡航分段结束点计算过程

巡航分段	巡航结束点			巡航开始点		油耗/kg	时间/min	爬升距离/n mile
	重量/kg	单发 FF/[kg/(h·eng)]	TAS/kn	重量/kg				
1	59 000	1139.85	402.16	59 091.88		91.88	2.418	
2	59 091.88	1141.57	402.41	59 183.84		91.96	2.417	54.17
3	59 183.84	1143.28	402.67	59 275.87		92.03	2.415	
4	59 275.87	1145.00	402.93	59 367.98		92.11	2.413	
$(TOC - TOC_i)_2$	59 367.98	1146.72	403.19	59 465.26		97.28	2.545	54.29
$(TOC - TOC_i)_3$	59 367.98	1147.70	403.19	59 464.53		96.55	2.526	54.29
合计	/	/	/	/		464.53	12.189	

若为定速巡航且航路采用统一风,则误差可简化为：

$$\Delta F = (\text{FF}_{\text{TOD}} - \text{FF}_{\text{TOC}}) \times \frac{D/n}{\text{TAS} + V_{\text{wind}}} \qquad \text{式}(3-75)$$

当航程越长时 TOC 的燃油流量与 TOD 的燃油流量差异越大,误差的绝对值越大。

$$\frac{\Delta F}{F} = \frac{\text{FF}_{\text{TOD}} \times \dfrac{D/n}{\text{TAS}_{\text{TOD}} + V_{\text{windTOD}}} - \text{FF}_{\text{TOC}} \times \dfrac{D/n}{\text{TAS}_{\text{TOC}} + V_{\text{windTOC}}}}{\text{FF}_{\text{mid}} \times \dfrac{D}{\text{TAS}_{\text{mid}} + V_{\text{windmid}}}}$$

$$\text{式}(3-76)$$

若为定速巡航且航路采用统一风,且假设燃油流量为线性变化即 $\text{FF}_{\text{mid}} = \dfrac{\text{FF}_{\text{TOD}} + \text{FF}_{\text{TOC}}}{2}$,则燃油误差的相对值可简化为：

$$\frac{\Delta F}{F} = \frac{\text{FF}_{\text{TOD}} - \text{FF}_{\text{TOC}}}{\text{FF}_{\text{TOD}} + \text{FF}_{\text{TOC}}} \times \frac{2}{n} = \left(\frac{2\text{FF}_{\text{TOD}}}{\text{FF}_{\text{TOD}} + \text{FF}_{\text{TOC}}} - 1\right) \times \frac{2}{n} \quad \text{式}(3-77)$$

即当航程增加后,两种算法的误差相对值也略有增加。

但若分段增加时,误差绝对值和相对值都会大幅下降,两种算法可近似相同。

3.6.2　计算案例

用波音 737-800 飞机运营上海浦东—西安咸阳来计算飞行计划,相关计算条件如下所示：

(1) 160 座,每客 90 kg,无货邮；

(2) 主航段 707 n mile(大圆航距+3%),35 000 ft,ISA+13℃,-106 kn,0.79 Ma；

(3) 爬升速度 250 kn/300 kn/0.78 Ma,下降速度 0.78 Ma/300 kn/250 kn；

(4) 备降航段 200 n mile,25 000 ft,ISA,无风,LRC,无公司备份油；

(5) 等待油为备降场上空 1 500 ft,ISA,最小阻力速度,等待 45 min；

(6) 滑行时间分别为 20/10/10 min；

(7) 起飞、目的和备降机场标高按海平面考虑。

3.6.2.1　自后向前计算案例

1. 改航进近和滑入阶段

(1) $V_{\text{mainwind}} = -106$ kn、$V_{\text{altwind}} = 0$、$T_{\text{main}} = \text{ISA} + 13℃$、$T_{\text{alt}} = \text{ISA}$。

（2）计算业载 PL＝PAX＋Cargo＝160×90＋0＝14 400 kg。

（3）计算零油重量 ZFW＝OEW＋PL＝42 945＋14 400＝57 345 kg＜MZFW＝61 688 kg。

（4）计算在备降场停机坪重量 W_{stop}＝OEW＋PL＋COF＝ZFW＋COF＝57 345＋0＝57 345 kg。

（5）计算在备降场滑入耗油 $F_{\text{alttaxiin}}$＝滑行耗油率×滑入时间＝12×10＝120 kg。

（6）在备降场着陆重量 LWA＝W_{stop}＋$F_{\text{alttaxiin}}$＝57 345＋120＝57 465 kg＜MLWA＝65 317 kg。

（7）计算在备降场进近油耗 F_{altapp}＝进近耗油率×进近时间＝27.5×4＝110 kg。

2. 等待阶段

（8）计算等待结束重量 W_{holdend}＝LWA＋F_{altapp}＝57 465＋110＝57 575 kg。

（9）先根据 W_{holdend}＝57 575 kg 查等待油量表 3－21，得到单发燃油流量 FFI_{hold}＝1 091.2 kg/(h·eng)，计算等待油量 F_{hold_1}＝2×FFI_{hold}×t_{hold}＝2×1 091.2×$\dfrac{45}{60}$＝1 636.8 kg。然后计算等待中的平均重量 W_{holdavg}＝(W_{holdend}＋$W_{\text{holdbegin}}$)/2＝W_{holdend}＋1/2×F_{hold_1}＝57 575＋1 636.8/2＝58 393.4 kg，再根据 W_{holdavg}＝58 393.4 kg 查等待油量表 3－21，得到单发燃油流量 FF_{hold}＝1 104.3 kg/(h·eng)，这就是等待中的平均燃油流量。最后计算等待油量 F_{hold}＝2×FF_{hold}×t_{hold}＝2×1 104.3×$\dfrac{45}{60}$＝1 656.4 kg。

表 3－21　波音 737－800 飞机等待燃油流量　　单位：kg/(h·eng)

重量/kg	高度/ft								
	1 500	5 000	10 000	15 000	20 000	25 000	30 000	35 000	41 000
40 000	840	810	780	760	740	730	720	710	740
45 000	900	870	840	840	820	810	790	800	840
50 000	970	950	920	910	890	870	880	890	940
55 000	1 050	1 030	1 010	990	970	950	950	970	1 050
60 000	1 130	1 110	1 090	1 070	1 050	1 030	1 050	1 060	—
65 000	1 210	1 190	1 170	1 150	1 140	1 120	1 140	1 170	—
70 000	1 290	1 270	1 250	1 240	1 220	1 210	1 230	1 280	—

（续表）

重量/kg	高度/ft								
	1 500	5 000	10 000	15 000	20 000	25 000	30 000	35 000	41 000
75 000	1 370	1 350	1 340	1 330	1 300	1 300	1 330	1 400	—
80 000	1 460	1 430	1 420	1 410	1 390	1 400	1 430	1 560	—
85 000	1 540	1 520	1 510	1 500	1 480	1 490	1 540	—	—

注：TAT(总温)每升高或下降 10℃增加或降低 3%燃油流量。

（10）计算等待开始重量 $W_{holdbegin} = W_{holdend} + F_{hold} = 57\,575 + 1\,656.4 = 59\,231.4\,kg$。

3. 改航下降阶段

（11）根据备降场着陆重量 LWA=57 465 kg 查下降性能数据表 3-22,得到改航下降油量 $F_{altdes} = 180\,kg$、时间 $t_{altdes} = 15\,min$ 和空中距离 $D_{altdesair} = 73\,n\,mile$。 爬升、下降阶段风按巡航阶段风的 2/3 计算,爬升、下降阶段温度与巡航阶段温度相同,则改航下降地面距离 $D_{altdesground} = D_{altdesair} + \frac{2}{3} \times V_{altwind} \times$

$t_{altdes} = 73 + \frac{2}{3} \times 0 \times \frac{15}{60} = 73\,n\,mile$。

表 3-22   波音 737-800 飞机下降性能数据

0.78Ma/280 kn 着陆重量/kg	下降顶点高度/100 ft													
	15	50	100	150	170	190	210	230	250	270	290	310	330	350
	下降油耗/kg													
40 000	110	150	200	240	250	260	270	280	290	300	310	310	320	320
50 000	110	150	200	240	250	260	270	280	290	300	310	310	320	320
60 000	110	150	200	240	250	260	270	280	290	300	310	310	320	320
70 000	110	150	200	240	250	260	270	280	290	300	310	310	320	320
	下降距离/n mile													
40 000	9	18	30	43	48	52	57	61	66	70	75	80	84	88
50 000	9	19	34	49	55	60	65	71	76	82	87	93	98	102
60 000	9	20	36	54	60	66	72	78	84	90	96	103	109	113
70 000	9	21	38	57	63	70	76	83	90	96	103	110	116	121

0.78Ma/ 280 kn	下降顶点高度/100 ft													
着陆重量 /kg	15	50	100	150	170	190	210	230	250	270	290	310	330	350
	下降时间/min													
40 000	4	7	10	14	15	16	17	18	19	20	21	22	23	24
50 000	4	7	10	14	15	16	17	18	19	20	21	22	23	24
60 000	4	7	10	14	15	16	17	18	19	20	21	22	23	24
70 000	4	7	10	14	15	16	17	18	19	20	21	22	23	24

值得注意的是，下降段为下降顶点至机场上空 1 500 ft，因而计算下降油量、时间和距离时均需扣除机场上空 1 500 ft 段。对于本案例，LWA $=57\,465$ kg 从 25 000 ft 下降的油耗、时间和距离分别为 290 kg、82 n mile 和 19 min，而 LWA $=$ 57 465 kg 从 1 500 ft 下降的油耗、时间和距离分别为 110 kg、9 n mile 和 4 min，扣除后得到上述值。

（12）计算改航下降顶点重量 $W_{altTOD} = W_{holdbegin} + F_{altdes} = 59\,231.4 + 180 =$ 59 411.4 kg。

4. 改航巡航阶段

（13）根据改航下降顶点重量 $W_{altTOD} = 59\,411.4$ kg、改航巡航高度 25 000 ft、改航巡航温度 $T_{alt} =$ ISA 和改航巡航速度 LRC 查巡航性能数据表 3 - 16 和 3 - 17，得到改航下降顶点重量所对应的单发燃油流量 $FF_{altcru_i} = 1\,120.6$ kg/h/eng 和真空速 $V_{altcru_i} = 383.7$ kn。令改航爬升地面距离 $D_{altclimground_1} = D_{altdesground} =$ 73 n mile，改航初始巡航地面距离 $D_{altcruground_1} = D_{alt} - D_{altclimground_1} - D_{altdesground} =$ $200 - 73 - 73 = 54$ n mile，获得改航巡航时间 $t_{altcru_i} = D_{altcruground_1}/(V_{altcru_i} + V_{altwind}) = 54/(383.7 + 0) = 0.140\,7$ h，获得改航巡航油耗 $F_{altcru_i} = FF_{altcru_i} \times t_{altcru_i} = 1\,120.6 \times 2 \times 0.140\,7 = 315.3$ kg。此时巡航平均重量为 $W_{altcruavg} = W_{altTOD} + F_{altcru_i}/2 = 59\,411.4 + 315.3/2 = 59\,569.1$ kg，再查巡航性能数据表 3 - 16 和 3 - 17，得到巡航平均重量所对应的单发燃油流量 $FF_{altcru} = 1\,125.1$ kg/(h · eng) 和真空速 $V_{altcru} = 384.3$ kn。则改航巡航时间 $t_{altcru} = D_{altcruground_1}/(V_{altcru} + V_{altwind}) = 54/(384.3 + 0) = 0.140\,5$ h，改航巡航油耗 $F_{altcru} = FF_{altcru} \times t_{altcru} = 1\,125.1 \times 2 \times 0.140\,5 = 316.2$ kg。

（14）计算改航爬升顶点重量 $W_{\text{altTOC}} = W_{\text{altTOD}} + F_{\text{altcru}} = 59\,411.4 + 316.2 = 59\,727.6\,\text{kg}$。

5. 改航爬升阶段

（15）根据改航起飞重量，此时用改航爬升顶点重量 $W_{\text{altTOC}} = 59\,727.6\,\text{kg}$ 替代、改航爬升高度 $25\,000\,\text{ft}$、改航爬升温度 ISA 查爬升性能数据表 3-23，得到改航爬升油量 $F_{\text{altclim}} = 744.6\,\text{kg}$、时间 $t_{\text{altclim}} = 6.9\,\text{min}$ 和空中距离 $D_{\text{altclimair}} = 42.8\,\text{n mile}$。（其中也需要注意爬升段为机场上空 $1\,500\,\text{ft}$ 到爬升顶点，即需扣除机场上空 $1\,500\,\text{ft}$ 相应的油耗、时间和距离等值。）风和温度考虑方法与改航爬升阶段相同。则，改航爬升地面距离 $D_{\text{altclimground}} = D_{\text{altclimair}} + \dfrac{2}{3} \times V_{\text{altwind}} \times t_{\text{altclim}} = 42.8 + \dfrac{2}{3} \times 0 \times \dfrac{6.9}{60} = 42.8\,\text{n mile}$。

表 3-23　波音 737-800 飞机爬升性能数据

0.78Ma/280 kn 松刹车重量/kg	爬升顶点高度/100 ft ΔISA/℃											
	15	15	15	100	100	100	250	250	250	350	350	350
	0	10	15	0	10	15	0	10	15	0	10	15
爬升油量/kg												
40 000	150	150	150	300	300	300	600	650	650	850	900	950
45 000	150	150	150	350	350	350	700	700	750	950	1 000	1 050
50 000	200	200	200	400	400	400	800	800	850	1 100	1 150	1 200
55 000	200	200	200	450	450	450	850	900	950	1 250	1 300	1 350
60 000	200	200	200	450	500	500	950	1 000	1 050	1 400	1 450	1 550
65 000	250	250	250	500	550	550	1 050	1 100	1 150	1 550	1 650	1 700
70 000	250	250	250	550	600	600	1 150	1 200	1 250	1 750	1 800	1 950
75 000	300	300	300	600	600	650	1 300	1 300	1 400	1 950	2 050	2 200
80 000	300	300	300	650	650	700	1 400	1 450	1 500	2 200	2 350	2 550
85 000	300	300	300	700	700	750	1 500	1 600	1 650	2 650	2 800	—
爬升时间/min												
40 000	1	1	1	3	3	3	6	6	6	9	10	11
45 000	1	1	1	3	3	3	7	7	7	11	11	12
50 000	1	1	1	3	3	3	7	8	8	12	13	14
55 000	2	2	2	4	4	4	8	9	9	14	14	16
60 000	2	2	2	4	4	4	9	9	10	16	16	18
65 000	2	2	2	4	4	5	10	10	11	18	18	20

（续表）

0.78Ma/280 kn 松刹车重量/kg	爬升顶点高度/100 ft ΔISA/℃											
	15	15	15	100	100	100	250	250	250	350	350	350
	0	10	15	0	10	15	0	10	15	0	10	15
爬升时间/min												
70 000	2	2	2	5	5	5	11	12	13	20	20	23
75 000	2	2	2	5	5	12	13	14	22	23	26	
80 000	2	2	2	5	5	6	13	14	15	26	27	31
85 000	2	2	2	6	6	6	15	15	17	32	33	—
爬升距离/n mile												
40 000	0	0	0	7	7	8	27	28	31	53	56	63
45 000	0	0	0	8	8	9	31	32	36	61	64	72
50 000	0	0	0	9	9	10	35	36	40	70	73	82
55 000	0	0	0	10	10	11	39	41	45	79	83	94
60 000	0	0	0	11	11	13	43	46	51	89	94	106
65 000	0	0	0	12	12	14	48	51	56	101	107	121
70 000	0	0	0	13	14	15	53	56	62	115	122	139
75 000	0	0	0	14	15	17	59	62	69	132	140	162
80 000	0	0	0	16	16	18	65	68	77	155	165	196
85 000	0	0	0	17	18	20	72	76	85	196	210	—

（16）比较改航爬升地面距离与(13)中初始设置的地面距离，$|D_{\text{altclimground}} - D_{\text{altclimground}_1}| = |42.8 - 73| = 30.2$ n mile 误差较大，将此改航爬升地面距离代入(13)重复，如表 3-24 所示。这里手动计算，采取巡航不分段予以演示。

表 3-24　波音 737-800 飞机改航巡航、爬升迭代计算

巡航距离/n mile	TOD			巡航中点			TOC				爬升距离/n mile	爬升油量/kg	复飞油量/kg
	重量/kg	单发 FF/[kg/(h·eng)]	TAS/kn	重量/kg	单发 FF/[kg/(h·eng)]	TAS/kn	重量/kg	油耗/kg	时间/h				
54	59 411.4	1 120.6	383.7	59 569.1	1 125.1	384.3	59 727.6	316.2	0.140 5	42.8	744.6	160	
84.2	59 411.4	1 120.6	383.7	59 657.3	1 124.5	384.2	59 904.4	493	0.219 2	43.8	758.1	166.5	
83.2	59 411.4	1 120.6	383.7	59 654.4	1 124.5	384.2	59 898.5	487.1	0.216 6	43.8	758.2	166.6	

注：复飞时间 2 min、爬升时间 7.2 min。

6. 改航复飞阶段

(17) 计算在目标机场复飞油耗 $F_{alttakeoff}$ = 复飞耗油率 × 复飞时间 = 166.6 kg(按起飞油量 80% 计算),这里复飞油量由爬升性能数据表 3-23 查取。

(18) 计算改航起飞重量 $W_{alttakeoff} = W_{altTOD} + F_{altcru} + F_{altclim} + F_{alttakeoff} =$ 59 411.4 + 487.1 + 758.2 + 166.6 = 60 823.3 kg。

7. 主航段进近阶段

(19) 在目标机场着陆重量 LWD = $W_{alttakeoff}$ = 60 823.3 kg < MLWD = 65 317 kg。

(20) 计算在目标机场进近油耗 $F_{mainapp}$ = 进近耗油率 × 进近时间 = 27.5 × 4 = 110 kg。

(21) 在目标机场进近前重量进近油耗 $W_{desbeforemainapp}$ = LWD + $F_{mainapp}$ = 60 823.3 + 110 = 60 933.3 kg。

8. 主航段下降阶段

(22) 根据目标机场着陆重量 LWD = 60 823.3 kg、主航段下降高度 35 000 ft 查下降性能数据表 3-22,得到主航段下降油量 $F_{maindes}$ = 210 kg、时间 $t_{maindes}$ = 20 min 和空中距离 $D_{maindesair}$ = 104.7 n mile。这里同样需要考虑下降段为下降顶点到机场上空 1 500 ft。风和温度的考虑方法与改航段相同,则主航段下降地面距离 $D_{maindesground} = D_{maindesair} + \frac{2}{3} \times V_{mainwind} \times t_{maindes} = 104.7 - \frac{2}{3} \times 106 \times \frac{20}{60} =$ 81.1 n mile。

(23) 计算主航段下降顶点重量 $W_{mainTOD} = W_{desbeforemainapp} + F_{maindes} =$ 60 933.3 + 210 = 61 143.3 kg。

9. 主航段巡航阶段

(24) 根据主航段下降顶点重量 $W_{mainTOD}$ = 61 143.3 kg、主航段巡航高度 35 000 ft、主航段巡航温度 T_{main} = ISA + 13℃ 和主航段巡航速度 0.79 Ma 查巡航性能数据表 3-14,得到主航段下降顶点重量所对应的单发燃油流量 $FF_{maincru_i}$ = 1 250.1 kg/(h·eng) 和真空速 $V_{maincru_i}$ = 468.7 kn(需考虑温度对于燃油流量和真空速的影响)。令主航段爬升地面距离 $D_{mainclimground_1} = 2 \times D_{maindesground} = 2 \times 81.1 = 162.2$ n mile,主航段初始巡航地面距离 $D_{maincruground_1} = D_{main} - D_{mainclimground_1} - D_{maindesground} = 707 - 81.1 - 162.2 = 463.7$ n mile,获得主航段巡航时间 $t_{maincru_i} = D_{maincruground_1}/(V_{maincru} + V_{mainwind}) = 463.7/(468.7 - 106) =$ 1.278 5 h,获得主航段巡航油耗 $F_{maincru_i} = FF_{maincru_i} \times t_{maincru_i} = 1 250.1 \times 1.278 5 \times$ 2 = 3 196.5 kg。此时巡航平均重量为 $W_{maincruavg} = W_{mainTOD} + F_{maincru_i}/2 =$

$61\,143.3 + 3\,196.5/2 = 62\,741.6\,\text{kg}$，再查巡航性能数据表 3-14，得到巡航平均重量所对应的单发燃油流量 $FF_{maincru} = 1\,268.5\,\text{kg/(h·eng)}$ 和真空速 $V_{maincru} = 468.7\,\text{kn}$。 则主航段巡航时间 $t_{maincru} = D_{maincruground_1}/(V_{maincru} + V_{mainwind}) = 463.7/(468.7 - 106) = 1.278\,5\,\text{h}$，主航段巡航油耗 $F_{maincru} = FF_{maincru} \times t_{maincru} = 1\,268.5 \times 2 \times 1.278\,5 = 3\,243.6\,\text{kg}$。

（25）计算主航段爬升顶点重量 $W_{mainTOC} = W_{mainTOD} + F_{maincru} = 61\,143.3 + 3\,243.6 = 64\,386.9\,\text{kg}$。

10. 主航段爬升阶段

（26）根据主航段起飞重量，此时使用主航段爬升顶点重量 $W_{mainTOC} = 64\,386.9\,\text{kg}$ 替代、主航段爬升高度 $35\,000\,\text{ft}$、主航段爬升温度 ISA+13℃查爬升性能数据表 3-23，得到主航段爬升油量 $F_{mainclim} = 1\,415.3\,\text{kg}$、时间 $t_{mainclim} = 19.0\,\text{min}$ 和空中距离 $D_{mainclimair} = 113.7\,\text{n mile}$。 风和温度考虑方法与主航段爬升阶段相同。则，主航段爬升地面距离 $D_{mainclimground} = D_{mainclimair} + \dfrac{2}{3} \times V_{mainwind} \times t_{mainclim} = 113.7 - \dfrac{2}{3} \times 106 \times \dfrac{19}{60} = 91.3\,\text{n mile}$。

（27）比较主航段爬升地面距离与（24）中初始设置的地面距离，$|D_{mainclimground} - D_{mainclimground_1}| = |91.3 - 162.2| = 70.9\,\text{n mile}$ 误差较大，将此主航段爬升地面距离代入（24）重复，如表 3-25 所示。这里手动计算，采取巡航不分段予以演示。

表 3-25　波音 737-800 飞机主航段巡航、爬升迭代计算

巡航距离/n mile	TOD			巡航中点			TOC				爬升距离/n mile	爬升油量/kg	起飞油量/kg
	重量/kg	单发FF/[kg/(h·eng)]	TAS/kn	重量/kg	单发FF/[kg/(h·eng)]	TAS/kn	重量/kg	油耗/kg	时间/h				
463.7	61 143.3	1 150.1	468.7	62 741.6	1 268.5	468.7	64 386.9	3 243.6	1.278 5	91.3	1 415.3	243.9	
534.6	61 143.3	1 150.1	468.7	62 838.5	1 269.6	468.7	64 885.8	3 742.5	1.473 9	99.4	1 494.9	250	
526.5	61 143.3	1 150.1	468.7	62 812.8	1 269.3	468.7	64 828.3	3 685	1.451 6	99.5	1 496.1	250	
526.4	61 143.3	1 150.1	468.7	62 812.5	1 269.3	468.7	64 827.6	3 684.3	1.451 3	99.5	1 496.1	250	

注:起飞时间 2 min、爬升时间 18.0 min。

11. 主航段起飞和滑出阶段

（28）计算在起飞机场起飞油耗 $F_{maintakeoff} =$ 起飞耗油率×起飞时间 $= 250\,\text{kg}$，这里起飞油量由爬升性能数据表 3-23 查取。

（29）计算主航段起飞重量

$$\text{TOW} = W_{\text{mainTOD}} + F_{\text{maincru}} + F_{\text{mainclim}} + F_{\text{maintakeoff}}$$
$$= 61\,143.3 + 3\,684.3 + 1\,496.1 + 250$$
$$= 66\,573.7\,\text{kg} < \text{MTOW} = 78\,244\,\text{kg}$$

（30）计算在起飞机场滑出油耗

$$F_{\text{taxiout}} = 滑行耗油率 \times 滑出时间 = 12 \times 20 = 240\,\text{kg}$$

（31）计算在起飞机场停机坪重量

$$\text{TAXW} = \text{TOW} + F_{\text{taxiout}} = 66\,573.7 + 240 = 66\,813.7\,\text{kg}$$

12. 总结计算

（32）下面是根据定义汇总及验算过程：

改航油量 $= W_{\text{altapp}} + F_{\text{altdes}} + F_{\text{altcru}} + F_{\text{altclim}} + F_{\text{alttakeoff}} = 110 + 180 + 487.1 + 758.2 + 166.6 = 1\,701.9\,\text{kg}$；

改航时间 $= t_{\text{altapp}} + t_{\text{altdes}} + t_{\text{altcru}} + t_{\text{altclim}} + t_{\text{alttakeoff}} = 4 + 15 + 0.216\,6 \times 60 + 7.2 + 2 = 41.2\,\text{min}$；

备份油量 $=$ 改航油量 $+$ 等待油量 $+$ 公司备份油（COF）（对国际航线还要加上航线应急油 F_{10}）$= 1\,701.9 + 1\,656.4 = 3\,358.3\,\text{kg}$；

航程油量 $= W_{\text{mainapp}} + F_{\text{maindes}} + F_{\text{maincru}} + F_{\text{mainclim}} + F_{\text{maintakeoff}} = 110 + 210 + 3\,684.3 + 1\,496.1 + 250 = 5\,750.4\,\text{kg}$；

航程时间 $= t_{\text{mainapp}} + t_{\text{maindes}} + t_{\text{maincru}} + t_{\text{mainclim}} + t_{\text{maintakeoff}} = 4 + 20 + 1.451\,3 \times 60 + 18 + 2 = 131.1\,\text{min}$；

轮挡油量 $=$ 航程油量 $+$ 滑出油耗 $+$ 滑入油耗 $= 5\,750.4 + 30 \times 12 = 6\,110.4\,\text{kg}$；（这与第 2 章采用轮挡性能方法计算值 $6\,060.4\,\text{kg}$ 非常接近。）

轮挡时间 $=$ 航程时间 $+$ 滑出时间 $+$ 滑入时间 $= 131.4 + 30 = 161.4\,\text{min}$。

起飞总油量 $=$ 轮挡油量 $+$ 备份油量（检查油箱容量）$= 6\,110.4 + 3\,358.3 = 9\,468.7\,\text{kg} < \text{MFW} = 20\,300\,\text{kg}$。

（33）验算 $\text{TAXW} - \text{ZFW} = 66\,813.7 - 57\,345 = 9\,468.7\,\text{kg}$ 是否等于起飞总油量。如果等于表明求和无误。

13. 高度检查

（34）根据 W_{mainTOD} 查飞机高度能力表和机动能力表，得 TOD 点 HOPT，H_{MCR}，$H_{1.3g}$。其中：HOPT 为最佳巡航高度，H_{MCR} 为最大巡航推力限制高

度，$H_{1.3g}$ 为 1.3g 过载限制高度。

（35）根据 $W_{mainTOC}$ 查飞机高度能力表和机动能力表，得 TOC 点 HOPT，H_{MCR}，$H_{1.3g}$。

计算过程中各性能数据已考虑了推力限制。

本案例暂不考虑最佳巡航高度计算。

3.6.2.2 自前向后计算案例

1. 主航段滑出和起飞阶段

（1）$V_{mainwind} = -106\,kn$、$V_{altwind} = 0$、$T_{main} = ISA + 13℃$、$T_{alt} = ISA$。

（2）令 TOW = MTOW = 78 244 kg。

（3）计算在起飞机场滑出油耗 $F_{taxiout}$ = 滑行耗油率×滑出时间 = 12×20 = 240。

（4）计算在起飞机场停机坪重量 TAXW = TOW + $F_{taxiout}$ = 78 244 + 240 = 78 484 kg。

（5）计算在起飞机场起飞油耗 $F_{maintakeoff}$ = 起飞耗油率×起飞时间 = 300 kg，此值查自爬升性能数据表 3 - 20。

2. 主航段爬升阶段

（6）根据起飞机场起飞重量 TOW = 78 244 kg、主航段爬升高度 35 000 ft、主航段爬升温度 ISA + 13℃ 查爬升性能数据表 3 - 23，得到主航段爬升油量 $F_{mainclim}$ = 2 054.1 kg、时间 $t_{mainclim}$ = 25.8 min 和空中距离 $D_{mainclimair}$ = 172.9 n mile。风和温度的考虑方法与自后向前的改航段相同，则主航段爬升地面距离

$$D_{mainclimground} = D_{mainclimair} + \frac{2}{3} \times V_{mainwind} \times t_{mainclim} = 172.9 - \frac{2}{3} \times 106 \times \frac{25.8}{60} = 142.5\,n\,mile。$$

（7）计算主航段爬升顶点重量 $W_{mainTOC}$ = TOW − $F_{maintakoff}$ − $F_{mainclim}$ = 78 244 − 300 − 2 054.1 = 75 889.9 kg。

3. 主航段巡航阶段

（8）根据主航段爬升顶点重量 $W_{mainTOC}$ = 75 889.9 kg、主航段巡航高度 35 000 ft、主航段巡航温度 T_{main} = ISA + 13℃ 和主航段巡航速度 $0.79\,Ma$ 查巡航性能数据表 3 - 14，得到主航段爬升顶点重量所对应的单发燃油流量 $FF_{maincru_i}$ = 1 490.0 kg/(h • eng) 和真空速 $V_{maincru_i}$ = 468.7 kn（需考虑温度对于燃油流量和真空速的影响）。令主航段下降地面距离 $D_{maindesground_1}$ = $D_{mainclimground}$ = 142.5 n mile，主航段初始巡航地面距离 $D_{maincruground_1}$ = D_{main} − $D_{maindesground_1}$ −

$D_{\text{mainclimground}} = 707 - 142.5 - 142.5 = 422\,\text{n mile}$，获得主航段巡航时间 $t_{\text{maincru}_i} = D_{\text{maincruground}_1}/(V_{\text{maincru}} + V_{\text{mainwind}}) = 422/(468.7 - 106) = 1.1635\,\text{h}$，获得主航段巡航油耗 $F_{\text{maincru}} = FF_{\text{maincru}_i} \times t_{\text{maincru}_i} = 1490.0 \times 2 \times 1.1635 = 3467.2\,\text{kg}$。此时巡航平均重量为 $W_{\text{maincruavg}} = W_{\text{mainTOC}} - F_{\text{maincru}_i}/2 = 75\,889.9 - 3\,467.2/2 = 74\,156.3\,\text{kg}$，再查巡航性能数据表 3-14，得到巡航平均重量所对应的单发燃油流量 $FF_{\text{maincru}} = 1445.4\,\text{kg/(h·eng)}$ 和真空速 $V_{\text{maincru}} = 468.7\,\text{kn}$。则主航段巡航时间 $t_{\text{maincru}} = D_{\text{maincruground}_1}/(V_{\text{maincru}} + V_{\text{mainwind}}) = 422/(468.7 - 106) = 1.1635\,\text{h}$，主航段巡航油耗 $F_{\text{maincru}} = FF_{\text{maincru}} \times t_{\text{maincru}} = 1445.4 \times 2 \times 1.1635 = 3363.4\,\text{kg}$。

（9）计算主航段下降顶点重量 $W_{\text{mainTOD}} = W_{\text{mainTOC}} - F_{\text{maincru}} = 75\,889.9 - 3\,363.4 = 72\,526.5\,\text{kg}$。

4. 主航段下降阶段

（10）根据主航段着陆重量，此时用主航段下降顶点重量 $W_{\text{mainTOD}} = 72\,526.5\,\text{kg}$ 替代、主航段下降高度 $35\,000\,\text{ft}$ 查下降性能数据表 3-22，得到主航段下降油量 $F_{\text{maindes}} = 320\,\text{kg}$、时间 $t_{\text{maindes}} = 24\,\text{min}$ 和空中距离 $D_{\text{maindesair}} = 123\,\text{n mile}$。风和温度考虑方法与主航段爬升阶段相同。则，主航段下降地面距离 $D_{\text{maindesground}} = D_{\text{maindesair}} + \dfrac{2}{3} \times V_{\text{mainwind}} \times t_{\text{maindes}} = 123 - \dfrac{2}{3} \times 106 \times \dfrac{24}{60} = 94.7\,\text{n mile}$。

（11）比较主航段下降地面距离与（8）中初始设置的地面距离，$|D_{\text{maindesground}} - D_{\text{maindesground}_1}| = |94.7 - 142.5| = 47.8\,\text{n mile}$ 误差较大，将此主航段下降地面距离代入（8）重复，如表 3-26 所示。这里手动计算，采取巡航不分段予以演示。

表 3-26　波音 737-800 飞机主航段巡航、下降迭代计算

巡航距离/n mile	TOC			巡航中点			TOD			下降距离/n mile	下降油量/kg	进近油量/kg
	重量/kg	单发 FF /[kg/(h·eng)]	TAS/kn	重量/kg	单发 FF /[kg/(h·eng)]	TAS/kn	重量/kg	油耗/kg	时间/h			
422	75 889.9	1490	468.7	74 156.3	1 445.4	468.7	72 526.5	3 363.4	1.163 5	94.7	320	110
469.8	75 889.9	1490	468.7	73 960	1 441.7	468.7	72 155	3 734.9	1.295 3	94.1	320	110
470.4	75 889.9	1490	468.7	73 957.5	1 441.6	468.7	72 150.7	3 739.2	1.296 9	94.1	320	110

注：进近时间 4 min，下降时间 24 min。

5. 主航段进近和改航复飞阶段

（12）计算在目标机场进近油耗 $F_{\text{mainapp}} =$ 进近耗油率×进近时间 $= 110\,\text{kg}$，这里进近油量由下降性能数据表 3-22 查取。

（13）在目标机场着陆重量 $LWD = W_{mainTOC} - F_{maincru} - F_{maindes} - F_{mainapp} = 75\,889.9 - 3\,739.2 - 320 - 110 = 71\,720.7\,kg > MLWD = 65\,317\,kg$（原则上大于 MLWD 后，应减少重量后重新计算，但本案例为演示计算暂忽略）。

（14）计算在目标机场复飞油耗 $F_{alttakeoff} =$ 复飞耗油率 × 复飞时间 $= 213.6\,kg$（按起飞油量 80% 计算），这里起飞油量由爬升性能数据表 3 - 23 查取。

6. 改航爬升阶段

（15）根据目标机场起飞重量即目标机场着陆重量 $LWD = 71\,720.7\,kg$、改航爬升高度 $25\,000\,ft$、改航爬升温度 ΔISA 查爬升性能数据表 3 - 23，得到改航爬升油量 $F_{altclim} = 934.4\,kg$、时间 $t_{altclim} = 9.3\,min$ 和空中距离 $D_{altclimair} = 55.1\,n\,mile$。风和温度的考虑方法与自后向前的改航段相同，则主航段爬升地面距离

$$D_{altclimground} = D_{altclimair} + \frac{2}{3} \times V_{altwind} \times t_{altclim} = 55.1 + \frac{2}{3} \times 0 \times \frac{9.3}{60} = 55.1\,n\,mile。$$

（16）计算改航爬升顶点重量 $W_{altTOC} = LWD - F_{alttakoff} - F_{altclim} = 71\,720.7 - 213.6 - 934.4 = 70\,572.7\,kg。$

7. 改航巡航阶段

（17）根据改航爬升顶点重量 $W_{altTOC} = 70\,572.7\,kg$、改航巡航高度 $25\,000$ ft、改航巡航温度 T_{alt}（为 ISA 温度）和改航巡航速度 LRC 查巡航性能数据表 3 - 16 和表 3 - 17，得到改航爬升顶点重量所对应的单发燃油流量 $FF_{altcru_i} = 1\,327.8\,kg/(h \cdot eng)$ 和真空速 $V_{altcru_i} = 411.7\,kn$。令改航下降地面距离 $D_{altdesground_1} = 2 \times D_{altclimground} = 2 \times 55.1 = 110.2\,n\,mile$，改航初始巡航地面距离 $D_{altcruground_1} = D_{alt} - D_{altdesground_1} - D_{altclimground} = 200 - 55.1 - 110.2 = 34.7\,n\,mile$，获得改航巡航时间 $t_{altcru_i} = D_{altcruground_1}/(V_{altcru_i} + V_{altwind}) = 34.7/(411.7 + 0) = 0.084\,3\,h$，获得改航巡航油耗 $F_{altcru_i} = FF_{altcru_i} \times t_{altcru_i} = 1\,327.8 \times 2 \times 0.084\,3 = 223.9\,kg$。此时巡航平均重量为 $W_{altcruavg} = W_{altTOC} - F_{altcru_i}/2 = 70\,572.7 - 223.9/2 = 70\,460.8\,kg$，再查巡航性能数据表 3 - 16 和表 3 - 17，得到巡航平均重量所对应的单发燃油流量 $FF_{altcru} = 1\,325.5\,kg/(h \cdot eng)$ 和真空速 $V_{maincru} = 411.4\,kn$。则主航段巡航时间 $t_{altcru} = D_{altcruground_1}/(V_{altcru} + V_{altwind}) = 34.7/(411.4 + 0) = 0.084\,3\,h$，主航段巡航油耗 $F_{altcru} = FF_{altcru} \times t_{altcru} = 1\,325.5 \times 2 \times 0.084\,3 = 223.5\,kg$。

（18）计算改航下降顶点重量 $W_{altTOD} = W_{altTOC} - F_{altcru} = 70\,572.7 - 223.5 = 70\,349.2\,kg。$

8. 改航下降阶段

（19）根据改航着陆重量，此时用改航下降顶点重量 $W_{altTOD} = 70\,349.2\,kg$ 替

代、改航下降高度 25 000 ft 查下降性能数据表 3 - 22，得到改航下降油量 $F_{altdes}=$ 290 kg、时间 $t_{altdes}=19$ min 和空中距离 $D_{altdesair}=90.2$ n mile。风和温度考虑方法与改航爬升阶段相同。则，改航下降地面距离 $D_{altdesground}=D_{altdesair}+\dfrac{2}{3}\times V_{altwind}\times$

$t_{altdes}=90.2+\dfrac{2}{3}\times0\times\dfrac{19}{60}=90.2$ n mile。

（20）计算等待开始重量 $W_{holdbegin}=W_{altTOD}-F_{altdes}=70\,349.2-290=$ 70 059.2 kg。

9. 等待阶段

（21）因为等待过程中燃油流量是个变量，因此要计算等待油量必须算出平均燃油流量。先根据 $W_{holdbegin}=70\,059.2$ kg、等待速度、等待高度和等待温度查等待油量表，得到单发燃油流量 $FFI_{hold}=1\,290.9$ kg/(h·eng)，这是一个粗略的平均燃油流量，然后根据它计算等待油量 $F_{hold_1}=2\times FFI_{hold}\times t_{hold}=2\times1\,290.9\times$

$\dfrac{45}{60}=1\,936.4$ kg，这也是一个粗略值。然后计算等待中的平均重量 $W_{holdavg}=$ $(W_{holdend}+W_{holdbegin})/2=W_{holdbegin}-1/2\times F_{hold_1}=70\,059.2-1/2\times1\,936.4=$ 69 091 kg，再根据 $W_{holdavg}=69\,091$ kg 查等待油量表 3 - 21，得到单发燃油流量 $FF_{hold}=1\,275.5$ kg/(h·eng)，这就是等待中的平均燃油流量。最后计算等待油量 $F_{hold}=2\times FF_{hold}\times t_{hold}=2\times1\,275.5\times\dfrac{45}{60}=1\,913.3$ kg。

（22）比较改航下降地面距离与（17）中初始设置的地面距离，若 $|D_{altdesground}-D_{altdesground_1}|=|90.2-110.2|=20$ n mile，将此改航下降地面距离代入（17）重复，如表 3 - 27 所示。这里手动计算，采取巡航不分段予以演示。

表 3 - 27　波音 737 - 800 飞机改航巡航、下降、等待迭代计算

| 巡航距离/n mile | TOC | | | 巡航中点 | | | TOD | | | 下降距离/n mile | 下降油量/kg | 进近油量/kg | 等待油耗/kg |
	重量/kg	单发FF/[kg/(h·eng)]	TAS/kn	重量/kg	单发FF/[kg/(h·eng)]	TAS/kn	重量/kg	油耗/kg	时间/h				
34.7	70 572.7	1 327.8	411.7	70 460.8	1 325.5	411.4	70 349.2	223.5	0.084 3	90.2	290	110	1 913.3
54.7	70 572.7	1 327.8	411.7	70 396.3	1 324.2	411.2	70 220.5	352.2	0.133	88.7	290	110	1 910.1
56.2	70 572.7	1 327.8	411.7	70 391.4	1 324.1	411.2	70 210.7	362	0.136 7	88.7	290	110	1 910

注：进近时间 4 min、下降时间 19 min。

（23）计算等待结束重量 $W_{holdend} = W_{altTOC} - F_{altcru} - F_{altdes} - F_{hold} = 70\,572.7 - 362.0 - 290 - 1\,910.0 = 68\,010.7\,kg$。

10. 改航进近、着陆和滑入阶段

（24）计算在备降场进近油耗 $F_{altapp} = $ 进近耗油率×进近时间 $= 110\,kg$，这里进近油量由下降性能数据表 3-22 查取。

（25）计算在备降场着陆重量 $LWA = W_{holdend} - F_{altapp} = 68\,010.7 - 110 = 67\,900.7\,kg > MLWD = 65\,317\,kg$（原则上大于 MLWD 后，应减少重量后重新计算，但本案例为演示计算暂忽略）。

（26）计算在备降场滑入耗油 $F_{alttaxiin} = $ 滑行耗油率×滑入时间 $= 12 \times 10 = 120\,kg$。

（27）计算在备降场停机坪重量 $W_{stop} = LWA - W_{taxiin} = 67\,900.7 - 120 = 67\,780.7\,kg$。

（28）计算 $ZFW = W_{stop} - COF = 67\,780.7 - 0 = 67\,780.7\,kg > MZFW = 61\,688\,kg$（原则上大于 MZFW 后，应减少重量后重新计算，但本案例为演示计算暂忽略）。

（29）计算最大业载 $PL = ZFW - OEW = 67\,780.7 - 42\,945 = 24\,835.7\,kg$。

11. 总结计算

（30）下面是根据定义汇总及验算过程：

改航油量 $= W_{altapp} + F_{altdes} + F_{altcru} + F_{altclim} + F_{alttakeoff} = 110 + 290 + 362 + 934.4 + 213.6 = 1\,910\,kg$；

改航时间 $= t_{altapp} + t_{altdes} + t_{altcru} + t_{altclim} + t_{alttakeoff} = 4 + 19 + 0.136\,7 \times 60 + 9.3 + 2 = 42.5\,min$；

备份油量 $=$ 改航油量＋等待油量＋公司备份油（COF）$= 1\,910 + 1\,910 + 0 = 3\,820\,kg$；

航程油量 $= W_{mainapp} + F_{maindes} + F_{maincru} + F_{mainclim} + F_{maintakeoff} = 110 + 320 + 3\,739.2 + 2\,054.1 + 300 = 6\,523.3\,kg$；

航程时间 $= t_{mainapp} + t_{maindes} + t_{maincru} + t_{mainclim} + t_{maintakeoff} = 4 + 24 + 1.296\,9 \times 60 + 25.8 + 2 = 133.6\,min$；

轮挡油量 $=$ 航程油量＋滑出油耗＋滑入油耗 $= 6\,523.3 + 12 \times 30 = 6\,883.3\,kg$；

轮挡时间 $=$ 航程时间＋滑出时间＋滑入时间 $= 133.6 + 30 = 163.6\,min$；

起飞总油量 $=$ 轮挡油量＋备份油量（检查油箱容量）$= 6\,883.3 + 3\,820 = 10\,703.3\,kg < MFW = 20\,300\,kg$。

（31）验算 TAXW − ZFW = 78 484 − 67 780.7 = 10 703.3 kg 的值是否等于起飞总油量。如果等于表明求和无误。

12. 高度检查

（32）根据 W_{mainTOC} 查飞机高度能力表和机动能力表，得 TOC 点 HOPT，H_{MCR}，$H_{1.3g}$。

（33）根据 W_{mainTOD} 查飞机高度能力表和机动能力表，得 TOD 点 HOPT，H_{MCR}，$H_{1.3g}$。

计算过程中各性能数据已考虑了推力限制。

本案例暂不考虑最佳巡航高度计算。

由于该航线航程短，不需要最大起飞重量起飞，因而出现目标机场和备降机场超过 MLW 的情况，同时也超过 MZFW。从另一个侧面也可以看出，自前向后算法更适合较长的航线计算。

3.6.3 注意事项

制订飞行计划时还有一些其他需要关注的问题：

（1）机场标高与气压高度的差异对爬升和下降的影响很小，飞行高度层已使用气压高度，因此不用考虑气压高度的转换。逆风时可以根据当量风计算，并选择较低的高度层，顺风可选择较高的高度层。

（2）爬升和下降阶段的近似计算虽然不会影响油耗和时间，却会影响航程，使得 TOC 和 TOD 点计算不准确。准确计算也应进行分步积分，选择步长为 1 000 ft 或 2 min（爬升率小于 500 ft/min 时）为宜。另，对于自后向前算法中爬升距离一般设置为下降距离的 1~2 倍，避免出现初次迭代时爬升数据误超限的情况。

（3）一般不考虑巡航加速段、减速段，但对于一些机型给出相关参数可考虑，例如 CRJ700 飞机。

（4）真空速的温度修正使用公式计算，比性能表格所提供的修正更准确。

（5）一般认为航程时间的 10% 或航程油量的 10% 所指的为标准进场剖面，不含特殊进场所产生的差异。

（6）还需要考虑 APU 地面油耗，仅 ETOPS 和单发失效飘降时才考虑 APU 空中油耗。

（7）性能衰减需考虑 OEW 增加和耗油率增加。

（8）对于新的飞行计划软件、新的飞机、新的航线，航空公司基于安全考虑会增加公司备份油。

（9）注意英制单位与国际单位之间的换算。

3.6.4　工具样例

为了适应民用飞机销售工程航线适应性、经济性分析、航线网络规划等工作需求，结合快速、批量、较为准确的销售工作特点，基于民用飞机市场营销的飞行计划计算模型研究成果以及机型性能，按照 CCAR - 121 - R4 并结合 CCAR - 121 - R5 规定，完成了适用于销售工程的飞行计划工具开发。同时考虑了涡桨、涡扇飞机国际备份油规则的差异。

该工具以公司航路信息和运营剖面为输入，包括：乘客人数、乘客重量标准、货邮重量、起飞机场标高、起飞滑行时间、主航段爬升温度、主航段爬升模式和速度、主航段爬升防冰、主航段航线距离、主航段巡航高度、主航段航路风、主航段巡航温度、主航段巡航速度、主航段巡航防冰、主航段下降温度、主航段下降防冰、目标机场标高、目的地滑入时间、备降爬升温度、备降爬升模式和速度、备降爬升防冰、备降巡航距离、备降巡航高度、备降巡航温度、备降巡航速度、备降巡航防冰、备降下降温度、备降下降防冰、备降机场标高、备降滑入时间、等待高度、等待时间、等待防冰、等待温度、APU 地面时间、主航段应急油模式、二次放行距离、国内备份油规则、成本指数。

输出主要包括：滑行重量、起飞重量、轮挡油耗、轮挡时间、飞行油耗、飞行时间、目的地着陆重量、备降着陆重量、加油量、经济飞行高度、经济飞行速度以及各阶段飞机重量、油耗和时间等。

这些输入与输出均可按需调整，基本原理和方法和所需数据间隔与上述描述相同。若读者有兴趣，可自主尝试编制相关工具，或与笔者联系相互讨论。

同时该工具可实现快速修改后台参数，满足销售工程的快速批量响应需求的同时，也能满足飞机设计方案不同假设条件的指标制订和评估工作。

几种机型飞行计划工具界面截图如图 3 - 15 和图 3 - 16 所示。

3.7　应用与分析

3.7.1　数据计算

第 2 章中所讨论的航段性能和业载航程图相关数据均可以通过飞行计划予以计算获取。

其中航段性能计算，就是在给定的剖面下不同航线距离所对应的油耗和时间等计算。其计算方法与正常飞行计划相同，即正向求解。

输入列表		输出列表							
客货当量人数(@90kg)	78	序号	阶段	重量(kg)	油耗(kg)	时间(min)	距离(km)	最大高度(ft)	最佳高度(ft)	校验	余量(kg)

输入列表		序号	阶段	重量(kg)	油耗(kg)	时间(min)	距离(km)	最大高度(ft)	最佳高度(ft)	校验	余量(kg)
客货当量人数(@90kg)	78	1	备降场停机坪	32567	0	0	0			TRUE	1323.0
起飞机场标高(m)	3.7	2	备降滑入（备降着陆重量）	32657	90	10	0			TRUE	7798.0
主航段航路风(knots)	-70	3	备降滑出&着陆	32761	104	4	0				
主航段距离(km)	1500	4	备降等待	33827.9	1066.9	45	/			国内	
主航段巡航高度(ft)	36100	5	备降下降	33886.7	58.8	5.5	53.2	39000	39000		
主航段温度(ISA偏离)	3	6	备降巡航	35417.1	1530.4	53.2	527.3	38791	38791	TRUE	
目的地场标高(m)	512.4	7	备降爬升	35701.3	284.1	3.9	37.5				
备降航路风(knots)	6	8	备降复飞（回到着陆重量）	35814.6	113.3	2.75	/			TRUE	4640.4
备降距离(km)	618	9	主航段进近油耗	35918.6	104	4	/				
备降巡航高度(ft)	16700	10	主航段下降	36052.9	134.3	13.5	127.9	38774	38774		
备降温度(ISA偏离)	3	11	主航段巡航	39217.9	3165.0	102.6	1168.1	37213	37191	TRUE	
备降机场标高(m)	1138.9	12	主航段爬升	40299.1	1081.2	19.3	204.0				
备降等待温度(ISA偏离)	3	13	主航段起飞（起飞重量）	40441.6	142.5	1.5	/			TRUE	3058.4
起飞滑出时间(min)	30	14	主航段滑出（滑行重量）	40711.6	270	10	/			TRUE	2868.4
目的地滑入时间(min)	20		飞行时间			140.8					
备降滑入时间(min)	10		飞行油耗		4627.0	1971.2					
公路备份油(kg)	0		TOD巡航10%航程时间油耗		423.3	14.1				TRUE	
航路备份油(kg)	0		轮档时间			190.8					
APU地面时间(min)	0		轮档油量		5077.0	1596.2					
等待时间(min)	45		加油量		8144.6					TRUE	2165.4
等待高度(ft)	1500		二次巡航10%航程时间油耗		90	3.3				TRUE	
二次至着陆距离(km)	300		二次侧余油量		3941.9					TRUE	
主航段巡航模式	定速		是否超载	TRUE							
主航段定速巡航速度	0.76		主航段是否阶梯巡航	否	TRUE	TRUE		机型		ER	
备降巡航模式	LRC		阶梯巡航高度	38100	37971.9	TRUE					
备降定速巡航速度	0.64		阶梯巡航航路风(knots)	-74							
起飞机场时间(min)	1.5 / 1.5		阶梯巡航温度(ISA偏离)	2							
目的机场时间(min)	4 / 4		阶梯巡航爬升开始至着陆距离(km)	600	750.0	TRUE					
目的机场复飞时间(min)	2.75 / 2.75		航路备份油模式	时间							
备降机场复飞时间(min)	4 / 4		航路备份油百分比(%)	10							
备降TOD 45min备份油			主航段爬升与下降距离初始比值	1	0.7	10.6	TRUE				
备降TOD 45min油(kg)	2279.1 / 1266.5 TRUE		主航段爬升十下降距离初始比值	1	1.6	10.7	TRUE				
CI(kg/min)	5										

a) 北京/首都、广州/白云、上海/浦东、上海/虹桥、深圳/宝安、成都/双流6个机场滑出时间为30分钟、滑入时间为20分钟；
b) 昆明/长水机场滑出时间为20分钟、滑入时间为20分钟；
c) 西安/咸阳、杭州/萧山、重庆/江北、厦门/高崎、长沙/黄花、南京/禄口、武汉/天河、青岛/流亭、大连/周于水、三亚/凤凰、乌鲁木齐/地窝堡、海口/美兰、郑州/新郑、沈阳/桃仙、天津/滨海15个机场滑出时间为20分钟、滑入时间为10分钟；
d) 其他机场滑出时间为10分钟、滑入时间为10分钟。

◄ ► ►│ 计算剖面 ╱ 爬升 ╱ 巡航 ╱ 下降 ╱ 等待 ╱ 升限 ╱ 特征参数 ╱

图 3-15   ARJ21-700飞机飞行计划工具界面截图

输入值		下限	上限	校验	输出值		下限	上限	校验
载客人数(个)	166	0	195	TRUE	预计起飞重量(kg)	71178.7	0	79400	TRUE
旅客重量标准(kg)	90	0	102	TRUE 国内90，国际95	燃油重量(kg)	71063.7	0	79000	TRUE
燃油(kg)	0	0	3802	TRUE	航段油耗(kg)	6767.6	0	18625	TRUE
					航段时间(H)	3.39	0		TRUE
爬飞地机标高(ft)	1500	0	13500	TRUE	飞行油耗(kg)	6537.5	0	18625	TRUE
起飞滑出时间(min)	10	0	30	TRUE	飞行时间(H)	3.26	0		TRUE
					目的地着陆重量(kg)	64646.2	0	67400	TRUE
主航段爬升温度(ISA偏高)	9	10	20	FALSE 可略超限	备降着陆重量(kg)	60613.0	0	67400	TRUE
主航段爬升防冰	OFF	OFF	发动机和机翼	TRUE 一般不变	TOD巡航10%航程时间油耗(kg)	610.6	0	18625	TRUE
主航段爬升高度(100ft)	1000	0	3000	TRUE	加油量(kg)	10706.2	0	18625	TRUE
主航段巡航高度(100ft)	330	100	390	TRUE 顺风为正	备份油校别	国内	国内	国际	TRUE
主航段航路风(knots)	-100	-150	150	TRUE 顺风为正	二次巡航10%航程时间油耗	86.2	0	18625	TRUE
主航段巡航温度(ISA偏高)	10	10	20	TRUE 可略超限					
主航段巡航模式	LRC	0.78	LRC	TRUE	主航段是否阶梯巡航	否	0	2次	TRUE
主航段巡航防冰	OFF	OFF	发动机和机翼	TRUE 一般不变	阶梯巡航高度(100ft)	350	100	390	TRUE
主航段下降防冰	OFF	OFF	发动机和机翼	TRUE 一般不变	阶梯巡航机航风(knots)	-74	-150	150	TRUE
目的机场标高(ft)	1500	0	13500	TRUE	阶梯巡航温度(ISA偏高)	2	-10	20	TRUE
目的滑入时间(min)	10	0	30	TRUE	阶梯巡航1爬升结束至着陆距离(nm)	500	67.8	904.7	TRUE
					阶梯巡航2高度(100ft)	370	100	390	TRUE
备降爬升温度(ISA偏高)	9	10	20	FALSE 可略超限	阶梯巡航机航风(knots)	-76	-150	150	TRUE
备降爬升防冰	OFF	OFF	发动机和机翼	TRUE 一般不变	阶梯巡航温度(ISA偏高)	1	-10	20	TRUE
备降距离(nm)	300	0	1000	TRUE	阶梯巡航2爬升结束至着陆距离(nm)	200	67.8	495.5	TRUE
备降巡航高度(100ft)	137	100	390	TRUE					
备降航路风(knots)	-42	-150	150	TRUE 顺风为正					
备降巡航温度(ISA偏高)	10	10	20	TRUE 可略超限					
备降巡航模式	LRC	0.78	LRC	TRUE					
备降巡航防冰	OFF	OFF	发动机和机翼	TRUE 一般不变					
备降下降防冰	OFF	OFF	发动机和机翼	TRUE 一般不变					
备降机场标高(ft)	1500	0	13500	TRUE					
备降滑入时间(min)	10	0	30	TRUE					
等待高度(100ft)	15	15	250	TRUE 一般不变					
等待时间(min)	30	30	45	TRUE 国内45，国际30					
等待防冰	OFF	OFF	发动机和机翼	TRUE 一般不变					
等待温度(ISA偏高)	5	-20	20	TRUE 一般使用ISA					
APU油面时间(min)	0	0	120	TRUE					
公司备份油(kg)	0	0	18623	TRUE					
主航段应急油(kg)	0	0	610.6	TRUE 国际航线使用					
二次至着陆距离(nm)	100	67.8	200.0	TRUE 国际航线使用					
备降TOD 45min国内备份油	否	是	否	TRUE					
备降TOD 45min油(kg)	1928.8	1546.4	1546.4	TRUE 一般不变					
备降爬升与下降距离初始比值	1	0.6	7.8	TRUE 一般不变					
备降爬升十下降距离初始比值	1	1.3	7.8	TRUE 一般不变					

◄ ► ►│ 输入输出界面 ╱ 爬升 ╱ 巡航 ╱ 下降 ╱ 等待 ╱ 特征油耗&重量 ╱ 数据 ╱

图 3-16   A320-271飞机飞行计划计算工具界面截图

业载航程图中的性能数据,则是在不同约束条件下的航程计算,如图3-19所示。其计算方法则是在EXCEL飞行计划工具上采用"单变量求解",即求解单输入的模拟运算。具体方法见第2章相关内容。

满载航程:即约束条件为已知起飞重量(MTOW)和业载为最大业载(maximum payload,MPL)条件下的航程。此时单变量求解目标值为起飞重量(MTOW),单变量求解可变值为航程,其他约束条件固定,包括业载和飞行剖面等。

设计航程:即约束条件为已知起飞重量(MTOW)和业载为标准业载(standard payload,SPL)条件下的航程。此时单变量求解目标值为起飞重量(MTOW),单变量求解可变值为航程,其他约束条件固定,包括业载和飞行剖面等。

满油航程:即约束条件为已知起飞重量(MTOW)和油量为最大燃油重量(maximum fuel weight,MFW)条件下的航程。此时单变量求解目标值为起飞重量(MTOW)和油量(MFW),单变量求解可变值为航程,其他约束条件固定,包括业载和飞行剖面等。此时计算存在两个目标值,则需要多次迭代求解。

转场航程:即约束条件为油量为MFW和业载为0条件下的航程。此时单变量求解目标值为油量(MFW),单变量求解可变值为航程,其他约束条件固定,包括业载和飞行剖面等。

值得一提的是图3-17中的业载航程图所提约束与飞行计划略有差异,即未体现出MLW的约束。当某机型的MLW与MZFW之间的差距较小时,一般认为小于2h的飞行油耗为较小,会出现在限制线同时受到目标机场MLW限制。这在加长型机型中较容易发生,因为加长型MZFW需要增加,而由于机翼和起落架一般变化不大则MLW不会增加或增加较少。

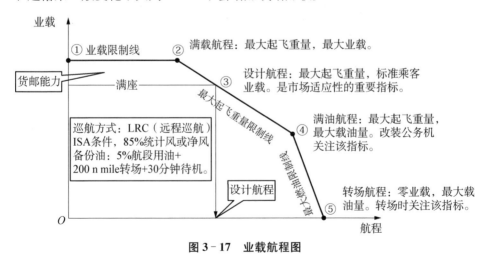

图3-17 业载航程图

另外，在进行飘降和供氧的分析时，也需要计算指定点所对应的飞机重量，也是采用飞行计划进行计算的。

3.7.2　保本风

关于飞行计划的数据敏感性分析与航段性能中讨论的基本相同，包括业载、温度、高度、速度和备降距离等，仅存在数据精确度上的差别，因而不再赘述。本节仅讨论航路风与最佳高度的关系，即航路保本风概念。

保本风为保持当前高度的航程能力在新高度上所需要的风速。某种意义上可理解为，在有风的情况下的最佳高度问题。保本风计算公式如下：

保本风＝现高度的风分量＋（新高度的风因子－现高度的风因子）

其中：风速单位为节，顶风为负。

波音 737 - 800 飞机保本风数据如表 3 - 28 和表 3 - 29 所示，该表格中的保本风计算方法为：

（1）计算各重量燃油比航程（specific range，SR），并以最大值为最佳高度。此高度保本风为 0。

（2）计算各重量非最大最佳高度，顺风多少时可达到最大 SR。该顺风为此高度保本风。

表 3 - 28　波音 737 - 800 飞机 LRC 保本风　　　　单位：kn

气压高度/ft	巡航重量/t									
	85	80	75	70	65	60	55	50	45	40
41 000						12	2	0	6	18
39 000			24	10	2	0	5	16	32	
37 000			18	7	1	1	5	15	29	48
35 000	25	12	4	0	1	6	15	27	44	65
33 000	7	2	0	2	7	16	27	42	61	82
31 000	1	0	3	9	17	28	42	58	77	99
29 000	1	5	11	19	30	43	58	75	94	116
27 000	7	14	22	32	44	58	74	91	111	132
25 000	17	25	35	47	60	74	90	107	126	147

表 3 - 29　波音 737 - 800 飞机 0.79 Ma 保本风　　　　单位：kn

气压高度/ft	巡航重量/t									
	85	80	75	70	65	60	55	50	45	40
41 000						16	2	1	13	40

（续表）

气压高度/ft	巡航重量/t									
	85	80	75	70	65	60	55	50	45	40
39 000				33	12	1	1	12	34	69
37 000			24	8	0	2	12	32	62	103
35 000	34	16	4	0	3	14	32	59	95	139
33 000	9	1	0	5	16	34	59	91	130	177
31 000	0	1	8	20	37	61	90	125	167	214
29 000	4	12	25	42	64	91	123	161	203	252
27 000	17	30	48	69	95	124	159	197	240	288
25 000	37	55	75	100	127	159	194	233	276	323

保本风计算主要是研究爬升、下降所产生的油耗、时间和距离的影响，更适用于飞行员飞行决策，对航路规划设计参考意义不大。

在进行飞行计划计算时，需要综合考虑不同风速和高度情况下的温度、风速对爬升、巡航和下降的综合影响后，选出实际运营的最佳巡航高度乃至速度。

3.7.3　保本油价

目标机场的保本油价（P_{DB}）为起飞机场油价（P_T）与保本油价比之积，当目标机场油价高于 P_{DB} 时，多带油才能节省燃油费用。该数据表与机型有关。

计算过程如下：

（可最大多带油起飞重量油耗－正常起飞重量油耗）×起飞机场油价
＝（可最大多带油加油量－正常起飞重量加油量）×
（目标机场保本油价－起飞机场油价）

保本油价比＝目标机场保本油价÷起飞机场油价
＝（可最大多带油起飞重量油耗－正常起飞重量油耗）
÷（可最大多带油加油量－正常起飞重量加油量）＋1

以波音 737-800 飞机在 32 000 ft 高度层飞行 200 n mile 航段距离为例进行分析，正常起飞重量油耗为 2 118.9 kg，正常起飞重量加油量为 5 491.2 kg。可最大多带油起飞油耗为 2 206.5 kg，可最大多带油起飞加油量为 9 625.4 kg（受限于备降机场最大着陆重量 65 317 kg）。

则 200 n mile 航段距离对应的保本油价比为 $\dfrac{2\,206.5-2\,118.9}{9\,625.4-5\,491.2}+1=1.021$。

实际飞行时需结合不同航程、不同业载、不同高度层、风和温度、不同速度对应进行燃油差价飞行计划计算。

3.7.4 二次放行

二次放行的中心思想是设法利用一般不会被消耗的 10% 航程时间或航程油量的应急油来作为从二放点到目标机场所需油量。

二次放行的飞行计划的实施核心在于二次放行点的选择，二次放行点选择是否合理直接影响到加油量和业载能力。二次放行的飞行剖面如图 3 - 18 所示。

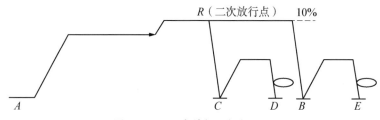

图 3 - 18　二次放行飞行剖面图

如图 3 - 18 所示，一般需要选择初始目标机场 C，二次放行点 R 和初始目标机场备降场 D。最佳位置选择一般原则如下：

（1）A 到 R 加上 R 到 C 的航线距离是 AB 航线距离 91% 左右；

（2）A 到 R 的航线距离是 AB 航线距离的 89% 左右；

（3）当 B 到 E 的航线距离大于 C 到 D 时，R 点向最终目的地移动大约 $\frac{1}{3}(BE-CD)$；

（4）当 B 到 E 的航线距离小于 C 到 D 时，R 点向起飞机场移动大约 $\frac{1}{3}(CD-BE)$。

上述选择原则仅做一般参考，考虑到航路风的影响，要具体分析。

在业载受最大允许起飞重量限制的情况下，能增加的业载为航线应急油的 86% 左右。对于受最大允许着陆重量限制以及不利用二次放行时业载受油箱容量限制的情况，效果将更为显著。

首先计算由 A 起飞到 C 备降 D 的总油量，即初次放行所应加的油量 TOF_1，包括四个部分：

(1) A 到 R 和 R 到 C 的油量;

(2) A 到 R 和 R 到 C 的航程时间的 10% 巡航油量(即 10% 时间的航线应急油)或航程油量的 10%;

(3) C 到 D 的改航油量;

(4) 在 D 等待 30 min 的油量。

其次计算采用二次放行方法由 A 飞到最终目的地所应加的总油量 TOF_2,包括四个部分:

(1) A 到 B 的油量;

(2) R 到 B 的航程时间的 10% 巡航油量(即 10% 时间的航线应急油量)或航程油量的 10%;

(3) B 到 E 的改航油量;

(4) 在 E 等待 30 min 的油量。

计算时要保证二放点所剩油量≥RF(二放所需油量,即 R 点到备降场 E 点所需油量),如果计算得到的二放点剩余油量少于 RF,则将差额部分的 0.94 倍叠加到零油重量上、从初始目的机场的备降机场再次往回计算,然后再检查在二放点剩余油量是否等于 RF,如不等,再重复这个过程直到两者相同为止(实际计算按两者之差少于 10 lb 或 5 kg 来控制迭代次数)。

加油量选择 TOF_1 和 TOF_2 中较大值。当 TOF_1 等于 TOF_2 时,二次放行效果最佳,即起飞重量、业载、油耗达到最佳。可通过调整业载的方式进行迭代寻找最优。

3.7.5　油耗计算差异分析

航空公司实际运营的航线距离自然不同于大圆航距,且不同的航路差异也较大,如表 3-30 所示。每次飞行时选择不同的航路、不同的起飞跑道和离场程序、不同的着陆跑道和进场程序及进近程序,这些都会使得航线距离发生改变。国内各机场之间的航线往往有较为固定的航路,而国际航线上则会更为灵活,尤其是欧美航线。

表 3-30　5 架单通道飞机上海浦东备选航线距离

序号	航　线	三字码	大圆航距/n mile	高空航路距离[①]/km	大圆航距与实际距离差异[②]/km
1	上海浦东—西安	PVG—XIY	686	1 197	77
2	上海浦东—成都双流	PVG—CTU	919	1 766	214

（续表）

序号	航　　线	三字码	大圆航距 /n mile	高空航路 距离[①]/km	大圆航距与实际 距离差异[②]/km
3	上海浦东—沈阳	PVG—SHE	635	1 199	173
4	上海浦东—大连	PVG—DLC	469	936	217
5	上海浦东—武汉	PVG—WUH	391	662	88
6	上海浦东—重庆	PVG—CKG	788	1 319	10
7	上海浦东—福州	PVG—FOC	332	629	164
8	上海浦东—哈尔滨	PVG—HRB	893	1 733	229
9	上海浦东—海口	PVG—HAK	909	1 637	104
10	上海浦东—桂林	PVG—KWL	715	1 352	178
11	上海浦东—长沙	PVG—CSX	481	767	26
12	上海浦东—厦门	PVG—XMN	441	854	187
13	上海浦东—昆明	PVG—KMG	1 060	1 842	29
14	上海浦东—青岛	PVG—TAO	315	466	33
15	上海浦东—北京首都	PVG—PEK	592	1 029	83
16	上海浦东—济南	PVG—TNA	411	658	47
17	上海浦东—广州	PVG—CAN	648	1 091	41
18	上海浦东—郑州	PVG—CGO	449	751	69
19	上海浦东—深圳	PVG—SZX	665	1 340	258
20	上海浦东—三亚	PVG—SYX	1 022	1 910	167

注：① 选择单通道飞机可用的最短高空航路。
　　② 实际航线距离为高空航路距离与进离场距离之和，假设进离场距离共 150 km。

　　为了剔除航线距离的差异，使用飞行计划计算方法对第 2 章的案例进行轮挡油耗计算，结果如表 3 - 31 所示，其结果与第 2 章中的结果差异并不显著，在 −0.03% ～ 0.55% 之间，即在剖面确定时两种方法均可工程接受。

表 3 - 31　基于飞行计划的 5 架单通道飞机上海浦东备选航线各机型轮挡油耗

单位：kg

序号	航　　线	大圆航距 +3%/n mile	风/ kn	A320 - 200	A320neo	波音 737 - 800	波音 737MAX8
1	上海浦东—西安	707	−106	5 784.6	5 117.2	6 067.7	4 981.6
			30	4 506.5	3 992.0	4 685.1	3 835.0
2	上海浦东—成都 双流	947	−111	7 533.2	6 642.2	7 925.3	6 511.9
			24	5 737.2	5 065.9	5 994.2	4 910.4

序号	航　线	大圆航距 +3% n mile	风/ kn	A320-200	A320neo	波音 737-800	波音 737MAX8
3	上海浦东—沈阳	654	−22	4 608.3	4 083.8	4 802.3	3 933.0
			−43	4 779.8	4 234.9	4 988.5	4 087.2
4	上海浦东—大连	483	−34	3 745.8	3 331.2	3 888.7	3 182.4
			−34	3 745.8	3 331.2	3 888.7	3 182.4
5	上海浦东—武汉	403	−121	3 827.2	3 409.5	4 000.2	3 276.0
			23	3 060.7	2 728.9	3 148.2	2 573.4
6	上海浦东—重庆	812	−116	6 664.6	5 885.9	7 002.9	5 754.1
			21	5 090.6	4 502.2	5 307.3	4 346.4
7	上海浦东—福州	342	−72	3 127.4	2 793.0	3 241.9	2 650.2
			−8	2 864.8	2 559.2	2 946.5	2 407.3
8	上海浦东—哈尔滨	920	−14	5 982.0	5 281.7	6 259.8	5 131.0
			−45	6 344.9	5 600.3	6 650.3	5 454.7
9	上海浦东—海口	936	−81	6 947.5	6 128.6	7 296.9	5 990.3
			−2	5 939.6	5 243.9	6 213.0	5 091.7
10	上海浦东—桂林	736	−108	6 011.3	5 315.2	6 308.3	5 180.4
			7	4 817.3	4 264.5	5 019.0	4 110.1
11	上海浦东—长沙	495	−118	4 449.3	3 952.8	4 658.1	3 818.6
			15	3 548.3	3 155.8	3 668.7	3 001.0
12	上海浦东—厦门	454	−77	3 846.9	3 422.7	4 007.0	3 280.5
			−5	3 435.7	3 058.4	3 552.8	2 905.9
13	上海浦东—昆明	1 092	−109	8 518.9	7 498.9	8 973.6	7 371.8
			9	6 632.7	5 847.4	6 949.4	5 694.9
14	上海浦东—青岛	324	−50	2 923.9	2 613.4	3 019.6	2 467.2
			−21	2 815.1	2 516.4	2 896.7	2 366.2
15	上海浦东—北京首都	610	−64	4 703.2	4 169.7	4 912.0	4 025.2
			−1	4 224.2	3 747.1	4 390.3	3 593.8
16	上海浦东—济南	423	−76	3 647.7	3 248.5	3 795.4	3 106.2
			6	3 227.2	2 875.4	3 328.7	2 721.7
17	上海浦东—广州	667	−93	5 356.1	4 742.0	5 610.6	4 603.3
			1	4 506.2	3 993.0	4 689.7	3 839.6
18	上海浦东—郑州	462	−105	4 107.6	3 652.9	4 291.9	3 516.0
			26	3 336.1	2 969.6	3 440.7	2 813.7
19	上海浦东—深圳	685	−87	5 405.1	4 784.3	5 661.2	4 644.4
			−1	4 614.3	4 087.8	4 804.8	3 934.3
20	上海浦东—三亚	1 053	−75	7 600.5	6 696.9	7 991.6	6 559.6
			−4	6 582.6	5 804.5	6 897.5	5 653.5

从误差分析来看,当风越大、航程越短时,误差较大,如图 3-19 所示。

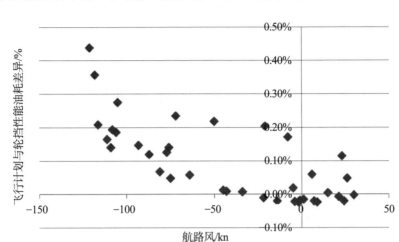

图 3-19 不同航路风飞行计划与轮挡性能油耗计算差异对比

3.8 小结

本章旨在从民用飞机市场营销的需求角度出发,全面描述飞行计划的定义、作用、理论基础、计算方法、计算模型、工具开发和实际应用,并获取全飞行剖面各关键段(如滑行、爬升、巡航、下降、备降、等待等)的业载、航程、时间和油耗等主要参数。核心思想为采用分阶段求解、线性内插值和逐次迭代等方法来求解,这已全面解决了民用飞机市场营销所需飞行计划的所有问题。另外,还补充了保本风、保本油价、二次放行等经典应用以及第 2 章中相关数据的获取计算方法。最终,对比了飞行计划与航段性能两种计算方法差异,发现两种方法在典型剖面下差异不显著,均可接受。

【本章思考】

(1)飞行计划传统的自后向前和自前向后计算方法均可实现求解,各有所长。

(2)以"以直代曲"理论为基础的相邻数据内插值也是飞行计划计算的最主要方法。

(3)典型剖面下轮挡性能计算与飞行计划计算方法误差在可接受范围内。

4 拓展:民用飞机研发

4.1 最优控制问题

4.1.1 问题描述

对于给定的受控系统

$$\dot{x}(t) = f(x, u, t)$$

$$y(t) = g(x, u, t)$$

要求设计一个容许控制 $u \in U$,使得受控系统的状态在终端时刻达到目标集

$$x(t_1) \in M$$

在整个控制过程中满足对状态和控制的约束

$$\int_{t_0}^{t_1} L_e(x, u, t)\mathrm{d}t = 0, \int_{t_0}^{t_1} L_i(x, u, t)\mathrm{d}t \leqslant 0$$

的同时,使得性能指标

$$J = \Phi[x(t_f), t_f] + \int_{t_0}^{t_f} L(x, u, t)\mathrm{d}t$$

达到最小(或者最大)。

如果某个容许控制 $u \in U$ 是上述最优控制问题的解,则称为最优控制,而称相应的受控系统状态为最优轨迹。

飞行计划可理解为一个最优控制问题,全剖面飞行计划可描述为:

$$\frac{\mathrm{d}}{\mathrm{d}t}\begin{bmatrix}V\\\chi\\\gamma\\\lambda_e\\\theta_e\\h_e\\m\end{bmatrix}=\begin{bmatrix}\dfrac{T(t)-D(h_e(t),\,V(t),\,C_L(t))-m(t)\cdot g\cdot\sin\gamma(t)}{m(t)}\\[2ex]\dfrac{L(h_e(t),\,V(t),\,C_L(t))\cdot\sin\mu(t)}{m(t)\cdot V(t)\cdot\cos\gamma(t)}\\[2ex]\dfrac{L(h_e(t),\,V(t),\,C_L(t))\cdot\cos\mu(t)-m(t)\cdot g\cdot\cos\gamma(t)}{m(t)\cdot V(t)}\\[2ex]\dfrac{V(t)\cdot\cos\gamma(t)\cdot\cos\chi(t)}{R\cdot\cos\theta_e(t)}+W_x(\lambda_e(t),\,\theta_e(t),\,h_e(t))\\[2ex]\dfrac{V(t)\cdot\cos\gamma(t)\cdot\sin\chi(t)}{R}+W_y(\lambda_e(t),\,\theta_e(t),\,h_e(t))\\[2ex]V(t)\cdot\sin\gamma(t)+W_z(\lambda_e(t),\,\theta_e(t),\,h_e(t))-\\T(t)\cdot\eta(V(t))\end{bmatrix}$$

式中:

V ——真空速;

χ ——航向角;

γ ——偏航角;

λ_e ——经度;

θ_e ——纬度;

h_e ——高度;

m ——飞机质量;

R ——地球半径;

η ——与速度相关的燃油效率;

$L=C_L Sq$ ——升力;

$D=C_D Sq$ ——阻力;

S ——机翼参考面积;

$q=\dfrac{1}{2}\rho V^2$ ——动压;

$C_D=C_{D_0}+KC_L^2$ ——阻力系数;

C_L ——与迎角 α 和马赫数 Ma 相关的升力系数;

μ ——侧滑角;

T ——发动机推力;

W_x、W_y、W_z ——各方向风。

飞机在二维上的位置可看为

$$x_e = \lambda_e \cdot (R + h_e) \cdot \cos\theta_e$$

$$y_e = \theta_e \cdot (R + h_e)$$

$u(t) = (T(t), \mu(t), C_L(t))$ 可作为控制输入。

约束条件包括

$$0 \leqslant h_e(t) \leqslant \min[h_{MO}, h_u(t)]$$

$$\gamma_{min} \leqslant \gamma(t) \leqslant \gamma_{max}$$

$$Ma(t) \leqslant Ma_{MO}$$

$$m_{min} \leqslant m(t) \leqslant m_{max}$$

$$\dot{V}(t) \leqslant \overline{a}_1$$

$$C_v V_s(t) \leqslant V(t) \leqslant V_{MO}$$

$$\dot{\gamma}(t)V(t) \leqslant \overline{a}_n$$

$$0.1 \leqslant C_L(t) \leqslant C_{L_{max}}$$

$$T_{min}(t) \leqslant T(t) \leqslant T_{max}(t)$$

$$\mu(t) \leqslant \overline{\mu}$$

式中：

h_{MO} ——最大升限；

$h_u(t)$ ——给定高度的最大使用高度（随燃油消耗而增加）；

$Ma(t)$ ——马赫数；

Ma_{MO} ——最大使用马赫数；

C_v ——最小速度比率；

$V_s(t)$ ——失速速度；

V_{MO} ——最大使用速度（指示空速）；

$\overline{a}_n$、$\overline{a}_1$ ——正常和纵向加速度；

$T_{min}(t)$、$T_{max}(t)$ ——可用最下和最大推力；

$\overline{\mu}$ ——结构限制的最大侧滑角。

离散化后最优指标可定义为

$$J(x(t), u(t), t) = a \cdot t_N + b \cdot \sum_{k=0}^{N-1} \left[\int_{t_k}^{t_{k+1}} \dot{m}_k(V(t), T(t)) \cdot dt \right]$$

一般使用最小值原理，并离散化后对上述飞行计划问题进行求解。参考文献[25]提到，在 4 GB RAM 的 Mac OS X 2.56 GHz 笔记本电脑上全部计算时间是396.699 s，具有实际推广价值。但其气象数据非实时数据，且使用了 ISA 条件。

飞行计划实际使用过程中，我们一般采取 $u(t)=(V(t),h(t))$ 作为输入控制变量，$x(t)=(m(t),d(t),t)$ 为状态变量，且往往会在上述模型上略微简化尤其是对最优指标，例如只优化定高度巡航阶段而不是整体剖面或仅优化起飞剖面，可见参考文献[26][27]。还可以不考虑侧滑等影响，只考虑优化燃油最低；甚至有指定高度、指定速度后的所需油量计算等。目前实际运用时我们往往更多采用先线性插值，再求最优的方法求解。

4.1.2 一般求解

在研究飞机垂直剖面时，通常采用如下五阶质点动力模型，把飞机看成一个质点，来分析质点受力情况：

$$\begin{cases} m\dfrac{dV}{dt}=T\cos\alpha-D-mg\sin\theta \\[2mm] mV\dfrac{d\theta}{dt}=T\sin\alpha+L-mg\cos\theta \\[2mm] \dfrac{dH}{dt}=V\sin\theta \\[2mm] \dfrac{dx}{dt}=V\cos\theta+V_w \\[2mm] \dfrac{dm}{dt}=-SFC \end{cases}$$

式中：

V ——飞机飞行速度；

V_w ——风速；

T ——发动机推力；

D ——飞行阻力；

α ——飞行迎角；

θ ——飞行航迹角；

L ——飞机升力；

H ——飞行距离；

t ——飞行时间。

对于飞机质点模型,采用能量状态法得质点能量状态模型。对于飞机自身能量为

$$E_m = mgh + \frac{1}{2}mv^2$$

而单位质量的能量公式为

$$E = \frac{E_m}{mg} = h + \frac{1}{2g}v^2$$

结合质点模型和能量换算,可得

$$\begin{cases} \dfrac{\mathrm{d}E}{\mathrm{d}t} = \dfrac{V(T\cos\alpha - D)}{mg} \\ \dfrac{\mathrm{d}x}{\mathrm{d}t} = V\cos\theta + V_w \end{cases}$$

推导过程如下:

$$\begin{aligned} \frac{\mathrm{d}E}{\mathrm{d}t} &= \frac{\mathrm{d}\left(h + \frac{1}{2g}V^2\right)}{\mathrm{d}t} \\ &= \frac{\mathrm{d}h}{\mathrm{d}t} + \frac{1}{2g}2V\frac{\mathrm{d}V}{\mathrm{d}t} \\ &= \frac{\mathrm{d}h}{\mathrm{d}t} + \frac{V}{g}\frac{\mathrm{d}V}{\mathrm{d}t} \\ &= V\sin\theta + \frac{V}{g} \cdot \frac{T\cos\alpha - D - mg\sin\theta}{m} \\ &= \frac{V(T\cos\alpha - D)}{mg} \end{aligned}$$

获得质点能量模型后,基于经济飞行概念,研究优化性能指标,即

$$C = \int_{t_0}^{t_f} (C_f \times \mathrm{SFC} + C_t)\mathrm{d}t$$

式中:

t_0——开始航班飞行的时刻;

t_f——结束航班飞行的时刻;

SFC——燃油消耗率。

结合最小值原理,简化性能指标,获得飞行优化剖面函数式:

$$H = C_t + C_f \cdot (\text{SFC}_0 \times K) + C_X(V\cos\theta + V_W)$$

$$- C_m \cdot (\text{SFC}_0 \times K) + C_E \frac{V(T\cos\alpha - D)}{mg}$$

由于 $T - D = 0$，根据所得的优化性能指标，得巡航段优化指标为

$$-C_X = \min_{h, v} \left[\frac{C_t + (C_f - C_m)\text{SFC}}{V\cos\theta + V_W} \right]_{T=D}$$

而对于爬升段，能量在增加，推力大于阻力，即 $T > D$。爬升和下降段的飞行航迹如下。

爬升段：飞机单位质量总能量在爬升段状态下单调递增，

$$-C_E = V; \quad T > D \left[\frac{C_t + (C_f - C_m)\text{SFC} + C_X(V\cos\theta + V_W)}{V(T-D)/mg} \right]_E$$

下降段：飞机单位质量总能量在下降段状态下单调递减，

$$C_E = V; \quad T > D \left[\frac{C_t + (C_f - C_m)\text{SFC} + C_X(V\cos\theta + V_W)}{V(T-D)/mg} \right]_E$$

详细推导过程可见参考文献[28]～[32]。

4.1.3　数值计算

巡航段的优化就是对上述巡航段优化指标进行寻优。其中时间成本 C_t、燃油成本 C_f 均为定值，一般忽略 C_m 的影响。风速大小取决于选定的巡航高度和当时的天气情况。而燃油流量 SFC 是速度、高度和推力的函数。因此，在高度、速度寻优区间上将选择的速度与推力对应，便可得到该速度下的燃油流量，最终计算得到巡航成本。

此时的寻优需要针对高度、速度等参数进行，飞机的重量虽然不是寻优的参数，但是最优巡航速度与重量有关，且飞机在飞行过程中重量在不断减小，因此也要确定飞机的重量区间。

巡航段性能优化的结果以巡航表来表示。巡航表是一个多页的数据表格，各页以飞机巡航重量区分。通过计算每一个巡航重量下各高度层上的巡航成本、巡航速度、净推力、燃油流量，形成一个页面的巡航表数据。同时经过比较巡航成本，筛选出一个最小巡航成本的页面，该页面下的参数就是最优参数，即确定了巡航重量下的最优巡航成本、最优巡航速度、最佳推力、燃油流量等巡航优化性能数据。

巡航段的具体计算步骤如下：

第1步：初始化飞机的性能参数和操作参数，基于成本最小进行航迹计算。

第2步：确定巡航重量的计算。以 ΔW 为增量递增，从最小巡航重量 W_{min} 迭代计算至最大巡航重量 W_{max} 结束。

第3步：在步骤2中确定的巡航重量下对高度以增量 Δh 进行迭代计算，区间范围是从 h_{min} 到 h_{max}。

第4步：根据推力与阻力的关系确定速度的计算区间。若 $T_{max} = D$，则说明已经达到最大高度；如 $T_{max} > D$，则由之前分析得到速度的计算区间范围为 V_{min} 到 V_{max}。在此区间范围内对巡航优化公式进行求解，得到确定高度下的最小巡航成本以及相应的巡航速度和推力等参数。

第5步：根据计算所得各个高度下的巡航成本，得到巡航成本最小值时的速度、推力、高度和燃油流量及能量等参数。

爬升、下降段的计算方法比较接近，详见参考文献[28]～[32]。

4.2 新研机型重量及油耗

通常将起飞重量 W_{TO} 表示为

$$W_{TO} = W_{OE} + W_F + W_{PL}$$

式中：

W_{OE} ——飞机的使用空重；

W_F ——燃油重量；

W_{PL} ——有效业载。

一般认为 W_{OE} 与 W_{TO} 有一定拟合关系，不同的参考文献对于该关系的描述略有差异。参考文献[33]认为 $\dfrac{W_{OE}}{W_{TO}}$ 在 $52\% \sim 62\%$ 之间。参考文献[34]认为

$$W_{OE} = inv \cdot \lg\left(\frac{\lg W_{TO} - A}{B}\right)$$，对于涡桨支线飞机 $A = 0.3374$，$B = 0.9647$，对于喷气乘客机 $A = 0.0833$，$B = 1.0383$。参考文献[35]认为 $\dfrac{W_{OE}}{W_{TO}} = AW_{TO}^C K_{CS}$，其中 K_{CS} 为是否为可变后掠翼的系数，若为可变后掠翼则 $K_{CS} = 1.04$，若为固定后掠翼则 $K_{CS} = 1.00$，对于喷气支线机 $A = 1.02$，$C = -0.06$，使用复合材料后将相应降低一些。

　　本书统计了170个民用飞机的重量数据后,也得到了一组关系数据,其中线性拟合、对数线性拟合效果最好,其他拟合效果均不佳,如图4-1所示。各类机型的拟合参数如表4-1所示,详细数据见第2章。

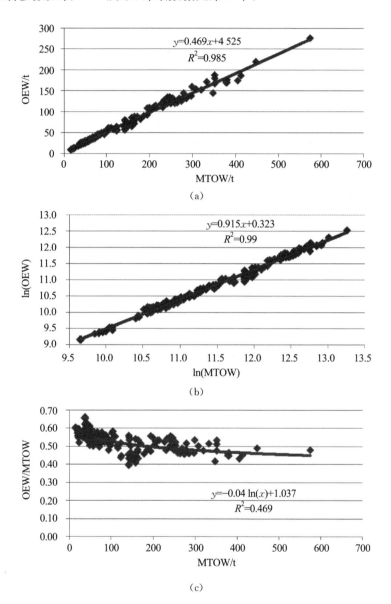

$y=0.469x+4\ 525$
$R^2=0.985$

（a）

$y=0.915x+0.323$
$R^2=0.99$

（b）

$y=-0.04\ln(x)+1.037$
$R^2=0.469$

（c）

图4-1　全球喷气客机使用空重(OEW)与最大起飞重量(MTOW)关系
（a）线性关系；（b）对数关系；（c）比值对数关系

表 4-1　各类喷气客机使用空重与最大起飞重量拟合参数

	支线机		单通道		双通道		全部	
	所有	在役 & 在研	所有	在役 & 在研	所有	在役 & 在研	所有	在役 & 在研
A（斜率）	0.547	0.544	0.370	0.445	0.434	0.445	0.469	0.472
B（截距）	1 084	1 193	12 906	7 613	15 802	13 123	4 525	5 005
R^2	0.943	0.943	0.912	0.949	0.951	0.957	0.985	0.990
$\ln A$（对数斜率）	0.965	0.962	0.763	0.893	0.876	0.899	0.915	0.925
$\ln B$（对数截距）	−0.188	−0.153	2.035	0.587	0.842	0.561	0.323	0.231
R^2	0.965	0.965	0.932	0.956	0.951	0.958	0.990	0.994

　　W_{PL} 则来源于目标市场需求，即典型客舱布局，并设定标准乘客重量标准。一般使用 90 kg、95 kg、102 kg 等。

　　重点需要估算 W_F，一般有两种方法。但都基于布雷盖航程公式，即

$$R = \frac{V}{\text{SFC}} \cdot \frac{L}{D} \cdot \ln\left(\frac{W_1}{W_2}\right)$$

式中：

　　R——航程；

　　V——巡航真空速；

　　SFC——燃油消耗率；

　　$\dfrac{L}{D}$——升阻比；

　　W_1——起始重量；

　　W_2——结束重量。

　　第一种方法为将整个飞行看为一个整体进行分析，详见参考文献[33]。

　　对于飞机起飞重量的主方程改写为

$$W_{TO} = \frac{W_{PL}}{1 - \dfrac{W_{OE}}{W_{TO}} - \dfrac{W_F}{W_{TO}}}$$

式中：$\dfrac{W_{OE}}{W_{TO}}$ 用上述经验拟合获得。

　　燃油重量和飞行的任务剖面有关。在初始设计阶段，精确地预测在每一个非巡航飞行段（起飞、爬升、下降和着陆）所使用的燃油是困难的，所以不得不借

助于巡航段的外延来估算。

$$\frac{W_{\mathrm{F}}}{W_{\mathrm{TO}}} = \frac{\mathrm{FF} \times t}{W_{\mathrm{TO}}} = \frac{\mathrm{SFC} \times T \times t}{W_{\mathrm{TO}}} = \mathrm{SFC} \times \frac{D}{L} \times t$$

$$= \mathrm{SFC} \times \frac{D}{L} \times t = \mathrm{SFC} \cdot \frac{D}{L} \cdot \frac{\mathrm{ESAR}}{V}$$

式中,ESAR 为当量无风航程。

飞行时间是用每一航段距离除以巡航速度来估算的。实际所需的航程要略大,以考虑非巡航飞行段(起飞、爬升、下降、着陆),备份油(偏离航线和余油)以及其他偶然时间(如风)。在燃油重量计算中使用的总航程称为当量无风航程。用技术指标中的飞机航程确定 ESAR 是比较复杂的,这是由于不同的使用者假设他们自己的条件。下述表达式可以用于中到远距离飞行($>2\,000$ n mile),对于较短距离的飞行,系数将小一些同时备份油稍微小一些。

$$\mathrm{ESAR} = 568 + 1.063 \times R$$

对于 A320 - 200 飞机,航程 $1\,000 \sim 2\,500$ n mile 之间时,相应的 ESAR 如下:

$$\mathrm{ESAR}_{45\,\mathrm{minholding}} = 564.5 + 1.021 \times R$$

$$\mathrm{ESAR}_{30\,\mathrm{minholding}+5\%} = 477.4 + 1.068 \times R$$

第二种方法为将整个飞行分为若干剖面进行分析,详见参考文献[34]和[35]。

实际使用油量可用"分段估算法",即将飞行任务剖面分为若干典型任务段,分别估算每段所耗的油量,然后叠加。每段油量为每段重量与备份量之和。

每段重量估算思路如下:

第 1 段　发动机开车及暖机

起始重量 W_{TO},终止重量 W_1。

第 2 段　滑行

起始重量 W_1,终止重量 W_2。

第 3 段　起飞

起始重量 W_2,终止重量 W_3。

第 4 段　爬升到巡航高度并加速到巡航速度

起始重量 W_3,终止重量 W_4。

$$W_4/W_3 = 1 - 0.0357Ma_{cru}$$

式中：

Ma_{cru} ——巡航马赫数，巡航阶段该值为 $0\sim2.5$。

$$t_{cl} = \left(\frac{10}{SFC}\right)_{cl} \left(\frac{L}{D}\right)_{cl} \ln\left(\frac{W_3}{W_4}\right)$$

式中：

t_{cl} ——爬升时间，单位 h；

SFC_{cl} ——爬升燃油消耗率；

$\left(\dfrac{L}{D}\right)_{cl}$ ——爬升升阻比。

第 5 段　巡航

起始重量 W_4，终止重量 W_5。使用布雷盖航程公式。

第 6 段　空中等待

起始重量 W_5，终止重量 W_6。

$$E = \frac{1}{SFC_{holding}} \cdot \left(\frac{L}{D}\right)_{holding} \cdot \ln\frac{W_5}{W_6}$$

式中各参数为等待时的参数。

第 7 段　下降

起始重量 W_6，终止重量 W_7。

第 8 段　着陆、滑行、关车

起始重量 W_7，终止重量 W_8。

表 4-2　各任务段耗油比例的经验值

	开车、暖机	滑行	起飞	爬升	下降	着陆、滑行、关车
涡桨支线飞机	0.990	0.995	0.995	0.985	0.985	0.995
喷气乘客机	0.990	0.990	0.995	0.980	0.990	0.992

目前民用飞机的巡航 $\dfrac{L}{D}$ 在 $15\sim20$ 之间，SFC 在 $0.5\sim0.7$ 之间。对于喷气飞机，一般认为等待时可达到最大 $\dfrac{L}{D}$ 即 $\left(\dfrac{L}{D}\right)_{max}$，MRC 或 LRC 巡航时 $\dfrac{L}{D}$ 为

$\dfrac{\sqrt{3}}{2}\left(\dfrac{L}{D}\right)_{\max}$ [18,19]。对于喷气飞机一般认为 $\text{SFC}=\dfrac{Ma}{4\eta_0}$,其中 Ma 为巡航马赫数,η_0 为发动机总效率一般为 $30\%\sim40\%$。

其他的分段估算方法:暖机和起飞重量比例为 0.970,爬升重量比例为 0.985,着陆重量比例为 0.995,总油量是各剖面计算油量的 1.06 倍。

本文综合上述几种方法和喷气飞机统计数据,建立了新研机型喷气飞机重量及油耗分析的计算方法。按照飞行计划计算模型,将任务剖面分为 7 个阶段:滑出、起飞、爬升、巡航、下降、进近着陆和滑入。

当飞行高度变化不显著时,可认为爬升距离、爬升时间均与航程线性相关,下降距离和下降时间均为定值,如表 4-3 所示。滑入和滑出耗油率认为是巡航耗油率的 1/4。其他各阶段采用上述方法进行估算。使用第 3 章的方法计算重量及油耗。

表 4-3 爬升和下降距离与时间特征参数

参　　数	喷气支线	单通道	双通道	涡桨支线
爬升距离斜率 a(输入 n mile,输出 n mile)	0.019	0.016	0.013	0.012
爬升距离截距 b(输入 n mile,输出 n mile)	95.3	87.6	79.3	48.3
下降距离/n mile	83.3	96.1	109.9	54.8
爬升时间斜率 a(输入 n mile,输出 s)	0.178	0.142	0.109	0.249
爬升时间截距 b(输入 n mile,输出 s)	903.2	852.6	725.5	852.5
爬升时间/min	34.3	29.6	23.9	41.2
下降时间/min	14.4	16.8	18.5	12.8

以某型宽体机为例进行计算,计算结果如表 4-4、表 4-5、表 4-6 所示。

表 4-4 宽体机输入值

量　　名	输入值	参考值
滑行重量/kg	234 000	
机型	双通道	
滑出时间/min	20	
滑出油耗/kg	425	425.0
航程或等效航程/n mile	6 500	
巡航速度/Ma	0.85	
巡航高度/ft	35 000	

（续表）

量　　名	输入值	参考值
巡航温度(ΔISA)	0	
巡航升阻比 L/D	20	一般在 15～20 之间
巡航 SFC/[kg/(kg/h)]	0.526	一般在 0.5～0.9 之间
滑入时间/min	10	
滑入油耗/kg	212.5	212.5
起飞 W_2/W_1	0.9980	起飞油耗 467，油耗比 2.75
下降 W_5/W_4	0.9968	下降油耗 523，耗油比 0.33
近进着陆 W_6/W_5	0.9984	近进着陆 260，耗油比 0.51
标准业载/kg	28560	

表 4-5　宽体机计算过程

计算过程

阶段	项　　目	特征参数		重量 /kg	油耗 /kg
		符号	数值		
	起始重量 WTO			234000.0	
滑行	滑行终结重量 W_1			233575.0	425.0
起飞	起飞终结重量 W_2	W_2/W_1	0.9980	233107.9	467.1
	设计航程/n mile	R	6500		
	巡航速度 Ma_{cru}	Ma_{cru}	0.850		
	爬升距离斜率 a		0.013		
	爬升距离截距 b		79.314		
	爬升距离/km	R_{cli}	298.0		
	下降距离/km	R_{des}	203.6		
爬升	爬升到巡航高度并加速到巡航速度终结重量 W_3	W_3/W_2	0.979	228154.3	4953.5
	巡航升阻比 L/D	$(L/D)_{cru}$	20		
	$C_{j_{cru}}$ [kg/(kg/h)]	$C_{j_{cru}}$	0.526		
	典型巡航高度/ft	H	35000		
	典型巡航温度(ΔISA)	K	0		
	巡航真空速 V/(km/h)	V_T	907.5		
	巡航距离/km	R_{cru}	11536.4		

（续表）

阶段	项 目	特征参数		重量 /kg	油耗 /kg
		符号	数值		
巡航	巡航终结重量 W_4	W_4/W_3	0.716	163 316.0	64 838.3
	巡航耗油率/(kg/h)	FF_{cru}	5 100.4		
	滑行耗油率/(kg/min)	FF_{taxi}	21.3		
下降	下降终结重量 W_5	W_5/W_4	0.996 8	162 793.4	522.6
近进着陆	近进着陆终结重量 W_6	W_6/W_5	0.998 4	162 532.9	260.5
滑入	滑入终结重量 W_7			162 320.4	212.5

表 4-6　宽体机计算输出

输 出	数 值
着陆重量/kg	162 320.4
轮挡油耗/kg	71 679.6
轮挡时间/min	843.1
小时轮挡油耗/(kg/h)	5 101.2
飞行油耗/kg	71 042.1
飞行时间/min	813.1
小时飞行油耗/(kg/h)	5 242.4
加油量/kg	78 922.3
使用空机重量/kg	126 517.7

4.3　新研机型飞行计划

新研机型飞行计划估算需要获得重量、气动和发动机等三方面参数。重量参数与 4.2 节描述接近。气动参数包括：机翼参考面积、阻力系数 $C_D = C_{D_0} + K \cdot C_L^2 + \Delta C_{DW}$，式中 C_D 为阻力系数，C_{D_0} 为零升阻力系数，K 为诱导因子、C_L 为升力系数、ΔC_{DW} 为激波阻力系数（一般很小）等。发动机参数包括：最大推力、爬升推力、下降推力等。其他经验参数参考 3.4.4 节和 4.2 节中。

与飞行计划计算模型相同，将整个飞行分为 13 个阶段：备降滑入、备降进近、着陆、备降等待、备降下降、备降巡航、备降爬升、备降复飞、主航段进近、主航段巡航、主航段爬升、主航段起飞、主航段滑出。

重点描述一下爬升/下降和巡航阶段。

1. 爬升/下降阶段

爬升或下降梯度计算如下，仅正负区别：

$$G_C = \left(\frac{T}{W} - \frac{C_D}{C_L}\right) \bigg/ \left(1 + \frac{V}{g}\frac{dV}{dh}\right)$$

爬升或下降率计算如下，仅正负区别：

$$R_{C/D} = \left(\frac{T}{W} - \frac{C_D}{C_L}\right) V \bigg/ \left(1 + \frac{V}{g}\frac{dV}{dh}\right)$$

式中：$\dfrac{V}{g}\dfrac{dV}{dh}$ 为加速因子，本质上反映的是飞行速度随高度的变化率。通常加速度因子是下列变量的函数：①飞行速度（等表速、等当量空速、等真空速或等马赫数飞行）；②温度（标准大气或非标准大气）；③飞行高度。以下是不同情况下的加速因子。

（1）对流层（≤11 km）加速度因子。

$$\frac{V}{g}\frac{dV}{dh} = \frac{kMa^2}{2g}(-\lambda R) = -0.13318Ma^2 \ (\text{ISA}, \ Ma = C)$$

$$\frac{V}{g}\frac{dV}{dh} = \frac{kMa^2}{2g}(-\lambda R)\left(\frac{T_{\text{std}}}{T_{\text{ns}}}\right) = -0.13318Ma^2\left(\frac{T_{\text{std}}}{T_{\text{ns}}}\right) \ (\text{noneISA}, \ Ma = C)$$

$$\frac{V}{g}\frac{dV}{dh} = \frac{kMa^2}{2}\left(1 - \frac{\lambda R}{g}\right) = 0.566816Ma^2 \ (\text{ISA}, \ V_{\text{EAS}} = C)$$

$$\frac{V}{g}\frac{dV}{dh} = \frac{kMa^2}{2}\left[1 - \frac{\lambda R}{g}\left(\frac{T_{\text{std}}}{T_{\text{ns}}}\right)\right] = 0.7Ma^2\left[1 - 0.190263\left(\frac{T_{\text{std}}}{T_{\text{ns}}}\right)\right] \ (\text{noneISA},$$

$V_{\text{EAS}} = C)$

$$\frac{V}{g}\frac{dV}{dh} = \frac{kMa^2}{2}\left(\varphi - \frac{\lambda R}{g}\right) = 0.7Ma^2(\varphi - 0.190263) \ (\text{ISA}, \ V_{\text{CAS}} = C)$$

$$\frac{V}{g}\frac{dV}{dh} = \frac{kMa^2}{2}\left[\varphi - \frac{\lambda R}{g}\left(\frac{T_{\text{std}}}{T_{\text{ns}}}\right)\right] = 0.7Ma^2\left[\varphi - 0.190263\left(\frac{T_{\text{std}}}{T_{\text{ns}}}\right)\right] \ (\text{noneISA},$$

$V_{\text{CAS}} = C)$

$$\varphi = \frac{2}{kMa^2} \cdot \frac{\left[\left(1 + \frac{k-1}{2}Ma^2\right)^{\frac{k}{k-1}} - 1\right]}{\left[1 + \frac{k-1}{2}Ma^2\right]^{\frac{1}{k-1}}} = \frac{1}{0.7Ma^2} \cdot \frac{\left[(1 + 0.2Ma^2)^{3.5} - 1\right]}{\left[1 + 0.2Ma^2\right]^{2.5}}$$

(2) 平流层(11~20 km)加速度因子。

$$\frac{V}{g}\frac{dV}{dh} = 0\ (\text{ISA\&noneISA},\ Ma = C)$$

$$\frac{V}{g}\frac{dV}{dh} = \frac{kMa^2}{2} = 0.7Ma^2\ (\text{ISA\&noneISA},\ V_{\text{EAS}} = C)$$

$$\frac{V}{g}\frac{dV}{dh} = \frac{kMa^2}{2}\varphi = 0.7Ma^2\varphi\ (\text{ISA\&noneISA},\ V_{\text{CAS}} = C)。$$

当然,计算过程中还存在标准大气的转换计算,指示空速、真空速和马赫数之间的转换计算等。可将爬升/下降段每1000 ft分段计算,并累计获得总值。或采用均值计算总值。

2. 巡航阶段

巡航阶段按一整段计算,用巡航平均重量状态替代整个巡航段数据。

$$L = W = \frac{1}{2}\rho V^2 C_L S$$

式中:

ρ ——空气密度;

S ——机翼参考面积。

通过该公式计算获得C_L,再通过诱导因子计算获得C_D。然后计算阻力D和推力T,根据SFC计算获得小时耗油率。

$$T = D = \frac{1}{2}\rho V^2 C_D S$$

$$\text{FF} = \text{SFC} \times T$$

等待阶段计算方法与4.2节描述相同。其他阶段计算方法与一般飞行计划计算模型相同。

以MC21-200飞机为例进行计算,计算结果如表4-7所示。

上述知识中大量应用了基本飞行力学知识,各类书籍介绍较为全面。这里就不再赘述了。

通过上述两种方法可以获得第3章中爬升、巡航、下降和等待性能数据的计算。

表 4 - 7　MC21 - 200 飞机飞行计划计算过程

阶段	项目	特征参数值	开始重量/kg	油耗/kg	时间/min	距离/km	耗油比	垂直速率/(ft/min)	梯度/°
备降滑入			60 603.4	90.9	10.0		0.25		
备降进近着陆	备降结束重量/备降开始重量		60 712.6	109.2	6.0		0.50		
备降等待		0.978	62 058.5	1 345.9	45.0		0.82		
备降下降	备降巡航地速/kn	412.3	62 289.7	231.2	19.0	172.8	0.33	1 315	2.5
备降巡航	备降巡航结束重量/备降巡航开始重量	0.995	62 573.5	283.8	8.2	104.5	0.94		
	备降转换高度压力比 δ_{tran}	0.281							
	备降转换高度/ft	31 180.1							
	备降爬升结束压力比 δ	0.3711							
	备降爬升结束马赫数	0.672							
备降爬升	备降爬升结束重量/备降爬升开始重量	0.989	63 258.5	685.0	10.2	93.1	1.83	2 441	4.7
备降复飞			63 410.2	151.7	2.0		2.07		
主航段进近			63 519.4	109.2	6.0		0.50		
主航段下降	主航段巡航地速/kn	392.8	63 780.0	260.6	21.4	205.7	0.33	1 639	3.0
主航段巡航	主航段巡航结束重量/主航段巡航开始重量	0.866	73 645.4	9 865.4	273.4	3 314.8	0.99		
	主航段转换高度压力比 δ_{tran}	0.281							
	主航段转换高度/ft	31 180.1							
	主航段爬升结束压力比 δ	0.235							
	主航段爬升结束马赫数	0.760							

（续表）

阶段	项目	特征参数值	开始重量/kg	油耗/kg	时间/min	距离/km	耗油比	垂直速率/(ft/min)	梯度/°
主航段爬升	主航段爬升结束重量/主航段爬升开始重量	0.982	75 009.5	1 364.1	19.1	183.5	1.95	1 837	3.3
主航段起飞			75 199.1	189.6	2.0		2.59		
主航段滑出			75 290.4	91.3	10.0		0.25		
所有阶段	飞行油耗/kg			11 788.9					
	飞行时间/min				321.8				
	小时飞行油耗/(kg/h)			2 198.0					
	轮挡油耗/kg			11 971.5					
	轮挡时间/min				341.8				
	小时轮挡油耗/(kg/h)			2 101.5					
	加油量/kg			15 370.4					

4.4 带风航程圈

带风航程圈图的制作需要以机型航程计算简化模型为基础,其基本方法也是飞行计划的计算。

机型航程计算简化模型,将主航段分为爬升、巡航和下降三段,分别计算地面距离,具体流程:

(1)下降段提取各机型下降时间、下降空中距离数据,当飞行高度确定后,下降时间和下降空中距离也变化不大。一般认为每下降1000 ft需要0.5 min和3 n mile。但对于支线机、单通道和双通道飞机略有差异。下降段风按主航段2/3或70%计算。计算获得下降段地面距离。

下降(爬升)地面距离 = 下降(爬升)空中距离 + 下降(爬升)风 × 下降(爬升)时间

(2)爬升段提取机型爬升时间、爬升空中距离数据,建立爬升时间与航程的线性拟合关系,爬升空中距离与航程的线性拟合关系(各机型 $R^2 > 0.95$,其中A320 – 214飞机如图4 – 2所示,误差如表4 – 8所示)。爬升段风按主航段2/3

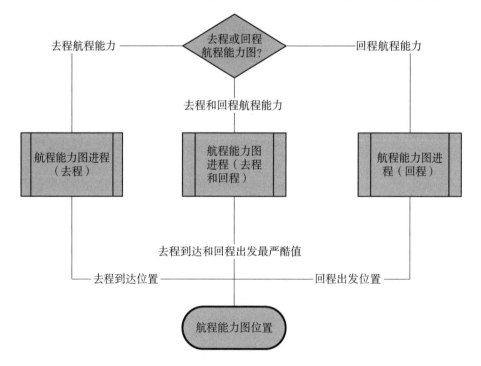

图4－2 往返航程能力计算方法流程

或 70% 考虑。计算获得爬升段地面距离。

（3）巡航段根据静风航程、爬升和下降段地面距离,计算巡航空中距离,再根据巡航真空速(考虑统计温度对真空速的影响)、主航段统计风,计算巡航段地面距离。

（4）累加下降段、爬升段和巡航段地面距离获得主航段地面距离。

往返程航程能力计算,是利用两个单程航程能力计算获得往返航程能力,具体方法流程如图 4-3 所示。

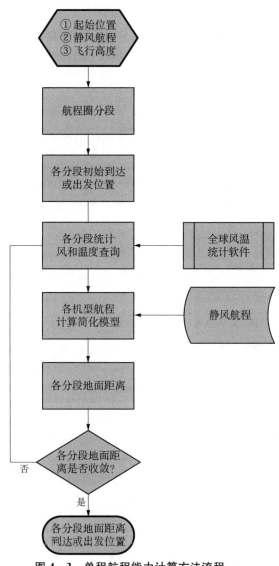

图 4-3 单程航程能力计算方法流程

（1）首先，判断计算单程（去程或回程）还是往返航程能力；

（2）其次，调用单程航程能力计算方法流程（见图 4 - 3），计算去程、回程航程能力。

（3）最后，根据第一步的判断选择航程能力图位置。

单程航程能力计算，是利用机型航程计算简化模型迭代计算地面距离，如图 4 - 2 所示，具体方法流程如下：

（1）首先，确定航程能力起始位置、静风航程和飞行高度信息，并将航程圈分段（一般选择 1°一段，即 360 段）；

（2）根据起始位置、静风航程和航程圈分段方向确定各分段到达（针对去程）或出发（针对回程）位置；

（3）根据起始点位置、飞行高度，利用全球风温统计软件（如 WINDTEMP 等）查询各分段不同季节、不同统计概率的统计风和温度；

（4）根据静风航程、统计风和温度，利用机型航程计算简化模型，计算各分段地面距离；

（5）根据获得的地面距离，重复步骤（3）（4），直至各分段地面距离收敛（一般地面距离收敛为差值小于 1 km），确定各分段地面距离，并根据起始位置计算最终到达（针对去程）或出发（针对回程）位置。

以 A320 - 214 飞机上海浦东机场航程能力图为例进行说明。

飞行条件为：爬升速度为 250/300/0.78，巡航速度为 0.78 Ma，巡航高度 35 000 ft，下降速度为 0.78/300/250。

气象条件：年度概率 85% 统计风，温度为 ISA。

航程计算简化模型为：

爬升时间＝0.235×静风航程＋927.2

爬升空中距离＝0.024×静风航程＋108.0

下降时间＝15.3 min

下降空中距离＝91.1 n mile

对于不同爬升速度、下降速度和巡航高度，则需调整爬升时间、爬升空中距离、下降时间和下降空中距离。对于新研机型，则选用与其爬升速度、下降速度和巡航高度接近的机型为替代。

静风航程：2 000 n mile

无迭代去程地面距离（270°方向）：1 567.3 n mile

迭代去程地面距离（270°方向）：1 545.7 n mile

地面距离最大误差超过 2%,对于风带影响更为显著,如图 4-4 和图 4-5 (标准纬度 30°,以上海浦东机场所在经度为原点经度,原点纬度为 0°,采用 WGS 坐标的莫卡托投影),以及表 4-9 所示,极大提高了航程能力的精准度和可信度。

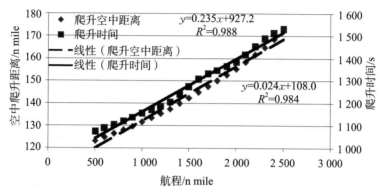

图 4-4 A320-214 飞机爬升时间、爬升空中距离与航程的关系

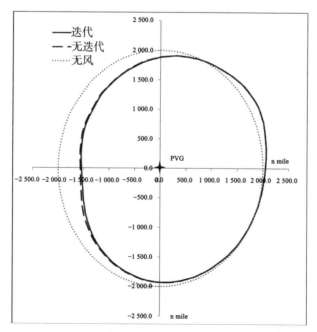

图 4-5 A320-214 飞机上海浦东考虑统计风时去程 2 000 n mile 迭代计算航程能力图

表 4-8　A320-214 飞机飞行计划模型与简化航程模型航程误差对比

静风航程/n mile	风/kn	航程/n mile				
		500	1 000	1 500	2 000	2 500
飞行计划模型地面航程/n mile	−150	349.3	683.0	1 016.5	1 350.9	1 685.7
	−100	399.5	788.6	1 177.6	1 567.2	1 957.0
	−50	449.7	894.2	1 338.7	1 783.5	2 228.4
	0	500	1 000	1 500	2 000	2 500
	50	550.1	1 105.5	1 660.9	2 216.0	2 771.0
	100	600.3	1 211.1	1 822.0	2 432.3	3 042.4
	150	650.5	1 316.7	1 983.1	2 648.6	3 313.7
航程简化模型地面航程/n mile	−150	349.1	683.0	1 017.0	1 350.9	1 684.9
	−100	399.4	788.7	1 178.0	1 567.3	1 956.6
	−50	449.7	894.3	1 339.0	1 783.6	2 228.3
	0	500	1 000	1 500	2 000	2 500
	50	550.3	1 105.7	1 661.0	2 216.4	2 771.7
	100	600.6	1 211.3	1 822.0	2 432.7	3 043.4
	150	650.9	1 317.0	1 983.0	2 649.1	3 315.1
误差	−150	−0.05%	0.01%	0.05%	0.00%	−0.05%
	−100	−0.02%	0.01%	0.03%	0.01%	−0.02%
	−50	0.01%	0.01%	0.02%	0.01%	0.00%
	0	0	0	0	0	0
	50	0.04%	0.02%	0.01%	0.02%	0.02%
	100	0.05%	0.02%	0.00%	0.02%	0.04%
	150	0.06%	0.02%	−0.01%	0.02%	0.04%

表4-9 A320-214飞机上海浦东考感统计风时去程2000 n mile地面距离计算实例

PVG@2000 n mile	角度/°							
	0(正北)	45	90	135	180	225	270	315
第一次纬度	N64°28.2'	N49°52.5'	N25°36.2'	N05°43.1'	S02°11.0'	N05°43.1'	N25°36.2'	N49°52.5'
第一次经度	E121°47.5'	E158°51.8'	E159°19.5'	E144°46.4'	E121°47.5'	E098°48.6'	E084°15.5'	E084°43.2'
第一次风/kn	−27	25	12	−5	−16	−48	−100	−68
第一次等效航程/n mile	1883.2	2108.2	2051.9	1978.4	1930.8	1792.3	1567.3	1705.8
第二次纬度	N62°31.4'	N50°27.8'	N25°19.6'	N06°00.2'	S01°01.8'	N08°27.6'	N27°40.2'	N47°58.7'
第二次经度	E121°47.5'	E161°31.7'	E160°14.0'	E144°33.2'	E121°47.5'	E100°56.3'	E091°59.3'	E091°36.4'
第二次风/kn	−28	25	12	−5	−16	−52	−104	−71
第二次等效航程/n mile	1878.8	2108.2	2051.9	1978.4	1930.8	1775.0	1550.0	1692.8
第三次纬度	N62°27.1'					N08°41.3'	N27°44.6'	N47°53.2'
第三次经度	E121°47.5'					E101°07.0'	E092°18.2'	E091°53.9'
第三次风/kn	−28					−53	−105	−71
第三次等效航程/n mile	1878.8					1770.7	1545.7	1692.8
第四次纬度						N08°44.7'	N27°45.7'	
第四次经度						E101°09.6'	E092°22.9'	
第四次风/kn						−53	−105	
第四次等效航程/n mile						1770.7	1545.7	
误差/%	0.2	0.0	0.0	0.0	0.0	1.2	1.4	0.8

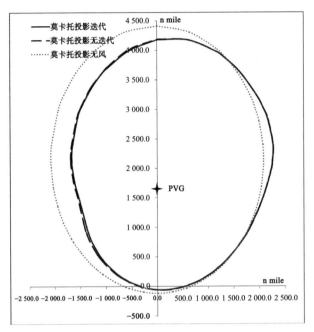

图 4 - 6　A320 - 214 飞机上海浦东考虑统计风时去程 2 000 n mile
迭代计算航程能力图(莫卡托投影)

4.5　小结

　　本章旨在从民用飞机研发角度的应用来看飞行计划,提出基于飞行计划思想的新研机型性能计算方法,获取飞行计划各阶段即爬升、巡航、下降和等待相关数据,进而完成业载、航程、时间和油耗等主要参数计算。从根本上看,飞行计划是一个最优控制问题,采用工程近似方法求解。

【本章思考】
　　(1) 民用飞机新研机型也可采用飞行计划思想开展分析。
　　(2) 除了在民用飞机研发方面之外,还可以有其他拓展应用。
　　(3) 后续进一步的理论研究可以从如何快速、精准求解飞行计划最优控制问题着手。

参 考 文 献

本书所有飞机性能数据来源于 PIANO 软件、制造商官网和维基百科等。

［1］贾婷婷.成都双流机场航线市场机会分析［J］.民用飞机设计与研究,2017(1):83-87.

［2］张伟.客座率提升的机遇与挑战［C］//探索 创新 交流——第五届中国航空学会青年科技论坛文集(第5集).北京:北京航空航天大学出版社,2012:682-686.

［3］张伟.客座率浅析［J］.民用飞机设计与研究,2012(S1):141-146.

［4］郭博智等.民用飞机销售支援定性与定量模型［M］.上海:上海交通大学出版社,2017.

［5］郭博智等.民用飞机销售支援与客户价值［M］.上海:上海交通大学出版社,2015.

［6］张伟.民用航空旅客资源时间价值和行为时间价值研究［J］.航空科学技术,2015,26(2):64-67.

［7］杨李.基于客户价值的宽体客机典型航线选择［J］.民用飞机设计与研究,2017(4):20-24.

［8］宁宣熙.运筹学实用教程(第二版)［M］.北京,科学出版社,2007.

［9］张伟.民机节油策略研究［J］.民用飞机设计与研究,2016(02):23-27+68.

［10］张伟.民用客机设计服役目标研究［J］.航空科学技术,2015,26(10):20-24.

［11］张洁.一种基于O&D市场的宽体客机衍生机型座级航程确定的方法研究［J］.民用飞机设计与研究,2017(4):25-30.

［12］张伟,党铁红.民用飞机商载航程市场需求初探［C］.第八届长三角科技论坛——航空航天科技创新与长三角经济发展分论坛,2011.

［13］傅职忠,谢春生,王玉.飞行计划［M］.北京:中国民航出版社,2012.

［14］王小宛,张水顺,邢万红.航线飞行工程学［M］.北京:北京航空航天大学出版社,2005.

［15］王新民,董小刚.计算方法简明教程［M］.北京:科学出版社,2010.

［16］张军等.数值计算［M］.北京:清华大学出版社,2008.

［17］沈勇.基于分布式数据库的飞行计划系统设计与应用［J］.科技资讯,2012(36):227.

［18］张正飞.未来华东地区飞行计划管理运行模式探讨［J］.空中交通,2013(2):14-15.

［19］张军,朱衍波,林熙,等.一种 ADS-B 航迹与飞行计划的相关处理系统:北京,CN101110166［P］.2008-01-23.

［20］王晓亮,马亚冰,王鹏,等.一种适用于通用航空的飞行计划评估系统及实现方法:天津,CN104615849A［P］.2015-05-13.

［21］胡寿松,王执铨,胡维礼.最优控制理论与系统(第三版)［M］.北京:科学出版社,2017.

［22］陈治怀,谷润平,刘俊杰.飞机性能工程［M］.北京:兵器工业出版社,2006.

［23］丁松滨.飞行性能与飞行计划［M］.北京:科学出版社,2013.

［24］丁兴国,陈昌荣.民航运输机飞行性能与计划［M］.北京:清华大学出版社,2012.

［25］PARGETT D M, ARDEMA M D. Flight path optimization at constant altitude［J］. Journal of guidance, control, and dynamics, 2007,30(4): 1197 - 1201.

［26］SOLER M, OLIVARES A, STAFFETTI E. Multiphase optimal control framework for commercial aircraft four-dimensional flight-planning problems［J］. Journal of Aircraft, 2015,52(1):274 - 286.

［27］HOUACINE M, KHARDI S. Gauss Pseudospectral method for less noise and fuel consumption of aircraft operations［J］. Journal of Aircraft, 2010, 47(6): 2152 - 2158.

［28］李志超.基于性能的飞机四维航迹计算模型研究［D］.天津:中国民航大学,2015.

［29］赵雷通.基于航迹优化的飞行计划优化策略研究［D］.天津:中国民航大学,2014.

［30］戴博.飞机垂直轨迹预测及性能优化算法研究［D］.天津:中国民航大学,2011.

［31］王素晓.民用飞机巡航段航迹规划和制导方法研究［D］.上海:上海交通大学,2011.

［32］罗嘉,金长江.一种生成飞行管理优化航迹的方法［J］.飞行力学,1989(2):18 - 24.

［33］L.R.詹金森,P.辛普金,D.罗兹.民用喷气飞机设计［M］.李光里,吴兴世,华俊,等,译.北京:航空工业出版社,2014.

［34］《飞机设计手册》总编委会.飞机设计手册第5册:民用飞机总体设计［M］.北京:航空工业出版社,2005.

［35］ROSKAM J. Airplane Design［G］. DARcorporation, 1985.

索　引